Ernst Maximilian Lambert

Die ältere Geschichte und Verfassung der Stadt Erfurt

Ernst Maximilian Lambert

Die ältere Geschichte und Verfassung der Stadt Erfurt

ISBN/EAN: 9783743346741

Hergestellt in Europa, USA, Kanada, Australien, Japan

Cover: Foto ©ninafisch / pixelio.de

Manufactured and distributed by brebook publishing software (www.brebook.com)

Ernst Maximilian Lambert

Die ältere Geschichte und Verfassung der Stadt Erfurt

Die

ältere Geschichte und Verfassung

der

Stadt Erfurt.

Ein Beitrag zur Geschichte des deutschen Städtewesens
im Mittelalter

von

Dr. Ernst Maximilian Lambert,

Mitglied des Vereins für die Geschichte und Alterthumskunde von Erfurt.

Mit 41 Urkunden.

Halle,

G. E. M. Pfeffer.

1868.

Dem

Geheimen Ober-Regierungsrath und vortragenden Rath
im Königlichen Ministerium der geistlichen, Unterrichts- und
Medicinal-Angelegenheiten

Herrn Dr. L. Wiese,

Ritter hoher Orden

ehrerbietigst

gewidmet.

Vorwort.

Die ältere Geschichte und Verfassung Erfurts im Mittelalter bis zum Jahre 1310 wird in den folgenden Blättern mit Rücksicht auf die Entwickelung der deutschen Städteverfassungen überhaupt genauer betrachtet.

Es ist die Zeit, in welcher der große Kampf, der in allen bedeutenderen Städten Deutschlands und nicht Deutschlands allein gekämpft worden ist, sich entspinnt und vollzieht: der Kampf zwischen dem Stadtfürsten und der städtischen Aristokratie, welche sich der Unterthänigkeit zu entreißen und eine selbständige, völlig unabhängige Stellung zu erringen mit Erfolg bemüht ist. In diese Zeit fällt auch das Emporstreben der niederen Stadtbevölkerung, die dann weiterhin als festgeschlossene „Gemeinde", ein neuer, gefährlicherer Feind, sich der Aristokratie, den Geschlechtern, entgegenstellt und über sie die Oberhand gewinnt.

Bei der Verfolgung jenes Kampfes wird nothwendig und unwillkürlich unsere Theilnahme sich einer der beiden streitenden Parteien in höherem Maße zuwenden als der anderen, ein Umstand, der dann auch bei der Darstellung sich geltend machen und ausprägen muß. Diese unwillkürliche und nothwendige Parteinahme aber dürfte vielfach mit der Beantwortung der Frage zusammenhängen: Auf welcher Seite war das größere Recht?

Da ist es nun für Jeden, der für diese Verhältnisse ein Verständniß beanspruchen will, unmöglich zu verkennen, daß die Bürger, d. h. die städtischen Geschlechter, die sich dem Stadtherrn entgegensetzen, das aggressive, das angreifende Element sind. Sie streben danach Aenderungen des bestehenden Rechtszustandes, Verfassungsänderungen, herbeizuführen, theils durch Gewalt, theils durch List im Wege willkürlicher Auslegung, freierer Interpretation der ihnen früher bewilligten Privi-

legien oder der früher mit ihnen geschlossenen Verträge, während die
Stadtherren nur ihre alte, von ihren Vorgängern überkommene Stellung vertheidigen, mithin auf dem Standpuncte des historischen Rechts
sich befinden.

Es ist daher völlig absurd, wenn in genereller Weise gegen die
Stadtherren wegen angeblicher Tyrannei und Herrschsucht declamirt wird,
oder wenn man es ihnen von vornherein gewissermaßen zum Vorwurf macht,
daß sie sich gegen die ihnen feindseligen Bestrebungen der Bürger überhaupt gewehrt haben. Die Freiheit der Cives war eben keine alte
und ursprüngliche, sondern wurde erst in einem langen historischen Processe, in einem von beiden Theilen oft mit großer Erbitterung geführ-
ten Kampfe dem Stadtherrn und dessen altbegründeten Rechten stückweise
abgerungen. Die Freiheit der Bürger war gleichbedeutend mit Vernich-
tung der Freiheit der Stadtherren, mit dem gänzlichen Ruin der Stadtherrlichkeit für die Fürsten, sie war etwas Neues, mit dem alten Her-
kommen in Widerspruch Stehendes. Damit ist nun jedoch keineswegs
gesagt, daß die Bürger in jedem einzelnen Falle Unrecht gehabt, oder
daß ihre Bestrebungen als gänzlich unberechtigte und schlechthin verwerf-
liche anzusehen seien, daß auf ihrer Seite gar kein Recht zu finden sei.
Auch sie haben ein Recht für sich, nicht zwar das historische, was sie
oft durch Geltendmachen des Herkommens oder sogenannter „guter Gewohnheiten" zu usurpiren suchen, wohl aber das der veränderten social-
politischen Gestaltung, der gewandelten Machtverhältnisse, der fortschreitenden Entwickelung, kurzum das Recht der Evolution. Man darf auch
nicht vergessen, daß sie bei ihrem Vorgehen gegen die Stadtherren häufig
bona fide handelten und, namentlich in späteren Zeiten, oft des guten
Glaubens leben mochten, daß sie alte, rechtmäßig erworbene Freiheiten
vertheidigten, während sie vielmehr in Wahrheit in der Offensive standen und
die alten Rechte der Stadtherren zu beseitigen trachteten. Je rückhalt-
loser und unumwundener man aber das historische Recht auf Seiten der
Stadtherren anerkennt und nachweist, desto leichter kann man gerade
auch den Bürgern wirklich gerecht werden, weil man nur dann die
Genesis, die innere, tiefer liegende Nothwendigkeit ihrer Strebungen
zu begreifen und richtig zu würdigen im Stande ist. Sollten die deutschen Communen im Mittelalter sich in ihrer eigenthümlichen Sonder-
existenz in der Richtung und zu derjenigen Blüthe entfalten, zu welcher
der Keim und die Triebkraft in ihnen lag, so mußte zuvor die Stadtherrlichkeit der Fürsten durchbrochen und aufgelöst werden.

Mit einem Worte: die Bestrebungen der Bürger waren nothwendig, bedingt durch die fortschreitende Ent-

wickelung des Bürgerthums, der Widerstand der Stadtherren durchaus berechtigt; kürzer läßt sich das Verhältniß nicht
fassen, anders die Frage nach dem größeren Rechte nicht beantworten.

Wenn nun unter Festhaltung dieses höheren Gesichtspunctes, von
dem aus beide Theile ihre Rechtfertigung finden können, in meinen
Schriften über die deutschen Städteverfassungen in erster Linie das
historische Recht der Stadtherren nachgewiesen und vorzugsweise betont
wird, so glaube ich muß mir dies von unbefangenen Beurtheilern
schon deshalb als ein Verdienst angerechnet werden, weil es eine
unleugbare Thatsache ist, daß die früheren Forscher in ihren Unter-
suchungen mehr oder minder entschieden auf die Seite der Bürger
sich stellen, und weil doch der Wissenschaft nur damit gedient
sein kann, daß auch einmal die andere Seite der Sache — jedes
Ding hat bekanntlich zwei Seiten — hervorgehoben wird und zu ihrem
Rechte kommt.

Es bricht sich immer mehr die Ueberzeugung Bahn, wie es bei
Schriften über das deutsche Städtewesen des Mittelalters im höchsten
Grade zu wünschen ist, daß sie durch Angabe ihrer Quellen eine Prüfung und Controlirung der dargelegten Resultate gestatten, und daß die
immer noch hier und da auftauchenden Städtegeschichten, welche eine
quellenmäßige Begründung vermissen lassen, ganz ohne Werth sind.
Dagegen dürfte es sich sehr empfehlen, einzelne Perioden der mittelalterlichen Geschichte unserer Städte mit Rücksicht auf ihre noch so wenig
bekannte Verfassung unter Beifügung der für diese Zeit wichtigeren Urkunden in's Auge zu fassen und aufzuhellen.

In den folgenden Ausführungen über die Geschichte Erfurts ist
darauf Bedacht genommen, die Darstellung überall aus den Quellen zu
begründen, so daß Jeder sich über die gewonnenen Resultate selbst ein
Urtheil bilden kann.

Was die beigefügten Urkunden betrifft, so sind alle diejenigen bis
jetzt zugänglichen zusammengestellt, welche für die Verfassungsgeschichte
Erfurts im 13. Jahrhundert von Wichtigkeit sind. Sie allein gewähren
schon bei sorgfältiger Prüfung und Vergleichung einen Einblick in den
Gang, welchen die Verfassungsentwickelung Erfurts in jener Zeit genommen hat. — Möchte doch bald ein größeres Urkundenbuch der Stadt
Erfurt an's Licht treten, zu dem durch Beyers handschriftliche Samm-
lung bereits ein so erfreulicher Grund gelegt worden. — Bei den vorge-
stellten Inhaltsangaben der Documente, in welchen der Rath erwähnt wird,
ist stets die Anzahl der Consules angegeben, was durchgehends für alle
Rathsurkunden gefordert werden muß, da die übliche Bezeichnung „der

Rath" zu allgemein, zu unbestimmt ist, und gerade aus der wech-
selnden Zahl der Consules die eingetretenen Regimentsveränderungen
sogleich sich erkennen lassen.

Es ist mir eine angenehme Pflicht, allen denjenigen Herren, welche
mir auf meiner im vergangenen Jahre unternommenen Reise zur Gewinnung neuen urkundlichen Materials für die Geschichte des deutschen
Städtewesens ihre Unterstützung gewährt haben, hier öffentlich meinen auf-
richtigen Dank zu bezeugen. Insbesondere aber fühle ich mich den Herren:
Staats-Archivar Archivrath v. Mülverstedt und Archivsecretär Dr.
Janicke zu Magdeburg, Staats-Archivar Geh. Archivrath Dr. Wil-
mans und Archivsecretär Dr. Veltman zu Münster, Archivar Görz
zu Coblenz, Archivdirector Strippelmann und Oberbibliothekar Dr.
Bernhardi zu Cassel, Archivar Dr. Burkhardt zu Weimar, Staats-
Archivar Dr. Harleß und Archivar v. Haefften zu Düsseldorf,
Bürgermeister Keller und Gymnasiallehrer Dr. Wilms zu Duisburg,
Gymnasialdirector Professor Richter und Bürgermeister Brecht zu
Quedlinburg, Bürgermeister Dr. Engelhart und Stadtrath Dr.
Schweineberg zu Mühlhausen i. Th., Archivrath Beyer und Eisen-
bahndirector K. Herrmann zu Erfurt für die freundliche Bereitwillig-
keit, mit der sie mir entgegen gekommen sind und mich gefördert haben,
tief verpflichtet. Sie werden finden, daß von dem mit ihrer gütigen
Unterstützung gesammelten Material bereits für die vorliegende Schrift
Manches hat verwerthet werden können.

Schließlich spreche ich dem Herrn Verleger besonders für die ange-
legentliche Mühwaltung, die er während meiner Abwesenheit von Halle
dem Drucke zugewendet, und meinem Bruder Friedrich Lambert, der
bereitwilligst sich in die Correctur mit mir getheilt hat, meinen Dank
aus. Hier und da vorgekommene Versehen und Unregelmäßigkeiten,
welche bei der Abwesenheit des Verfassers von Halle während des Druckes
nicht ausbleiben konnten, wird der kundige Leser wie bemerken so für
sich verbessern und entschuldigen.

Halle, am 24. December 1867.

Ernst Lambert.

Inhaltsverzeichniß.

Seite

Vorwort. Stadtherren und Bürger. Auf wessen Seite war das größere Recht?
Verhältniß der späteren zu der früheren Forschung 1

Michelsen, v. Tettau und R. Herrmann über die ältere Verfassung Erfurts . . . 3

Ursprung und ältere Zeit bis zum 10. Jahrhundert 7

Der Erzbischof von Mainz Stadtherr 8

Einfluß des Kampfes der beiden Schwerter 10

Die erzbischöflichen Beamten in Erfurt: der Burggraf-Vogt, der Vicedominus,
die Schultheißen, der Marktmeister, der Cämmerer, der Münzmeister, der
Salzgraf 13

Die Cives im 11. und 12. Jahrhundert. Bildeten sie eine altfreie Gemeinde
oder waren sie Officialen und Censualen? 22

Die Bildung des Patriciats. Das Schöffencollegium 29

Erfurt im Anfange des 13. Jahrhunderts 34

Entstehung der Consilia in den deutschen Städten 36

Der Rath zu Erfurt im 13. Jahrhundert und wachsende Selbständigkeit der
Stadt 44

Die Aenderung der Rathsverfassung Erfurts im Jahre 1255 56

Die Zeit Werners v. Falckenstein 1260—1284 64

Die Zahl der Consuln im 13. Jahrhundert 77

Erzbischof Heinrich II. 1286—1288 79

x

Seite

Erzbischof Gerhard II. 1289 — 1304 83

König Rudolf in Erfurt. Sein Strafgericht daselbst 84

Die Zeit von 1290 — 1309 90

Unglücklicher Krieg Erfurts gegen Friedrich den Freudigen 1309 94

Aufstand der Gemeinde gegen die Patricier. Ursprung der potestas tribunicia

der Vierherren 97

Urkunden . . . . 109 — 146

Wo Leben ist, da sind Privilegia, und selbst soweit wieder in der Verwesung Leben entsteht, entstehen Privilegia, nur in der reinen Zersetzung im vollendeten Tode leiblich, in der Abstraction geistig in die Gleichheit, denn sie ist der Tod. H. Leo.

Die alte Centralstadt des Thüringerlandes darf mit Fug sich rühmen, daß es ihr an kundigen Bearbeitern ihrer bedeutsamen Geschichte bis in die neueste Zeit hin niemals gefehlt hat. Männer wie J. M. v. Gudenus[1]), J. H. v. Falckenstein[2]), J. Dominicus[3]), K. W. Hennemann[4]), H. A. Erhard[5]), denen sich A. L. Michelsen[6]), W. J. v. Tettau[7]), K. Herrmann[8]), J. Leitzmann[9]) anreihen, sind mit glücklichem Erfolge bemüht gewesen, die Geschichte Erfurts im Ganzen oder in ihren einzelnen Theilen zu erläutern und der Auffassung ihrer Zeiten gemäß zur Darstellung zu bringen. Und daß der lobenswerthe historische Sinn, der die Bewohner der anmuthigen Gartenstadt von jeher auszeichnete, das rege Interesse für die Geschichte der Heimat, für vaterländische Alterthümer im engsten Sinne in der Gegenwart nicht erloschen ist, zeigt die Thätigkeit und der Eifer, welche der neben der erfurter Akademie gemeinnütziger Wissenschaften 1865 gestiftete „Verein für die Geschichte Erfurts" bereits entfaltet, ein Verein, dem die erfurter Geschichtsforscher v. Tettau, Karl Herrmann, Beyer u. A. ihre Kräfte widmen.

Ist es doch für speciellere Forschungen auf dem Felde der deutschen Städtegeschichte so ungemein förderlich und wünschenswerth, wenn sie vorzugsweise von heimathskundigen Männern betrieben werden, die mit ihrem klassischen Boden aufs genaueste bekannt und vertraut sind, deren

---

1) Historia Erfurtensis. Duderstadt 1675.

2) Civitatis Erfurtensis Historia Critica et diplomatica. Erffurt 1739.

3) Geschichte von Erfurt und des erfurtischen Gebiets. Göttingen 1793.

4) Die statutarischen Rechte für Erfurt. Erfurt 1822.

5) Erfurt mit seinen Umgebungen. Erfurt 1829.

6) Der mainzer Hof zu Erfurt am Ausgange des Mittelalters. Jena 1853. — Die Rathsverfassung von Erfurt im Mittelalter. Jena 1855.

7) Ueber das staatsrechtliche Verhältnis von Erfurt zum Erzstift Mainz. Erfurt, 1860. — Die Reduction von Erfurt und die ihr vorausgegangenen Wirren 1647 — 1665. Erfurt 1862.

8) Bibliotheca Erfurtina. Erfurt in seinen Geschichts- und Bildwerken. Erfurt 1863.

9) Das Münzwesen u. die Münzen Erfurts. Weißensee 1864.

Blick eben dadurch für Vieles geschärft ist und Vieles durchschaut, was der Fremdling unbeachtet lassen wird. Indessen die einheimischen Gelehrten werden hoffentlich auch einmal wieder den Beitrag eines Nicht-erfurters zur Geschichte ihrer Stadt, in demselben Sinne, wie er geboten wird, annehmen und als Zeugniß und Beweis seines historischen Interesses für die Metropole Thüringens gerne sich gefallen lassen. Denn trotz der so erfolgreichen Bestrebungen der genannten Forscher, denen es zu danken ist, daß der Wald von Irrthümern, der das Gebiet der erfurter Stadtgeschichte bedeckte, stark gelichtet worden, giebt es doch auf diesem Felde, namentlich für die früheren Zeiten des Mittelalters, noch Manches aufzuräumen, noch manche dunkele Particeen zu durchforschen. Wie kann es bei der Schwierigkeit des Gegenstandes und bei der Menge der hier zu bewältigenden Einzelnheiten denn anders sein, als daß völlige Klarheit nicht auf einmal überall und in allen Stücken zu erreichen ist, und immer noch Vieles disputabel bleibt, daß erst nach und nach durch gewissenhafte Benutzung der früher gewonnenen Resultate größere Sicherheit und Genauigkeit der Ergebnisse sich erzielen lassen. Dadurch wird dem Verdienste der Früheren in keiner Weise Abbruch gethan, sondern die wissenschaftliche Einsicht wird sich, je höher sie steht, um so mehr in jedem einzelnen Falle wohl bewußt bleiben, daß jedwede Leistung nur möglich war auf Grund der Bestrebungen Anderer, und eingedenk sein der Continuität der Forschung, sowie des bei allem angewandten Eifer und bei aller Sorgfalt doch stets nur stückweise, nur relativ sicher fortschreitenden Ganges der Erkenntniß. Das wußte Niemand besser als Lessing, der, wenn irgendwer, darauf Anspruch hat ein Repräsentant der deutschen Wissenschaft und zugleich ein origineller Geist zu sein, wenn er von denjenigen, die durch Einzelforschungen große Werke berichtigen, sagt, daß sie sich darauf ebenso wenig etwas einbilden dürfen, als die Zwerge, welche weiter sehen als Riesen, weil sie auf deren Schultern stehen.

Es ist daher der Ausdruck „veralten", auf wissenschaftliche Leistungen angewendet, nicht ganz zutreffend, und kann nur in Rücksicht auf die Form, in die sie sich kleiden, Giltigkeit beanspruchen; die einmal gewonnenen und in Schriften niedergelegten Resultate veralten dadurch, daß man sie verwerthet, daß sie zum Ausgangspuncte für andere gemacht werden, ebenso wenig als die früher gelegten und mithin tiefer liegenden Steine eines emporstrebenden Baues deshalb veralten, weil auf sie andere gelegt werden, um das Gebäude höher zu führen; sie bilden ebenso gut als die letzteren integrirende, nothwendige Bestände des höher und höher sich erhebenden Gebäudes. Es giebt aber nur einen Weg, der zu einer gründlicheren Erkenntniß des mittelalterlichen Städtewesens, zu einem richtigeren Verständniß der Entwickelung der städtischen Verfassungen im Mittelalter führen kann.

Man muß es nicht übersehen, daß eine gründliche historische Einsicht in die Gestaltung der städtischen Communen im Mittelalter, zumal für das 12. und 13. Jahrhundert, nur aus den vorhandenen Urkunden und Rechtsdokumenten aus denen jener Zeit und aus solchen späterer Zeiten, insofern sich aus ihnen nach den Gesetzen methodischer Kritik Rückschlüsse auf frühere Perioden machen lassen, erreichbar und zu erstreben ift. Denn für diese Zeiten bieten die Städtechroniken, wo sie darauf sich erstrecken, entweder nur kürzere, verhältnißmäßig unbedeutende Notizen, oder aber fabelhafte und wenig glaubwürdige, Wahrheit und Irrthum kritiklos durch einander mengende Erzählungen, aus denen, wenn man die Körner echt historischer Ueberlieferung von der Spreu der sie bedeckenden Tradition geschieden hat, nur wenig Brauchbares und Zuverlässiges sich ergeben kann. Sie können nur ganz ausnahmsweise für sich allein als Hauptquellen betrachtet werden und sind in der Regel nur zur Aushilfe heranzuziehen. In den Urkunden dagegen besitzen wir das sicherste und zuverlässigste Quellenmaterial, die unverfälschte und rein gehaltene Stimme unserer Vorzeit, an der Hand der Urkunden läßt sich eine theilweise Reconstruction jener noch so vielfach unerkannten und unerforschten, aber doch so wissenswerthen und lehrreichen Verhältnisse mit der Aussicht günstigen Erfolges wohl versuchen.

Es ist aber auch schon gerade wegen der Beschaffenheit dieses Weges, den die Forschungen hier einzuschlagen haben, da sich fortwährend neue, bis dahin unzugängliche Quellen eröffnen, ganz natürlich, daß später Schreibende die Früheren in Vielem berichtigen und ergänzen können, und sich darüber verwundern, es nicht anerkennen wollen oder sich darauf etwas zu Gute thun, hieße nichts Anderes, als vollständige Unkenntniß von dem Wesen wissenschaftlicher Arbeit und von dem nothwendigen Abhängigkeitsverhältniß, in dem stets die späteren Forschungen zu den früheren stehen, an den Tag legen.

Was wir im Folgenden in Bezug auf Erfurt bringen, erstreckt sich auf jene Perioden, die uns stets für die Geschichte der deutschen Städte des Mittelalters als die wichtigsten gegolten haben, weil in ihnen die Entwickelung der Communen zu dem hohen Grade von Selbstständigkeit, den sie später als ein wichtiger Factor im bunt gestalteten Reichskörper einnehmen, sich vollzieht, und weil diese dem nicht durch eingehendere Specialstudien geschärften Auge oft unmerkbar bleibende Entwickelung im Einzelnen zu verfolgen, aufzuhellen, zu erklären, ebenso schwierig, als belehrend ist.

Es ist die Entstehung und Ausbildung der erfurter Verfassung bis zum Jahre 1309, bis zu dem Zeitpuncte, wo die städtische Demokratie, kühner das Haupt erhebend, stürmisch Antheil am Regimente fordert und erhält, welche zugleich über das rechtliche und factische Verhältniß der Stadt zu ihrem Herrn, dem Erzbischof von Mainz, den besten Aufschluß gewährt.

Michelsen, v. Tettau und K. Herrmann über die ältere Verfassung.

Wenn wir die ältere Verfassung Erfurts eingehender zu betrachten und zu erläutern versuchen wollen, so dürfte dies, scheint es, am zweckmäßigsten geschehen, indem wir an die mit Sachkenntniß und Einsicht angestellten Erörterungen Michelsen's, v. Tettau's und K. Herrmann's anknüpfen. Wir beginnen zu dem Ende damit, einige von jenen

1 *

Gelehrten aufgestellte Behauptungen, welche die Verhältnisse, worauf
es uns zunächst ankommt, berühren und zu einer weiteren Prüfung auf-
zufordern scheinen, zunächst wörtlich anzuführen, schon um vorläufig zu
constatiren, worauf wir in erster Linie das Interesse zu lenken wünschen.
Dabei haben wir zugleich Gelegenheit, unsere eigene Ansicht über
die gedachten Puncte antithetisch jenen in Kürze gegenüber zu stellen.
Sodann werden wir durch eine quellenmäßige Darstellung der Verfassungsentwickelung Erfurts unsere eigene Anschauung vertreten und begründen,
wobei analoge Verhältnisse in anderen Städten vielfach zur Erläuterung
und Vergleichung sich darbieten, während wiederum die erfurter Geschichte und die aus ihrer Betrachtung sich ergebenden Resultate nicht
isolirt bleiben sondern stets im Hinblick auf den daraus für die politische Entwickelung des deutschen Städtewesens überhaupt zu ziehenden
Gewinn in's Auge gefaßt werden sollen.

Zuletzt folgen eine Reihe zum Theil bisher ungedruckter erfurter
Rathsurkunden des 13. Jahrhunderts in chronologischer Ordnung, eine
Art Urkundenbuch der ältern Verfassungsgeschichte Erfurts.

A. L. Michelsen in seiner lichtvollen Schrift „die Rathsverfassung
von Erfurt im Mittelalter. Jena 1855", worin die erfurter Rathswahl
und Aemter-Ordnung von 1452 zum ersten Mal mitgetheilt wird, stellt
mit Recht unsere Thüringerstadt in die Reihe der bischöflichen Städte
(S. 2) und beweist mit urkundlichen Zeugnissen, daß der Erzbischof von
Mainz unzweifelhaft als der eigentliche Herr der Stadt anzusehen sei,
die erst allmälig ihre späteren Freiheiten und Rechte von Königen, Erz-
bischöfen und Dynasten sich erworben.

So sehr aber hierin Michelsen beizupflichten ist, so hat er, wo
er von der Rathsverfassung im Besonderen redet, in den wesentlichsten
Puncten das Richtige verfehlt.

Einmal ist es schon irrig, was von ihm S. 12 angenommen wird,
daß auf die Stiftung und erste Einrichtung der erfurter Rathsverfassung
die mainzische von maßgebendem Einfluß gewesen sei und ihr zum
Vorbild gedient habe. Die erfurter Rathsverfassung bildete sich vielmehr
von jener abweichend und eigenartig ebenso früh oder noch früher als
die von Mainz, dessen ganze Verfassungsentwickelung durch die Straße,
welche die Stadt wegen der Ermordung ihres Erzbischofs Arnolds von
Selenhofen 1160 traf, einen empfindlichen Stoß erlitt und seitdem
eine Zeit lang hinter der der anderen bedeutenden Städte merklich
zurückblieb.

Als Siegfried III. am 13. November 1244 den Mainzern den Frei-
heitsbrief ertheilte, worin er gestattet: quod ipsi cives viginti quatuor
eligent ad consilium civitatis sic quod uno decedente alter in locum
suum succedens protinus eligatur, bestand in Erfurt längst ein Consilium, ein regierender Stadtrath, und waltete mächtig über der Gemeinde. Aber auch darin irrt Michelsen, daß er meint, in Mainz sei
erst 1244 ein Rath aufgekommen, indem vielmehr schon 1219 dort Consiliarii, Rathsherren, erwähnt werden [1]. 1244 erfolgte also keine absolute

---

1) L. Baur, Hessische Urkunden. 2. Band. Darmstadt 1861. S. 55.

Neugründung, sondern nur eine förmliche Anerkennung und Sanctionirung durch den Erzbischof, eine festere Begründung.

Die Regimentsverfassung von Erfurt entwickelte sich, wenn auch freilich im Ganzen analog der in den übrigen deutschen Städten, so doch ursprünglich unabhängig von Mainz und überhaupt von irgend einer andern Stadt, nach den eigenthümlichen in Erfurt gegebenen localen Verhältnissen. Ob späterhin (1255) die mainzer Rathsverfassung auf die erfurter von Einfluß gewesen ist, ist eine andere Frage, die durch das eben Gesagte nicht verneint wird. Hinsichtlich des Privatrechts war für Erfurt nicht Mainz, sondern Frankfurt maßgebend, und von dort holten die erfurter Schöppen ihre Rechtsbelehrungen. Es folgt weiter unten die Urkunde des Schultheißen Wolfram und der Schöppen zu Frankfurt vom Jahre 1261, worin sie den Rath zu Erfurt über einen Erbschaftsfall instruiren.

Ferner aber müssen wir uns entschieden verwahren gegen das, was Michelsen gleich im Anfange der gedachten Schrift S. 1 über die Entstehungszeit des Stadtrathes und über die Bedeutung, welche das Aufkommen dieser Institution habe, vorträgt. Er sagt: „diese Gründung der Stadtfreiheit und eines selbständigen Gemeindewesens war aber die Entstehung des Stadtraths als eigener, von der Herrschaft der Stadt anerkannter Gemeindeobrigkeit, welche in die Jahre 1250—1255 fällt", und folgt also der Ansicht Hegel's [1], der auch in dem Aufkommen des Consultitels den Anfangspunct der Städtefreiheit erblickt. Daß und inwiefern diese Behauptung unrichtig ist, wird sich bald herausstellen.

Nach Michelsen hat W. J. v. Tettau in seiner ausgezeichneten, eben sowohl von gründlicher Gelehrsamkeit als von glänzendem juristischem Scharfsinn und nicht gewöhnlichem Darstellungstalent zeugenden Schrift: „Ueber das staatsrechtliche Verhältniß von Erfurt zum Erzstift Mainz" (Erfurt 1860) auch über die ältere Stadt=Verfassung sich ausgesprochen. Er hat (S. 5 u. 6) zuerst aufs evidenteste die Ursachen klar gelegt, wodurch die Widersprüche und verschiedenen Ansichten über das Verhältniß Erfurts zu Mainz hervorgerufen worden sind, und dann dieses Verhältniß, das werdende und das gewordene, sowohl wie es staats=rechtlich aufgefaßt werden mußte und aufgefaßt wurde, als auch wie es davon verschieden factisch sich gestaltete, einer gründlichen Erörterung unterzogen. Ihm vornehmlich gebührt das Verdienst, den unglaublich naiven falschen erfurter Local=Patriotismus, (den man an Ort und Stelle kennen lernen muß, um ihn für möglich zu halten) wonach Erfurt eigentlich eine freie Reichsstadt gewesen sei, auf wissenschaftlichem Gebiete für immer aus dem Felde geschlagen und unmöglich gemacht zu haben. Nur bei zwei erheblichen Puncten sehen wir uns von seinen Ausführungen abzuweichen gezwungen.

Einmal, wenn er S. 6 meint, daß die Stadt „lediglich wegen ihrer auswärtigen Besitzungen in einem Abhängigkeitsverhältniß zu dem Grafen von Gleichen und den Landgrafen von Thüringen gestanden habe. Dann aber zweitens gleichfalls bei dem, was er über die Entstehungs-

---

1) Geschichte der Städteverfassung von Italien. II. 1847. S. 465.

zeit des Rathes und über die Art, wie bis zum Jahre 1255 Erfurt regiert worden sei, annimmt.   Es ist ihm (S. 92) unzweifelhaft, „daß
es bis zum Jahre 1255 keinen Rath, also auch keine Selbstverwaltung
seiner Angelegenheiten gehabt hat, vielmehr lediglich von erzbischöflichen
Beamten (dem Vogt, dem Vicedom, dem Schultheißen für die Stadt
und für das Land, dem Marktmeister und Münzmeister) regiert worden ist."

Diese Anschauung tritt auch schon S. 88 hervor, wo es heißt:
„Einen sehr wesentlichen Schritt zu einer freieren Stellung machte die
Stadt aber bald darauf dadurch, daß sie vermittelst der 1255 zu Stande
gekommenen neuen Regimentsverfassung zur Selbstverwaltung ihrer Gemeindeangelegenheiten gelangte"; ist jedoch nicht geeignet, den wirklichen
Verlauf der erfurter Verfassungsgeschichte zu erläutern.   Denn die Behauptung, daß wo kein Rath auch keine Selbstverwaltung der städtischen
Angelegenheiten gewesen sei, erweist sich als unhaltbar, da vor Entstehung des Rathes die Schöppencollegien in den Städten bereits die Verwaltung in Händen hatten und zu einer bedeutenden Autonomie gelangt
waren [1]).

Ueberdies bestand aber auch, wie bemerkt, im Jahre 1255 in Erfurt bereits längst ein Rath, und v. Tettau's Ausführung kann schon
deshalb nicht aufrecht erhalten werden. Ebenso muß seine S. 88 u. 89
aufgestellte Annahme, daß die alten Geschlechter bis zum Jahre 1255
sich gar nicht im Besitze von Rechten befunden, welche zu beschränken
möglich war, oder die den Neid der übrigen Bürger hätten erregen können, und daß erst durch jene 1255 eingetretene Aenderung der Verfassung ihnen eine höhere Stellung und Vorrechte zu Theil geworden seien,
als unzutreffend bezeichnet werden, was, wie wir glauben, jetzt, nachdem das Urkundenmaterial so bedeutenden Zuwachs gewonnen, Niemand
besser weiß, als Herr v. Tettau selbst.

Der dritte Gelehrte endlich, den wir in Betreff der Erfurter Raths-
verfassung zu hören haben, ist Karl Herrmann. In seiner trefflichen
Abhandlung über „das Wappen und die Siegel der Stadt Erfurt" in
den Mittheilungen des Vereins für die Geschichte und Alterthumskunde
von Erfurt (Erfurt 1865. S. 83 ff.) kommt er beiläufig auch auf die
Bedeutung des Jahres 1255 und die darauf bezügliche Stelle des Chron.
S. Petri, auf deren Wichtigkeit, wie er hervorhebt, zuerst Paulus
Cassel hingewiesen, zu sprechen, und nimmt mit Recht an, „daß im
Jahre 1255 in Erfurt eine durchgreifende Aenderung im Stadtregiment
vorgenommen worden ist." Er bringt mit dieser Aenderung die Nachricht des Erphordianus antiquitatum variloquus [2]) von 1221: Orta seditione inter cives Erffordiae occisi sunt inter eos divites Cuno et
quam plures e Consulatu zusammen, und meint, wie auch Erhard,
daß sie mit Zunftunruhen in Verbindung gestanden habe.

---

1) Meine Entwickelung der deutschen Städteverfassungen. II. S. 187 ff und: das
Hallische Patriciat S. 50 ff.

2) Eben dasselbe sagt übrigens auch das Chron. Sanpetrin. beim Jahre 1221.

Dies letztere, „daß innere Streitigkeiten, namentlich das Ueber-
gewicht, welches die Patrizier den niedern Bürgerstand hätten fühlen
lassen, hierzu Veranlassung gegeben", wird von Herrn v. Tettau (a. a.
O. S. 88) ausdrücklich in Abrede gestellt.

Ueber den Charakter der 1255 getroffenen Regimentsänderung äußert
sich dann Herrmann S. 84 in folgender Weise: „Es nehmen also von
da ab (1255) nicht mehr die Summi burgenses, die Vollbürger, in
ihrer Gesammtheit die Interessen der Stadtgemeinde ferner wahr, indem
sie allein die beschließende und verwaltende Behörde bildeten, ihre Rechte
traten sie nun an ein Collegium von 12 Männern ab, die Consules,
Rathsherren, genannt werden sollten."

Vergleichen wir nun die Ansichten Michelsen's, v. Tettau's und K.
Herrmann's über die Bedeutung des wichtigen Jahres 1255 für die Verfassungsgeschichte Erfurts, so stimmen sie alle drei darin überein, daß
erst in diesem Jahre die Gründung, die erste Einrichtung des Rathes
stattgefunden habe, was auch schon v. Falckenstein (Civitatis Erffurtensis
Historia critica et diplomatica. (Erfurt 1739. S. 46) angenommen
hatte.

Nach v. Tettau und Herrmann trägt diese Maßregel wesentlich
einen aristokratischen Charakter, beide gehen aber insofern aus einander,
daß der erstere annimmt, vorher sei die Regierung in den Händen der
erzbischöflichen Beamten gewesen, während der letztere für die frühere
Zeit, vor 1255, eine demokratische Regierungsform zu statuiren scheint,
indem er die Gesammtheit der Vollbürger die Interessen der Stadt
wahrnehmen und erst 1255 ein mehr aristokratisches Regiment, ein Collegium von 12 Consules, creiren läßt.

Michelsen spricht sich über diesen Punct, über die Einflüsse, die
etwa im Schooße der Bürgerschaft sich geltend machten und jenes Ereigniß zu Stande bringen konnten, nicht weiter aus, sondern faßt nur
die durch die gedachte Regimentsänderung bewirkte größere Unabhängigkeit der Bürgerschaft vom Erzbischof ins Auge.

In einem sehr wesentlichen Puncte weicht dann Herrmann wieder
von Michelsen und von v. Tettau ab, indem er auch früher schon
(vor 1255) der Stadtgemeinde eine selbständige und freie Stellung vin-
dicirt, während Jene erst 1255 die Erfurter zur Selbstverwaltung ihrer
Gemeindeangelegenheiten gelangen lassen, und Michelsen sogar die Entstehung des Stadtraths für gleichbedeutend mit Gründung der Stadtfreiheit und eines selbständigen Gemeinwesens erklärt.

Ursprung und ältere Zeit bis zum 10. Jahrhundert.

Es unterliegt keinem Zweifel, daß Erfurt [1]) zu den ältesten Städten
Deutschlands gehört. Seine früheste, keimende Existenz ist, wie die der
Mehrzahl unserer anderen älteren Städte, dorfartig gewesen; es war
ein Dorf, was sich am nördlichen Ufer der Gera entlang zog, und

---

[1]) Ueber die Ableitung des Namens: v. Falckenstein S. 3 ff.

einem königlichen Hofe, einem königlichen Jagdhause auf dem Petersberge seinen Ursprung verdankte.

Jedenfalls ist es für seine Gründung oder doch für seinen ersten be-
merkbaren Aufschwung nicht ohne Bedeutung, daß der Erphurdianus Antiquitatum Variloquus [1]) schreibt: Anno a nativitate Domini 438 Er-
phesfurd initiatur, et habuit hacc ciuitas initium temporibus Clodo-
vaei Regis Francorum et Mervigi Regis Thuringorum. — Hujus temporibus Erphisfurt initium fuit, et idem Mervigus primum urbem in
monte eiusdem loci construxit, in quo patris sui domus venatio-
num fuit.

Auch das Chronicon Erfordiensis Ciuitatis [2]) berichtet: Anno Domini 438 Erfordia coepit fundari.

Zu Bonifacius Zeit war Erfurt schon ein ziemlich bedeutender Ort.
Er nennt es in einem Schreiben an den Pabst urbem paganorum ru-
sticorum [3]), und der Pabst Zacharias genehmigt, daß nächst Wirzburg
und Büraburg ein drittes Bisthum in loco qui dicitur Erphesfurt gegründet werde.

Als jedoch Bonifacius das Bisthum Mainz erhalten hatte, stand
er von der Errichtung eines besonderen Bisthums in Erfurt ab und
vereinigte das dazu bestimmte Territorium mit dem Sprengel von Mainz [4]).
König Dagobert III. fundirte in der sicher großentheils noch von Heiden
bewohnten Stadt das Peterskloster. Die Chronica S. Aegidii [5]) sagt
darüber: Anno Domini 701 Johannes Papa 88 ordinatur. Sedit annis 3 mensibus 2. Sub hoc Papa Dagobertus, Rex Francorum, fun-
davit monasterium S. Petri in Erffordia, nam ipse mons antea Mervi-
gisburg vocabatur; sed ipse Rex montem S. Petri appellavit. Doch
soll schon vor König Dagobert die christliche Religion in Erfurt Wurzel gefaßt haben, und nach einer von v. Falckenstein [6]) angeführten geschriebenen thüringischen Chronik ist die S. Blasii Capelle, die an der
Stelle des späteren Severi-Stiftes stand, das erste geistliche Gebäude
Erfurts gewesen.

Der Erzbischof von Mainz Stadtherr.

In Bezug auf die Frage, wann der Mainzer Bischof Stadtherr
geworden, glaubt v. Tettau [7]), es sei nicht unwahrscheinlich, daß auf
dem Reichstage zu Arnstadt 954, wo Wilhelm, König Otto's I. Sohn,
von diesem mit dem Erzstift belehnt wurde, ihm „auch gleichzeitig die
landeshoheitlichen Rechte über Erfurt übertragen" wurden. Vorher schon
sei die Stadt „aber wohl(!) auf keinen Fall bischöflich gewesen." Falcken-

---

1) ap. Mencken scriptor. rer. Germ. II. p. 461.
2) ap. Mencken. II. p. 562.
3) Vita Bonifacii, autore Othlono II. C. 2.
4) Guden. historia Erffurt. I. no. 3. p. 13. v. Falckenstein Civit. Erfurt. hist.
crit. I. p. 15.
5) ap. Leibnitz script. rer. Br. III. p. 576.
6) l. c. p. 10.
7) l. c. p. 21.

stein vermuthet[1]), daß bereits Bonifacius die Stadt von den fränkischen majores domus zum Geschenk erhalten habe, und stützt sich darauf, daß uns berichtet wird, wie Hugo, Albolt und mehrere andere Edele in Thüringen (aliique plures) dem h. Bonifacius viele Güter geschenkt haben. Beider Ansichten indeß scheinen uns einer Erweiterung bedürftig.

Die Stadtherrlichkeit der Bischöfe in ihren Städten (der Ausdruck Stadtherrlichkeit empfiehlt sich, im Gegensatz zur „Landeshoheit" für den Inbegriff der herrschaftlichen Rechte über eine Stadt, schon deshalb, weil das Wort Landeshoheit als Bezeichnung eines erst später aufkommenden Begriffes hier zu unbestimmt ist, und zu Verwechselungen und Mißverständnissen Anlaß giebt) bildete sich, wie anderwärts ausgeführt worden ist[2]), erst allmälig aus verschiedenen Factoren. Sie constituirte sich nämlich und wuchs hervor: Erstens aus dem geistlichen Ansehen, welches die Kirchenfürsten von Anfang an in ihren Residenzen unzweifelhaft genossen. Zweitens aus den dominalen Rechten, die sie als Immunitäts- und Grundherren, als Eigenthümer der von ihnen überkommenen oder ihnen geschenkten Häuser, Nutzungen, Güter, Bezirke besaßen; Rechte, die überhaupt dem germanischen Adel zuständig waren[3]): die Gewalt über ihre Ministerialen und Hintersaffen, Census von ihren Censualen u. dergl., die sich aber die geistlichen Fürsten zur Erweiterung und Bekräftigung, sowie namentlich zum Schutze gegen die weltlichen Beamten für ihre wachsenden Herrschaftsbereiche, die Immunitäten, von den Königen verleihen ließen. Drittens endlich aus den ihnen von den Königen stückweise, nicht auf einmal verliehenen eigentlichen, d. h. später so bezeichneten, Hoheitsrechten, dem Zollrecht, der Münze, dem Marktrecht, dem Judenschutz, dem Königsbann.

Durch die Gewinnung des Königsbannes, des Blutbannes, das ist der höheren Jurisdiction und Gerichtsbarkeit über alle in der Stadt und dem Herrschaftsbezirk befindlichen Einwohner, nicht bloß über die zur engeren familia des geistlichen Fürsten, zur Immunität, gehörigen Ministerialen und Censualen, die er schon früher übte, war die Stadtherrlichkeit des Fürsten vollendet und zum Abschlusse gelangt.

Es ist nun allerdings anzunehmen, daß bereits lange vor Wilhelms Zeiten und vor dem Reichstag zu Arnstadt Erfurt insofern bischöflich gewesen ist, daß der Bischof von Mainz daselbst Grundeigenthum und eine Immunität, nebst manchen von den majores domus und den früheren Königen ihm gegebenen Rechten besaß, und deshalb, sowie vermöge seiner geistlichen Autorität, de facto schon Herr der Stadt war.

Diese seine schon früher theilweise bestehende Stadtherrlichkeit kann sodann zur Zeit Wilhelms durch die Erlangung des Bannes sich vervollständigt haben. Daß wir darüber keine ausdrückliche Nachricht besitzen, verschlägt nichts. Wissen wir doch auch nicht einmal von Cöln, der wichtigsten aller deutschen Städte des Mittelalters, genau den Zeitpunct anzugeben, wo es erzbischöflich geworden ist, d. h. wo jene Haupt-

1) l. c. p. 13.
2) Meine Schrift „das baltische Patriciat" S. XVII der Vorrede.
3) Entwickelung der deutschen Städteverfassungen. I. S. 126 ff.

10

rechte, die der Erzbischof später, im 11. Jahrhundert, als Dominus besaß (noch später zum Theil freilich wieder verlor), und deren Analogon,
wenn es auf Landschaften ausgedehnt war, man in seiner Zusammen-
fassung und Totalität als Landeshoheit zu bezeichnen pflegte, ihm gegeben wurden.

Einfluß des Kampfes der beiden Schwerter.

Der ernstlichere Kampf zwischen Kaiserthum und Pabstthum, der im
11. Jahrhundert begann, wurde für Deutschland hauptsächlich deßhalb so
verhängniß- und unheilvoll, weil er mit einem andern zusammenfiel,
weil er seine Nahrung zog aus dem Streite der verschiedenen einander
widerstrebenden deutschen Stämme, die unter ihren Fürsten und Häuptern
ihre Eigenart und Eigenthümlichkeit nicht der Einheit zum Opfer bringen mochten, und sich sträubten gegen das nach Einheit verlangende, sich
harmonisch auszugestalten strebende Reichskönigthum. Es war eine mächtige Reaction der besonderen Stamm-Existenzen gegen das centralisirende,
gebieterisch die Reichseinheit fordernde Princip der Könige, welche zuerst
und hauptsächlich von der starren, ungebrochenen Sinnesart der Sachsen
begonnen ward, die dem fränkischen Herrscher sich nicht unterwerfen wollten. Die Idee der Einheit fand lange eine thatsächliche Vertretung nur
in den Königen, den Häuptern der ganzen Nation, bei einem Otto I.,
Heinrich III., Friedrich I. und Heinrich VI., in verschiedenen Zeiten verschiedenen Ausdruck und verschiedene Wege der Verwirklichung suchend,
und sie zeigte sich um so stärker, je würdiger und tüchtiger die Persön-
lichkeit des Volkskönigs war, der sie vertrat, aber nie gelangte sie ganz zum
Siege, obwohl die Sehnsucht nach Einheit und das Gefühl der Zusam-
mengehörigkeit der Stämme lebendig blieb. Ja heute noch, wo der Kampf
zwischen Pabst und Kaiser längst geendet, wo der Nachfolger Petri auch
den Rest seiner weltlichen Herrlichkeit dahin schwinden sieht, wo die
Idee, die einst nur in den Edelsten des Volkes thatkräftig und wirksam sich erwies, längst zum Gemeingut geworden, währt jener andere
Kampf, der Widerstand der Sonderinteressen, fort, wenngleich der Sieg
der Einheit immer gewisser wird, und gerade die, welche mit Worten
am lautesten einstanden für ein einiges mächtiges Reich deutscher Nation,
hindern in verblendetem Egoismus, in thörichter Selbstüberhebung die
Verwirklichung des hohen Ideals in der einzig möglichen Gestalt, sie
sind die Raben, die mit eklem Gekreisch herumfliegen um Barbarossa's
Berg und durch ihr verkehrtes Treiben den Bann der Verzauberung
wie den Schlaf des Kaisers verlängern.

Seit jener Kampf entbrannt war, seit den siebziger Jahren des
11. Jahrhunderts, beginnen die Cives in den deutschen Städten, durch
die Verhältnisse begünstigt, fecker und selbständiger aufzutreten und
zuerst im Anschluß an eine der kämpfenden Mächte sich vorzubereiten
auf die später erstrebte gänzliche Unabhängigkeit von Fürsten und König.
1073 empörten sich die Wormser gegen ihren Bischof Adalbert, den
Feind des Königs [1]), 1074 verjagten die Cölner [2]) Anno II., 1077 ver-

---

1) Lambert Hersfeld. ap. Pertz. scr. V. p. 204.
2) Lamb. H. ap. Pertz. scr. V. p. 211.

theidigte sich Würzburg für Heinrich IV. gegen Rudolf von Schwaben [1]), welchen bereits die Mainzer wie den ihm anhangenden Erzbischof Siegfried aus ihrer Stadt getrieben hatten [2]), 1081 wehrte sich Augsburg [3]), 1086 Würzburg [4]) tapfer gegen die Schaaren Hermanns von Luxemburg, 1088 tödten die Bürger von Goslar den Bischof Bucco von Halberstadt [5]); 1106 belagert Heinrich V. vergeblich das feste Cöln [6]), 1115 stehen die streitbaren Cölner gegen ihn am Welfesholz [7]) und erheben sich die Mainzer für ihren Erzbischof [8]); 1122 rebellirten zu Gunsten ihres Bischofs Burkard die Wormser gegen den Kaiser und zerstörten die bei ihrer Stadt erbaute kaiserliche Pfalz [9]); 1128 und 1129 vertheidigte sich Speier gegen Lothar zu Gunsten Friedrichs von Schwaben [10]), 1129 mußte der h. Norbert vor den aufrührerischen Magdeburgern aus seiner Metropole weichen [11]), 1130 erschlugen die Bürger von Halle die Abgesandten König Lothars [12]), 1132 erhob sich in Augsburg ein furchtbarer Aufstand gegen den sächsischen König [13]), 1133 zwang ein Tumult der Cölner ihn, von dort nach Aachen zu flüchten [14]), 1134 ward Ulm nach tapferer Vertheidigung durch Heinrich von Baiern eingenommen [15]), 1134 sank König Nikolaus von Dänemark unter den Streichen der Schleswiger [16]), 1160 ward Erzbischof Arnold von seinen Mainzern jämmerlich ermordet [17]), 1161 mußte Friedrich I. die zu Trier von den cives geschlossene communio unterdrücken [18]).

---

1) Bruno ap. Pertz. V. p. 366.

2) Ekkeh. chron. ap. P. scr. VI. p. 203.

3) Annal. August. Pertz. scr. III. p. 130.

4) Bern. chron. Pertz. scr. V. p. 444. Ekkeh. chron. VI. p. 206.

5) Annalista Saxo Pertz. scr. VI. p. 724. Chron. Halberstad. ed. Schatz p. 43.

6) Annal. Colon. max. Pertz. scr. XVII. p. 746. Annal. Hildesheim. III. p. 110. 111. Ekkeh. chron. VI. p. 256, vita Henrici IV. Pertz XII. 282. Floto, Heinrich IV. II. S. 414.

7) Annal. Colon. max. Pertz. XVII. p. 749 sq. Ekkeh. chron. VI. p. 248. Annal. Hildesh. III. p. 113.

8) Ekkeh. chron. P. VI. p. 249.

9) Ekkeh. chron. P. VI. p. 262. Schannat. hist. ep. Wormat. I. p. 341.

10) Annal. Hildesheim. P. III. p. 115. Annal. Sax. VI. p. 766. Jaffé, Geschichte Deutschlands unter Lothar dem Sachsen. S. 82.

11) Chronicon Magdeb. ap. Meibom. II. p. 327. (conf. Mencken III. p. 306). Vita Norberti Pertz XII. p. 683 sq. et 694 sq. Georg. Torq. Ser. pont. eccl. Magdeb. ap. Mencken III. p. 381.

12) Annal. Bosovienses ap. Eccard. I. p. 1008. Chron. S. Petri ap. Mencken III. p. 211.

13) Cod. Udalrici Babenb. ap. Eccard. II. p. 364 sq.

14) Annal. Sax. Pertz VI. p. 768.

15) Annal. S. P. VI. p. 769.

16) Chron. Danorum ap. Langenbeck scr. R. Danici. II. p. 612. Cum villam esset ingressus clauserunt portas civitatis et repente campana convivii clarius insonuit — concurrentes autem burgenses rapuerunt regem et cum omnibus qui eum defendere nitebantur morti tradiderunt. Vergl. Wilda, das Gildenwesen im Mittelalter. Halle 1831. S. 71 ff.

17) Martyr. Arnoldi ap. Boehmer fontes III. p. 326. Annal. Disibodenb. III. p. 216.

18) Hontheim, histor. Trevirensis diplom. I. p. 593 sq.

Und im folgenden Jahrhundert, nach den die Auflösung des Reiches noch rascher fördernden Kämpfen Philipps von Schwaben, Otto's des Welfen und Friedrichs des Hohenstaufen, waren die deutschen Städte, dem Vorbilde ihrer italienischen Schwestern nacheifernd, so weit vorgeschritten in republicanisch gerichteter Selbständigkeit, daß Friedrich II. 1232 durch die bekannten Edicte von Ravenna und Cividale ihrer fürstenfeindlichen Entwickelung entgegentreten zu müssen glaubte [1]). Da aber der Kaiser, in den unglücklichen Kampf mit den Päbsten und Lombarden verwickelt, in seiner deutschen Politik, zumal den Städten gegenüber, sich nicht consequent zeigte, ja, wenn man gerecht sein will, auch nicht consequent zeigen konnte, ward durch jene bald widerrufene Gesetze die Selbständigkeit der Städte nicht gebrochen sondern nahm immer mehr an Ausdehnung zu, bis endlich inmitten des elend hinsiechenden Reichskörpers eine bedeutende Anzahl kleiner Stadtrepubliken sich völlig ausgebildet hatte, städtischer Gemeinwesen, welche zwar dem Namen nach noch mit Kaiser und Reich im Zusammenhange standen, in der That aber so wenig wie möglich von ihnen wissen wollten, und, wenn schon für sich blühend und bevölkert, für das Reich als Ganzes, für die Ehre und Macht der deutschen Nation so gut als gar nichts leisteten.

Der unheilvolle Streit nun, der in jenen Zeiten nicht bloß der Reichseinheit und der Königsmacht, sondern auch der Herrschaft der geistlichen Fürsten als Stadtherren verderblich ward, blieb auch für Erfurt nicht ohne Wirkung, wenngleich die Schwächung der Gewalt des Stadtfürsten hier zunächst weniger hervortrat als anderwärts; wie sie denn überhaupt in den Landstädten der geistlichen Territorien in der Regel erst später zu Tage trat als in den größeren und mächtigeren Residenzen. Die Mainzer Erzbischöfe wendeten auch im 11. Jahrhundert Erfurt manche Gunst zu und nahmen öfter dort ihren Aufenthalt.

Im Jahre 1066 hatte Erzbischof Siegfried I. die Stadt mit Mauern und Thürmen umgeben [2]), und 1079 im October hielt er daselbst eine Synode wegen des Cölibats und des thüringischen Zehnten ab, die einen ihm ganz unerwarteten Ausgang nahm [3]). Im folgenden Jahre (1080), nach der Schlacht bei Flarchheim, nahm Heinrich IV., auf den Erzbischof, der Rudolf von Schwaben 1077 zu Forchheim zum Gegenkönig mit erwählt und zu Mainz gekrönt hatte, erbittert, die Stadt ein; sie wurde angezündet, und viele Bewohner fanden in den Flammen den Tod [4]).

Noch in der ersten Hälfte des 12. Jahrhunderts aber, im Jahre 1141, zeigte sich zum ersten Male ein Geist der Widersetzlichkeit und des Ungehorsams, Aufruhrgelüste gegen den Stadtherrn. Wir hören da aus

---

1) Pertz leges II. p. 286. Fr. Löher, Fürsten und Städte zur Zeit der Hohenstaufen. Halle 1846. S. 40 ff. u. S. 62 ff. Roth v. Schreckenstein, das Patriciat in den deutschen Städten. Tübingen 1856. S. 144 ff. u. S. 156 ff.

2) Chron. Erford. civit. ap. Mencken II. p. 562. Conf. Ursinus Chron. Thur. ap. Mencken III. p. 1257.

3) J. Latomi Catalog. Mencken III. p. 487.

4) v. Falckenstein l. c. p. 53.

dem Chronicon Erfordensis ciuitatis [1]): **Magna** concertatio facta est inter ciues et familiares Archiepiscopi; quidam occisi sunt multique vulnerati.

Ueber dieselben Vorgänge berichtet der Erphordianus Antiquitatum Variloquus [2]): Quarta Kal. Septembris magna concertatio facta est Erfurt inter ciues et Marcolfi Archiepiscopi milites.

Ueber die Ursachen des Tumultes wird uns nichts berichtet, wir gehen aber schwerlich fehl, wenn wir die in Folge jenes großen Kampfes eingetretene Schwächung der erzbischöflichen Autorität, das gesteigerte Selbstbewußtsein der cives und ihr Bestreben vom Stadtherrn sich zu emancipiren, mit dabei in Anschlag bringen, wenn auch der soldatische Uebermuth einzelner bischöflichen Ministerialen den äußern Anlaß bieten mochte.

Die erzbischöflichen Beamten in Erfurt.

1) Der Burggraf = Vogt.

Die früher unstreitig wichtigsten und mächtigsten Beamten für Erfurt waren die Reichsvögte, und zwar befand sich die Vogtei seit alter Zeit in den Händen der Grafen von Gleichen. Was v. Falckenstein über die Vogtei der Grafen von Gleichen und die Vicedomini von Apolda aus einer alten geschriebenen thüringischen Chronik berichtet [3]), ist deshalb noch von besonderem Interesse, weil es zeigt, wie im späteren Mittelalter diese Verhältnisse, die man oft nicht mehr verstand, aufgefaßt wurden, und wie die Erinnerung an die früheren staatsrechtlichen Gestaltungen, das Bewußtsein von ihrer historischen Entstehung vielfach erloschen oder doch stark getrübt war. Diese Anschauung hat also nur den Werth einer verfälschten Tradition, und nur das, was sich von jenen Institutionen in späteren Zeiten factisch noch erhalten hatte, nicht aber die gangbare Ansicht von seiner Entstehung und Berechtigung, ist für uns brauchbar, um daraus mit Hülfe anderweitig bekannter analoger Verhältnisse den Hergang der geschichtlichen Processe zu erklären. Die Erinnerung an die mächtige Stellung der Burggrafen spricht sich in der Nachricht des Chronicon aus, daß Kaiser Otto die Grafen von Gleichen, „weilen sie ansehnliche Güter in Erfurt gehabt", zu Erb=Vögten gemacht, und daß der Graf von Gleichen seit jener Zeit seine eigenen Gerichtshalter und andere Beamten in der Stadt gehabt habe.

Die Vögte von Erfurt besaßen aber nicht nur dieselben Rechte wie in andern Städten, z. B. Cöln, Magdeburg, Straßburg, Nürnberg die Burggrafen [4]), sondern sie wurden auch bis zum 14. Jahrhundert manchmal Burggrafen genannt und nannten sich selbst so, wiewohl der Name advocati häufiger vorkam.

---

1) Mencken II. p. 561.
2) l. c. p. 477.
3) l. c. p. 38 sq.
4) Ueber das Burggrafenamt: Arnold, Verfassungsgeschichte der deutschen Freistädte. 1854. I. S. 76 ff. — Ennen, Geschichte der Stadt Cöln. I. S. 552 u. 566 ff. — Entwickelung der deutschen Städteverf. II. S. 161 ff. — Das baltische Patriciat. S. 40 ff.

14

Nach dem Bibrabüchlein [1] führte das Gericht auf dem S. Severi-Hofe noch damals (1332) den Namen des Burggrafengerichtes; auch bestand noch das Amt eines Knechtes der Burggrafen auf dem Severi-Hofe. Zur Zeit Siegfrieds III. von Mainz (1230 — 1244) kommt in des Schreibers Bartholomäus Nachweis von allen Renten und Rechten seines Herrn von Mainz in dem Abschnitt: Ista debita non sunt ex-pedita Erphordiae unter anderem vor [2]: Burgravio mans. III. soluto loto, und in dem Abschnitt: Isti census spectant ad officium magistri fori ad ecclesiam mercatorum: Burganius de curia 1 sol. Auch nennt sich der Vogt von Erfurt, Lambert v. Gleichen, in einer Urkunde comes de Erphordia [3]. Ebenso wird in dem Vertrage, den Gerhard III. 1289 mit der Stadt abschloß, der Vogt schlechthin Graf genannt. „Alle des Erz-Bischofes Leute und des Greuin und des Vitzthumbs, die es von Alters zu Rechte verhaben sollen sein, die sollen keinen Zoll ge-ben" [4]. Und in einer Urkunde des Erzbischofs Arnold von 1157 ist der erste der Laienzeugen Erwin comes et advocatus [5].

Die Burggrafen oder Reichsvögte von Erfurt standen anfangs un-mittelbar und lediglich unter dem Könige, dessen Hoheits-Rechte sie ver-walteten und dessen Richter sie waren, sie hatten kein Subordinations-verhältniß zum Erzbischof von Mainz, außer sofern sie sich mit Mainz zugehörigen Gütern belehnen ließen. Sie waren die höchsten Militär-befehlshaber und Administrativbeamten der ihnen anvertrauten Stadt, für deren Sicherheit sie zu sorgen hatten, zugleich aber auch die höchsten Richter, die Präsidenten in dem Gerichte der Schöffen über Hals und Hand.

Als nun der Erzbischof von Mainz im 9. Jahrhundert diejenigen Rechte gewann, welche seine Stadtherrlichkeit zum Abschluß brachten, als ihm vom Könige die Markt-, Münz- und Zollgerechtigkeit, sowie der Bann über alle Einwohner, während ihm als weltlichem Herrn früher-hin nur die Insassen seiner Immunität unterstanden hatten, übertragen wurden, mußte der bis dahin von Mainz unabhängige Burggraf und Reichsvogt auch unter den Erzbischof treten und Vasall und Beamter des Erzbischofs werden, obgleich er den Blutbann noch, wie vormals, un-mittelbar vom Kaiser zu Lehen trug [6].

Seit dieser Zeit scheint der Name Burggraf allmälig immer mehr außer Gebrauch gekommen und dafür der eines Vogtes üblicher geworden zu sein, da der Bischof eigentlich keinen ihm unterstehenden Burggrafen gebrauchen konnte, wohl aber einen Vogt, d. h. da der Burggraf für den Bischof nur Advocatus war. Der bisher königliche Burggraf war Vogt des Bischofs, Vogt der mainzer Kirche für Erfurt geworden. Ana-

---

1) v. Falckenstein a. a. O. S. 208.
2) Handschrift im Provincial-Archiv zu Coblenz, v. Tettau: das staatsrechtl. Ver-hältniß Erfurts. S. 33.
3) Wolf, Politische Geschichte des Eichsfeldes. I. S. 130.
4) v. Falckenstein a. a. O. S. 134.
5) K. Fr. Stumpf, Acta Maguntina. Innsbruck 1863. S. 148.
6) Entwickelung der deutschen Städteverf. II. S. 103. — Das Hallische Patriciat, S. 41.

log wird auch dort, wo der Burggraf diesen seinen Namen für gewöhnlich beibehielt, wenn er unter dem Erzbischof seine Rechte aus- übt, er ausdrücklich als dessen Vogt bezeichnet. Quando nos vel suc- cessores nostri judicio sanguinis presidere contigerit: dictus Burgra- vius noster debet esse advocatus, sagt der Erzbischof von Cöln in dem Weisthum von 1169 [1]). Seit der Zeit erst, wo diese Veränderung in der Stellung der Grafen sich vollzogen hatte, konnten die Bischöfe einen solchen auch mit Rücksicht auf sein städtisches Beamtenverhältniß, worin er zu ihnen stand, nicht bloß, weil er andere Güter von ihnen zu Lehen trug, als fidelis noster, Burgravius noster, vnse greve be- zeichnen. So redet der Bischof von Paderborn noch im Jahre 1331 von „vnseme greuen to Paderborne" [2]), und der Herzog Albrecht von Sachsen bekennt 1294, daß er Burggravionatum et Bannum ejusdem Burggra- vionati zu Lehen getragen habe a Venerabili Domino nostro Erico sancte Magdebergensis Ecclesie Archiepiscopo [3]).

Zur Bestimmung der Rechte des Vogtes und für die Erkenntniß seiner ursprünglichen Stellung ist wichtig das von v. Falckenstein [4]) uns aufbewahrte, 1332 verfaßte Bibrabüchlein, die Aufzeichnungen Herrmanns von Bibra, Decans der Kirche S. Maria in Erfurt, über „alle Einkom- men, Zinse, Rente, Gefelle und Gerechtigkeit des Stifts zu Maynz." Es heißt darin vom Vogte: „Der Erffurtische Voigt hat zu richten Blutsachen, sitzt mit dem Schultheißen im Gericht und nimmt von allem das Gefell vom Stabe 3 Pfennig, wo der Schultheiß nimmt 4 Pf. und der Vitzthum 2 Pf. Der Voigt hat zu setzen und abzusetzen, wann es ihm gefelt den Scharffrichter, der Voigt soll machen oder ma- chen lassen den Galgen, das Henkershaus, den Sackschupffen. — Der Voigt soll halten drei Voigt-Gerichte zu 3 mahl im Jahre, zu welchen Gerichten alle Einwohner zu Erffurt und alle andere, darüber der Voigt Gerichts-Zwang hat, bei der Buße erscheinen müssen; ingleichen der Voigt hat zu setzen einen Knecht. Die Leute, so von Alters gehören zu der Voigtey, seind des Zolls frey; das man des Voigts Dinge nicht gehal- ten, hat dem Stift an Herrlichkeit und Gütern großen und merklichen Abbruch bracht, und die Voigt-Dinge halt ich als zu Maintz vor ge- botene Dinge" [5]).

Natürlich konnte der Graf von Gleichen nicht beständig in Erfurt sein, um dort die Vogtei zu verwalten; er ernannte daher für sich einen Stellvertreter, der seinen bleibenden Aufenthalt in der Stadt hatte und die Rechte der Vogtei wahrnahm. Dieser Untervogt oder Vicevogt wird ebenso wie sein Committent Vogt genannt, hat aber in den Urkunden seine Stellung erst nach den erzbischöflichen Beamten, dem Vicedominus und dem Scultetus [6]), während der Graf von Gleichen selbstverständlich vor diesen steht.

---

1) Quellen zur Geschichte der Stadt Cöln, von Ennen u. Eckertz. I. S. 556.
2) Urkunde im Stadtarchive zu Paderborn. Nr. 20 des Repertor.
3) Sagittarius. ap. Boyseu, histor. Magazin. Halle 1768. III. S. 83.
4) l. c. p. 189 sq.
5) l. c. p. 200.
6) Urkunde XIII. vgl. II. u. III.

2) Der Vicedominus [1]).

Eine weitere Folge, die sich aus dieser veränderten Stellung des Vogtes ergab, war die, daß er sich nun die Concurrenz eines anderen, von Anfang an bischöflichen Beamten gefallen lassen und allmälig in manchen Stücken gegen diesen gerade wegen des engeren Verhältnisses, welches zwischen demselben und dem Bischofe bestand, zurücktreten mußte. Dieser Beamte war der Vicedominus, der ministerialische Vogt des Bischofs, den dieser aus seiner familia anfangs nur für eine bestimmte Zeit bestellte, bis das Amt in dem Ministerialengeschlecht der von Apolda erblich wurde. Als ministerialischer Vogt des Erzbischofs führte er anfangs nur die Verwaltung der erzbischöflichen Einkünfte und die niedere Gerichtsbarkeit über die erzbischöflichen Ministerialen und Hörigen. Als der Erzbischof, sein Herr, unzweifelhaft Dominus der Stadt geworden war, wurde er, der höchste der erzbischöflichen Beamten, ganz natürlich Vicedominus und Stellvertreter seines Fürsten; sein Wirkungskreis, der sich bisher nur auf die Immunität erstreckt hatte, erweiterte sich nun auf die ganze Stadt, und er nahm jetzt eine dem zum Beamten des Bischofs gewordenen Burggrafenvogt (dem Reichsvogt) mehr coordinirte Stellung ein, während er früher zu demselben, als erstem königlichem Beamten, in einem bestimmten Subordinationsverhältnisse gestanden hatte. Der frühere Reichsbeamte führte nun vorzugsweise den Titel advocatus, während der bischöfliche Ministerial, der, weil vom Burggraf=Vogt nun unabhängig, und weil ja auch der Stellvertreter des Burggraf=Vogtes Vogt hieß, nicht wohl auch noch als Vogt bezeichnet werden konnte, mit dem seiner Stellung am besten entsprechenden Namen Vicedominus genannt wurde. (Auch sonst werden die Vögte häufig Vicedomini und das Amt der Vogtei Vicedominat [2]) genannt.) Seine Wohnung war im erzbischöflichen Hofe, und dort fanden sich bei ihm die Schöffen ein [3]). Er hat im Wesentlichen die gleiche Stellung wie der Ministerialen=Vogt in Cöln, von dem in dem Schöffenweisthum von 1169 gesagt wird, daß er früher der Schultheiß des Erzbischofs genannt worden sei. So war der Vicedom in Erfurt auch eigentlich der Oberschultheiß seines Erzbischofs, und unter ihm standen deshalb die beiden (Unter=) Schultheißen, die diesen Namen trugen, der in civitate und der in brulo.

Um den Einwürfen derer zu begegnen, welche sich das Nebeneinanderbestehen des Vogtes und des Vicedominus nicht recht erklären können, glaubt v. Tettau die Wirkungskreise der beiden Beamten in der Art abgrenzen zu müssen, daß er annimmt [4]), der Vicedominus habe im

---

1) Eine Reihe von Vicedominis wird aufgezählt bei v. Falckenstein a. a. O. S. 62 ff. — Bertoldus Vicedominus in Erpesfordia kommt vor von 1175 — 1199. Stumpf Acta Moguntina. S. 87 — 150.

2) So in Aschaffenburg v. Falckenstein S. 127. Z. 16. In Magdeburg wird in der Urkunde von 1213, wodurch der Erzbischof Albert II. die Vogtei an Albert v. Arnstein verleiht, diese als Vicedominat, und der mit ihr Belehnte als Vicedominus bezeichnet (Urkunde im Provincialarchiv). Auch in Worms ist ein Vicedominus, der auch in dem Privileg Barbarossa's von 1156 erwähnt wird. Moritz, vom Ursprung der Reichsstädte append. documentor. p. 146.

3) v. Falckenstein a. a. O. S. 46 u. 354.

4) a. a. O. S. 34.

Allgemeinen die Verwaltung und die Cameraljustiz, der Vogt die eigentliche Rechtspflege besessen. Durch diese Scheidung indeß wird weder
Etwas erklärt, noch ist sie zutreffend; vielmehr hatten beide Beamten,
seit der Erzbischof Dominus geworden war, in Civilsachen eine con-
currirende Jurisdiction und saßen mit denselben Schöffen zu Gericht,
während der Blutbann dem Vogte vorbehalten blieb. Es bestand zwischen ihnen dasselbe Verhältniß, wie zwischen dem Burggrafen und dem
Vicedominus (Vogt) zu Magdeburg, und wie zwischen dem Burggrafen
und dem Ministerialen-Vogt zu Cöln, wie es uns in der bereits oben
erwähnten Urkunde von 1169 entgegentritt [1]). Der Erzbischof Philipp
von Heinsberg bestimmt darin die Grenzen der burggräflichen und vog-
teilichen Gewalt auf Grund eines alten Weisthums, nachdem zwischen
dem Burggrafen und dem Vogte Competenzstreitigkeiten ausgebrochen waren. Es wird darnach für Recht erkannt, daß der ministerialische Vogt
(dem also in Erfurt der Vicedominus gleich steht) in omnibus causis
judicio presidere debet, exceptis judicio quod wizzeht dinc dicitur
et judicio de hereditatibus infra Coloniam sitis, quibus dictus Burg-
gravius solus judicio presidere debet et questum de eisdem pro-
uenientem recipere. Wie in Cöln dann der Vogt gegen den Burggrafen Fortschritte machte, so in Erfurt der Vicedominus gegen den Vogt.

In dem Extractus ex libro de juribus Vicedomini, den v. Falkenstein [2]) mittheilt, wird vom Vicedominus gesagt: Quando Dominus
Episcopus Moguntinus absens est, tunc pertinet ad Vicedominum
conferre officium forense, monetam, officium villicationis in Brulo et
officium cellerarii, qui omnes tenentur astare judicio coram eo, ut
custodem lignorum debet ponere; etiam Fribotho habebit respondere
ad vicedominum et stabit jure coram eo. Quando pro vtilitate Domini episcopi vel civitatis aliquid est tractandum: juris est Vicedominum Judicibus et Burgensibus intimare, qui omnes in
Curiam suam convenire debent quidquid decuerit ibi tractare. Officia, quae dicuntur Innungen, debent esse sub Vicedomino et Sculteto civitatis.

Damit stimmen überein die von dem Amte des Vitzthum handelnden Artikel eines im geheimen Staatsarchiv zu Weimar befindlichen erfurter Copiale [3]). Die dort aufgezeichneten Bestimmungen scheinen im
Anfange des 14. oder am Ende des 13. Jahrhunderts formulirt.

Ditte (heißt es darin) ist der Vitzthum anmecht, das der vitzthum
von Appolde vnd synn Erben von irem herren dem Erzbischoffe von
Mentze zcu Erffore gehabt haben vnd noch haben zcu rechteme lehen.

De vicario Vicedomini.

Sye sullen eynen Vitzthum an das gerichte setzen, der sall en trumen
geloben vnd dar noch uff denn heyligen schweren irem herren dem Bi-

---

1) Ennen und Eckertz: Quellen. 1. S. 554 ff. Dazu: Entwickelung der deutschen
Städteverf. II. S. 153. 161. 172.

2) l. c. p. 46.

3) Copiale Erfurdense Vulcano abreptum a. 1733 per Fr. Zollmann. p. 13 sq.

18

fchoffe vnnd jrem herren von Glichen vnd dem Vizthum der Stadt ge-
meyne ör recht zcu behalten. — —

De Bodello.

Sie sullen eynen Bodel seten, der vnder ön sye, vnd der on helff
beware vnd mercken, das jrem herren dem Bischofe seyn vnrecht geschee
oder jnen selbist.

De Brule.

Das selbe recht haben sie an dem schultheyßen ammecht jn dem
Bruel. Mit dem selben schultheyßenn sall der vitzthum richten jn dem
Bruel oder die mollen jn der Stabt vnd vor der Stabt was da zcu
richten ist, vnd sall das dritten teyl da von nemen.

Scultetus.

Wan ir herre der Bischoff von Mentze eynen Schultheyßen haben
sall zcu Erffort, den sullen sie seten, der sal on schweren an ires herren stadt des Bischoffs von Mentze zcu alle dem Rechten, als das von
alter herfomen ist Rechte. Als sie den schultheyßen seten in der Stadt
alßo sullen sie seten den schultheyßen in dem brule.

De Magistro fori.

Sie sullen ouch seten den margmeister vnd denn Muntzmeister vnd
eynen fryboten. Dieße vorgenannten Ammechte, die sollen vor on zcu
rechte stehen vnd haben ober sie zcu richten an ires herren stadt von
Mentze, als ob er geinwertig were.

Den schultheyßen in der Stadt, wan sie den seten an das gerichte,
der sall geben zcu irem rechte alßo manche margf, alßo manche Jare er
das ammecht gewunnen habt. Das selbe sall der Schultheiße zu bruele
auch thun. Es sall auch thun der Muntzemeyster vnd der Marktmeister.

Dieße vorgenanten vier ammechte der jglicher giebet dem Vitzthume zcu rechte alßo manche margk alß mannig Jare er das ammecht
gewunnen hat. Obir das sall on geben der Muntzemeister jgliches
Jhares an sente Jacoffs tage IV talente nuwer pfennige. Der margkt-
meister gibt yedes Jhares an vnßer frawen abinde lichtmeißen.

Von der ynnunge.

Dye ammechte, die do heyschen Innunge, die sullen seyn vnder dem
Vitzthume vnd vnder dem Schultheyßene vßse der Stadt [1]).

Das Amt des Vitzthums in Erfurt zeigt große Verwandtschaft mit
dem des Camerarius in Trier, der dort der erste und wichtigste der
ministerialischen Beamten des Stadtherrn ist. Er ist der Vorgesetzte der

---

1) Es folgt nun ein Verzeichniß dessen, was die einzelnen Gewerke dem Vitzthum zu geben haben. Interessant ist es, damit zu vergleichen, was die alten haut-
schen Innungen an ihren Stadtherrn im 13. Jahrhundert entrichten müssen. Aus dem
Provinzialarchiv in Magdeburg von mir mitgetheilt in den neuen Mittheilungen des
thüringisch-sächsischen Geschichts- und Alterthumsvereins, 1867, S. 425 ff.

Münzer, der Juden und aller Handwerkerofficien mit ihren Meistern: der pellifices, sutores, fabri, carnifices und ihr Richter in omni Causa preter eam scilicet uiolare pacem, der oberste magister omnium scarhuuen, glashuuen, pereminthuuere [1] u. s. w. Das Vicedominat oder die bischöfliche Vogtei scheint übrigens manchmal mit dem Amte des Cämmerers verbunden. So ist in der merkwürdigen Urkunde Erzbischof Wichmanns von Magdeburg vom Jahre 1159 über das Schultheißenamt der erste der Laienzeugen, Otto, uicedominus et camerarius.

3) Andere Beamten: Schultheißen, Marktmeister, Cämmerer, Münzmeister, Salzgraf.

Die zur Verwaltung der Stadt und zu den städtischen Officien gehörigen Beamten, welche früher unter dem Burggrafen-Reichsvogt gestanden hatten, wurden, als dieser, ihr Vorsteher, Beamter des Erzbischofs ward, zugleich mit ihm Untergebene des geistlichen Fürsten und außer vom Vogte von nun an auch von dem erzbischöflichen Vicedominus abhängig, eine Verbindung, die sich immer mehr befestigte, während das Verhältniß zum Vogte sich lockerte.

Die Stellvertreter des Vogtes und des Vicedominus waren die Schultheißen.

Nach einem alten, von v. Falckenstein angeführten [2] Chronicon soll Erzbischof Wilhelm für Erfurt die drei Schultheißen eingesetzt haben: „Der Erste hieß Scultetus in Civitate, der hatte meist mit Bürgern zu thun. Der andere im krummen Hause auf dem Severhof — hatte mit denen Bürgern, so bei S. Andreas wohnten, zu thun, und hieß der Burggrafe und Schultheiß zum Sever. Der dritte hatte ein sonderliches Gericht und wurde genannt der Schultheiß in viele (in plurali), war über die Vorstädte und des Stifts Dörffer und Güter. Das Severgericht wurde des Jahres dreimahl gehalten und das Schultheil ingleichen Voigts-Gedinge genannt."

Der zweite Schultheiß, der auf dem Sever, zeigte also schon durch seinen Namen die enge Verbindung an, in welcher er zu dem Burggrafen-Vogt, dessen Stellvertreter er war, stand. Die beiden anderen jedoch, von welchen der im Brüel auch villicus genannt wurde, weil er ursprünglich nur das Amt eines villicus gehabt hatte, wurden, weil sie dem Vicedominus nach dessen Erhöhung näher standen als dem Vogt, bald mächtiger und einflußreicher. Ihr Amtskreis erweiterte sich mit dem des Vicedominus, so daß sie späterhin als die Hauptschultheißen galten und es in der That auch waren, während der Schultheiß oder Burggraf zum Sever gegen sie an Befugnissen und Einfluß verlor, ja später ganz verschwand, da seine Gerechtsame von dem scultetus in brulo mit übernommen wurden. Das war bereits der Fall 1332,

---

1) H. Beyer, Urkundenbuch zur Geschichte der mittelrhein. Territorien. I. Band. Coblenz 1860. S. 401 ff.

2) Urkunde im Provinzialarchiv zu Magdeburg.

3) l. c. p. 42.

20

zur Zeit Hermanns v. Bibra, da derselbe sagt: „Der Schultheiß in der Stadt besitzt alle Gerichte in der Stadt ausserhalb uf dem Severshofe, welches dem Schultheiß im Brül gehöret, mit dem Voigt und Vitzthum und nimmt von allen Gefällen des Stabes 4 Pf., wann und wo der Voigt 3 und der Vitzthum 2 Pf. nimmt, und hat zu verleihen die Freye Güter, die Frey-Zinß zu der Kauffmannskirche geben, und nimmt von der Mark 1 Schilling Pf., davon hat der Vitzthum den 3ten Theil" [1]).

Vom Schultheißen im Brüel sagt das Bibrabüchlein,[2]): „Auch ist zu wissen, das der Schultheiß im Brül, da die Aemter getheilet waren, hatte zu richten über 7 Dörfer, als: Brule, welches die Zeit genannt ein Dorff vor sich, Hochheim, Bintersleben, Ilverögehofen, Daberstadt, Tüttelstedt und Melchendorff, und sitzt seine Gerichte uf S. Severs Hof, und das Gericht wird genannt das Burggrafen-Gerichte. — Der Schult-heiß hat zu verleyhen alle Güter, davon man Frey-Zinß giebt in der Kirchen S. Severi, und bekommt von der Mark 1 Schilling, wie der Schultheiß in der Stadt; davon bekommt der Vitzthum den 3ten Theil. Ingleichen er hat Wachs-Lichte und Bot-Schne von der Kirchen Mariä. Ingleichen er hat zu richten über die Mühlen ausser der Stadt, und der Vitzthum hat den 3ten Pf. wie in der Stadt. Ingleichen hat er drei mal im Jahr Voigt-Gerichte im krummen Hause."

Der Schultheiß in brulo ist wohl, was die Zeit seiner Einsetzung betrifft, jünger als sein Collega in civitate. Der Brül (Brüel, Brühl), anfangs ein westlich von der Stadt liegender Waldgarten, wurde nach und nach zu einem Dorfe, zu der noch heute so heißenden Vorstadt, ange-baut. Außer in Erfurt gibt es noch in manchen anderen deutschen Städten, wir nennen nur Zeitz, Merseburg, Leipzig, Quedlinburg, Münster, Brühle, die oft jetzt längst Straßen und dicht bevölkerte Stadttheile sind; ja ganze Städte, die in solchen Waldgehegen erwuchsen, führen den Namen Brühl, und befunden dadurch die frühere Beschaffenheit des Bodens, auf dem sie entstanden [3]). Es mag dahin gestellt sein, ob nicht der Name dieses Schultheißen in plurali durch Mißverständniß in Folge abgekürzter Schreibung oder nachlässiger Aussprache aus in brulo, pruelo oder brularo [4]) (prulario) entstanden ist. Es kann freilich auch die Benennung in plurali (in Viele) ebenso alt sein, als die in bruelo, und wie diese dem scultetus nach seinem Wohnort, so wurde jene ihm gegeben, um seinen vielumfassenden, weit ausgedehnten Amtskreis an-zuzeigen. Der erste scultetus in plurali, dessen Namen ich genannt finde, ist der 1157 als Zeuge in einer Urkunde des Erzbischofs Arnold von Mainz vorkommende Cristanus scultetus in pluralio [5]).

Neben dem scultetus in civitate war ein wichtiger Beamter der Marktmeister, der schon oben erwähnte magister fori, der für Ordnung

---

1) l. c. p. 207
2) l. c. p. 208
3) z. B. die bekannte Station der bonn-cölner Eisenbahn.
4) Vgl. unten die Urkunde von 1125.
5) Fr. Stumpf Acta Maguntina. p. 149.

und Ruhe auf dem Markte beim Kaufen und Verkaufen zu sorgen hatte, auch in Handelssachen eine niedere Gerichtsbarkeit übte, wie in Cöln die magistri parochiarum [1]). Von jedem Verkäuffer erhielt er seine bestimmten Emolumente. In dem Vertrage Gerhards II. mit den cives 1289 hören wir von ihm [2]): „Der Marktmeister der sol seinen Zoll nemen von allerhand Leuten als sie verkaufft haben, und dieweil sie nicht verkaufft haben, so sol man sie nicht pfenden umb den Zoll; ists aber, das ein Man ein Teil verkaufft von seinem Wagen, so soll er seinen Zoll geben oder ein Pfand, bis das er alles verkaufft, ob es der Zöllner heische oder nicht, gibt er dann dem Zöllner nicht seinen Zoll, so fare er uff sein Recht."

Der erste Magister fori, der sich genannt findet, ist Bertoldus, der in derselben Urkunde von 1157 verkommt, in welcher auch der scultetus Cristanus und der Cellerarius Wernherus unter den Ministerialen als Zeugen erscheinen [3]).

Noch andere Beamte, die ebenfalls wie der magister fori selbständig neben dem Schultheißen unter dem Vitzthum standen, waren der Camerarius, ein solcher wird in den unten folgenden Urkunden von 1212, 1239, 1241 und sonst oft erwähnt, und der Münzmeister [4]), der magister monetae oder monetariorum, der Vorsteher der 12, später 16 Hausgenossen, von dem in dem Gerhardschen Vertrage von 1289 mehrfach gehandelt wird. Er allein mit diesen hat den Wechsel in der Stadt und darüber zu wachen, daß kein Anderer wechselt [5]). Er sol „warnemen falsches Gelötes und Wagen, bei wem er das findet, der sol im wetten drey und drey Scherffe uff Gnade; findet man aber anderweit bei demselben Man falsch Gelöte oder Wage, das gehet im an seine Hand, zu dem dritten mal an den Leib."

Endlich möge hier noch des Salzgräfen gedacht sein, über dessen Amt Hermann von Bibra 1332 ein Mehreres berichtet [6]). Der Salzgräfe hat den Verkauf des Salzes zu überwachen und das Salz, so man dem Stifte schuldig ist, einzunehmen. Wer die dafür festgesetzten Ordnungen übertritt, muß ihm Strafe zahlen, und er hat das Recht, den Uebertreter zu arretiren. Mancherlei Einkünfte stehen ihm zu, aber er muß auch dem scultetus in civitate und dem Vitzthum bestimmte Gebühren einhändigen.

Die meisten dieser Beamten für die Stadt (die Schultheißen, Münzmeister, Salzgräfen, Zollmeister) wurden natürlich vom Erzbischofe oder dessen Stellvertreter, dem Vicedominus, aus den Einwohnern der Stadt selbst genommen und ergänzt.

Man würde nun aber fehlgehen, wenn man mit v. Tettau [7]) annehmen wollte, daß Erfurt bis zum Jahre 1255 lediglich von den er-

1) Entwickelung der deutschen Städteverf. II. S. 212 ff.
2) v. Falckenstein a. a. O. S. 133.
3) Stumpf Acta Maguntina. S. 149.
4) a. a. O. S. 133.
5) In Trier steht er unter dem Cämmerer.
6) a. a. O. S. 189 ff.
7) a. a. O. S. 92.

wähnten Beamten regiert worden sei. Das wird sich bald herausstellen, wenn wir vorerst noch einen Blick auf die Einwohnerschaft der Stadt überhaupt geworfen haben.

Die Cives im 11. und 12. Jahrhundert.
„Altfreie Gemeinde" oder Officialen und Censualen?

Im 11. und 12. Jahrhundert wurde die Gewalt der mainzer Erz-bischöfe durch den fortdauernden Kampf zwischen Imperium und Sacer-dotium mehrfach erschüttert. Erzbischof Conrad besestigte 1164 die Stadt, es half ihm aber nicht, er mußte seinem Gegenbischof Christian weichen, und Ludwig V. von Thüringen ließ 1165 die Mauern niederreißen. Den vom Landgrafen angerichteten Schaden scheint Erfurt bald verwun-den zu haben und war im Jahre 1183, wo in der Probstei des Stifts B. M. V. der berühmte lapsus procerum Thuringiae stattfand [1]), weit-aus die blühendste Stadt Thüringens, auf welche die ländergierigen Landgrafen mit lüsternen Augen hinblickten. Gerade in jenen Zeiten aber konnte sich eine mächtige Stadtaristokratie und mit ihr eine vom Erzbischof unabhängiger stehende Stadtgemeinde ungehindert heranbilden. Die ältesten Bewohner Erfurts, wie die der übrigen deutschen Städte im Mittelalter, lassen sich in drei Classen scheiden; sie waren entweder 1) Officialen, Beamtete der Stadtherren oder der in den Städten besind-lichen Stiftungen, oder 2) Zinsleute, Censualen, die nicht in einem Beamten-Verhältnisse, wohl aber in einem näher zu bestimmenden Un-terthänigkeits-Verhältnisse zu den Stadtherren oder den Stiftungen stan-den, oder 3) strengerem Hofrecht unterworfene Hörige unfreien Standes.

Officialen also sind in Erfurt die Beamten [2]) des Erzbischofs und der verschiedenen Stifter und ihrer Höfe. Der Name Ministerialen eig-nete vorzugsweise einer Classe der Officialen, den Vornehmsten, näm-lich denjenigen, welche an der Spitze der 4 Haupt-Hofämter (des Mar-

---

1) Erphord. Ant. Var. Mencken II. p. 480. Chron. Sampetr. Mencken III. p. 230. Gudenus Histor. Erf. 1. p. 40.

2) Ebenso wie officialis bezeichnet auch das Wort officiatus im Mittelalter über-haupt und im Allgemeinen einen Beamten. A. Maurer befindet sich daher gänzlich im Irrthum, wenn er in seiner Geschichte der Dorfverfassung (II. Bd. 1866. S. 24) gegen mich bemerkt, daß in Cöln die magistri von den officiatis nicht verschieden seien. Er übersieht dabei, daß zwar jeder Magister officialis oder officiatus genannt werden kann, weil dies der allgemeinere, der Gattungsbegriff ist, daß aber nicht jeder officiatus Magister zu sein braucht. Statt 20 bis 30 Beispiele, die ich zu seiner Widerlegung sogleich bloß aus Ennen anführen könnte, begnüge ich mich mit dreien: Item statuimus et ordinamus quod singulis annis ante festum beati Remigij episcopi ex officiatis indeseruitis tam de primaria electione quam de secundaria duo eligi debent cum sorte in Magistros. — (Ennen u. Eckerz: Quellen zur Geschichte der Stadt Cöln. I. S. 248.) Notum sit quod dicti officiati dabunt magistris pro tempore existentibus medietatem scripture. (Ebend. S. 272.) Die Magistri wurden von und aus den officiatis gewählt. Magistri scrineorum singuli CCCCC marcas, quas receperunt ab officialibus, reddere debent aliis Magistris post ipsos venientibus. p. 251.

schall-, Kämmerer-, Truchseß- und Schenkenamtes) standen oder in diesen Officien dienten und zum engeren Gefolge ihres Herrn gehörten. Solche Hofämter hatte aber nicht bloß der Erzbischof bei seiner Curie in der Stadt, sondern ebenso die anderen geistlichen Herren, der Abt von S. Peter, der Abt des Schottenklosters, die Aebtissin des Klosters auf dem Cyriaksberge.

Zu den Officialen gehörten auch die monetarii, die Corporation der Münzer, die zugleich Wechsler, campsores, und Banquiers waren, der Salzgräfe, die teloncarii, die Stellvertreter des Vogtes und des Vizthums, die Gerichtsbeamten: die Schultheißen, der Freibote, der Waldbote, in gewissem Sinne auch die Schöffen, endlich die niederen, in den Curien dienenden Beamten: Thorwärter, Pförtner, Stallmeister, Köche; desgleichen wurden die Vorsteher der Handwerkerofficien und die Handwerker selbst als Officialen betrachtet.

Unter dem Namen Censualen, auch Coloni und Hortulani, sind alle diejenigen Einwohner zu begreifen, welche dem Erzbischof oder seinem Vogte, oder seinem Vizthum, den Schultheißen oder den Stiftern Census, Abgaben, zu entrichten hatten. Der Ursprung dieser Abgaben, sowie ihre Höhe waren sehr verschieden. Zins mußte von den Censualen gezahlt werden für ihre Häuser, Grundstücke, Aecker, Gärten und Felder, da ihnen dieselben nur unter dieser Bedingung überlassen worden waren, und da sie diese Besitzungen ursprünglich nur pachtweise inne hatten, während der Bischof und die Stifter die eigentlichen Eigenthümer waren und fortwährend als Grund- und Lehnsherren der Ländereien betrachtet wurden.

Solche Pachtungen, wenn auch anfänglich nur für bestimmte Zeit bewilligt, wurden nach und nach in der Regel erblich und verwandelten sich in wirklichen Privatbesitz der Pächter, wovon nur noch gewisse Abgaben, Census, zu leisten waren.

Auch freiwillig, aus religiösen Motiven, pro remedio animae, verpflichteten sich Viele für sich und ihre Nachkommen noch zu einem Census von ihren Gütern an die Kirchen und geistlichen Stiftungen.

Andere, Kaufleute und Krämer, mußten Abgaben bezahlen für die Erlaubniß zum Betreiben ihrer Nahrung. Auch an das Reich war von denjenigen, welche nicht zu den Officialen und Ministerialen gehörten und Ackerbau oder Handel trieben, Steuer zu entrichten. Späterhin, im 13. Jahrhundert, als eine straff centralisirte, vom Erzbischof in den inneren Angelegenheiten fast unabhängige Stadtregierung sich ausgebildet hatte, begannen, je mehr die Leistungen an den Stadtherrn und seine Beamten sich verringerten, um so mehr besondere städtische Abgaben aufzutauchen und sich zu mehren.

Von sämmtlichen Gütern, welche im 13. Jahrhundert schon als sogenannte freie Erbgüter erscheinen, mußte Census an den Stadtherrn entrichtet werden; das sehen wir noch aus den Concordaten Gerhards II. von **1289**, die darüber verschiedene Bestimmungen enthalten.

24

Dis ist das Recht von dem freien Gute, das da zinset off des Ertz-Bischoues Tisch in der Stad zu Erffurt und vor der Stad zu Erffurt.

Wer Frey-Gut keufft zu Erffurdt, das soll leihen des Ertz-Bischoues Schultheis, und der Keuffer des Guts sol ime geben einen Schilling von der Marck, doran mag der Schultheiß gnade wol thun, ob er wil, gegen den Keuffer.

Dis ist das Recht des Schultheissen von dem freien Gute.

Ein jeglich Mann mag wol von seinem freien Gute verkeuffen eine Marck Geldes oder minder oder mehr, also das er gebe des Ertz-Bischoues Schultheißen einen Schilling von der Marck.

Von Frey und von Erbe, das man verkeufft in der Stad zu Erffurt.

Wird ein Frey-Gut verkaufft, da Erb-Zinß an ist, das sol des Ertz-Bischoues Schultheis leihen zu des Bischoues Rechte, und der Erb-Herr sol dabey sein und sol das Gut leihen auch zu seinem Rechte, da sol bey sein der Bizthumb und der Frey-Bote und des Bischoues Schreiber.

Von Frey und Erbe, das man verkaufft zu Erffurt.

An dem Tage nechst Sanct Mertens-Tage, so sol man den freien Zins nemen und sol acht Tage darzu sitzen und sol nicht dann newe Pfennige nemen; wann es aber kompt an den achten Tag, so sol der Schultheiß sitzen über Mittag und sol nemen Leute darzu, das er zu Rechte hab gewartet des Zinses; wer aber den Zins versenmet zu geben, der wird bushafft an einem Pfunde, und der Frey-Bote sol im gebieten drey Gebot drey Tage nach einander; also manch Gebot als der Frey-Bote gebeutet umb also manchs Pfund ist er bushafft dem Schultheißen uff gnade mit der ersten Busse; darnach soll man im sein Frey fronen. Stehet aber das Frey Jar und Tag in der Frone, so sol das Frey ledig sein dem Ertz-Bischoffe von Maintz. Dieweil aber in der Freybot nicht gebeutet, so bleibt er one Busse; die erste Busse mus er aber geben dem Schreiber uff Gnade.

Von dem Kauffe des freien Guts.

Ists aber das jemand eine Marck oder zwo mehr oder minder verkeufft an seinem Frey, so sol geben, der da keufft, dem Ertz-Bischove den freien Zins uff seinen Tisch. Were aber, das er in versenmete zu geben bis das man im Drey Gebot gethete, so were er die Buß schuldig, die dafür gebüret, und gefronte man das Frey dem Ertz-Bischove, so sellet er von der Gülde, die er uff dem Frey gekeufft hatte, und bleibet das dem Ertz-Bischove. Vorrichtet aber jener nicht, des das frey ist, oder (der) die Gülde verkeuffte, den Zins und die Gülde dem Ertz-Bischove bis das man es gefronet oder uff geholet, so sellet er von allem seinem Rechte, und wird das Frey und das Gut ledig dem Ertz-Bischove.

25

Dis sol man halten von alle dem Gute, **das frey heisset,** es sei von alter verkaufft oder was man verkaufft immer mehr [1]).

Die Verhältnisse der Censualen oder Coloni in Erfurt sind also sehr einfach und durchsichtig. Noch am Ende des 13. Jahrhunderts (1289) war der Erzbischof der eigentliche Lehn= und Erbherr auch des Gutes „das frey heisset", und er hat es zu verleihen [2]). Der dem Erz= bischof deshalb gebührende Census ist ein doppelter, einmal ein ge= botener, d. h. ein zu bestimmten Zeiten von allen censualischen Gütern zu entrichtender, in dem Sinne, wie das Wort „geboten" bei den ge= botenen Dingen (die dru wizliche dinc) gebraucht wird. Dann aber ein sogenannter freier, d. h. ein solcher, der zwar auch), wenigstens späterhin, zu fest normirter Zeit, nämlich einmal im Jahre, an dem Tage „nechst Sanct Mertens Tag" oder an den folgenden acht Tagen, zu zahlen ist, aber nicht von allen Gütern, sondern nur von den freien, d. h. von solchen, die außerdem keine Frohnen mehr an den Herrn zu leisten haben. Dieser Census ist also gerade, wie es in einer Urkunde von 1290 heißt, ein signum libertatis. Wird er aber nicht entrichtet, so fällt das ganze Gut dem eigentlichen Eigenthümer, dem Erzbischof, zu.

Es hatten indeß auch die Censualen, welche späterhin die soge= nannten freien Güter besaßen, d. h. also die Acker=, Garten=, Vieh= Wirthschaft oder Handel treibenden Zinsleute (oder Coloni, war doch die Stadt gewissermaßen die Colonie des Stadtherrn), die von ihren Gütern später nicht mehr Frohn=, Spann= oder Scharwerksdienste lei= steten, früher solche opera civilia, besonders Wachtdienste für die Sicher= heit der Stadt und andere Leistungen, welche, nachdem das städtische Gemeinwesen selbständig geworden, als specifisch städtische, nicht mehr als Herrendienste erschienen, zu verrichten gehabt. Dem Stadtherrn waren sie bis zum 12. Jahrhundert sicher auch zu der Abgabe des Sterbefalls (mortuarium buteil) oder Pesthaupts verpflichtet. Es war dies nichts anderes, als eine den wirthschaftlichen und socialen Ver= hältnissen jener Zeit entsprechende und angemessene Natural= oder Real=Abgabe, die späterhin von den Bürgern mit Geld abgekauft oder ihnen auch von ihren Herren gratis erlassen ward. Bekannt genug ist, daß erst Heinrich V. und vollständig Friedrich I. 1111 resp. 1182 den Bürgern von Speier das buteil erließen [3]). Daß die Censualen we= gen des Sterbfalls, ebenso wenig wie die Ministerialen wegen ihres Beamtenverhältnisses und ihrer persönlichen Dienste, „Unfreie" waren,

---

1) v. Falckenstein, a. a. O. S. 129 u. 130.

2) Ein höchst interessantes Analogon bieten dazu die hallischen Thalgüter, (Das hallische Patriciat S. 37 ff.) die ursprünglich Eigenthum und Leben des Erzblschofs von Magdeburg sind.

3) Gengler, teutsche Stadtrechte, S. 448. Contigit tamen, heißt es in dem Privileg Barbarossa's von 1182, quod Ulricus episcopus super quibusdam prae= fati privilegii (von 1111) verbis questionem movit, exigens a civibus quod in quibusdam locis vulgo houbtrecht vocatur tamquam in praefato privilegio sub nomine buoteil et suppellectilis ab hoc jure non fuerint exempti — ut etiam ab hoc jure quod houbtrecht dicitur penitus sint exempti. (Remling, Urkundenbuch zur Geschichte der Bischöfe zu Speier. 1852. S. 121.

26

also auch nicht so genannt werden dürfen, habe ich gegen K. W. Nitzsch's Auffassung [1]) in meiner Entwickelung der deutschen Städteverfassungen nachgewiesen [2]). Mit demselben Rechte müßte man sonst die Bischöfe Unfreie nennen, weil die Könige das Spolienrecht übten, und alle jetzt lebenden ehrlichen Unterthanen oder vielmehr „Staatsbürger", welche Abgaben und Steuern (wie sie jetzt gebräuchlich sind) zu zahlen haben, und die auf ihrem Eigenthum ruhenden Servitute ertragen müssen. Den schlagendsten Beweis für Erfurt liefern zwei bereits von v. Falckenstein [3]) gekannte Urkunden von 1125 und 1133, woraus uns die ursprünglichen Verhältnisse der erfurter Cives, der Coloni und Hortulani, d. h. der Censualen, die Gartenwirthschaft trieben, deutlich entgegentreten.

In der ersten, vom Jahre 1125 sagt der Erzbischof Adelbert: Quia ego Adelbertus S. M. S. Archiepiscopus Apostolicae Sedis legatus pro honore et exaltatione huius loci, qui Erpesfurte vocatur, pro dilectione et fidelitate Civium meorum tam curtes quam reliquas possessiones, quae ante festum Apostolorum Petri et Pauli liberae factae sunt, qui censum suum partim Magistro fori partim sculteto de Brulario persolunt, de liberis liberiores feci, ita ut neque ego neque aliquis successorum meorum supra dictum censum deinceps alicui possit delegare in beneficium. Quapropter sciendum est, quod etiam curiam Gerberti et fratris sui Vdalrici, quae prius ministerialis exstitit, per supra dictam legem liberiorem constitui, ita ut statuto termino singulis annis Villico de Brulario duos solidos persolvant et nulli amplius quicquam super hac re respondere habeant.

Die Urkunde von 1133 lautet: In nomine sancte et individuae Trinitatis Ego Adelbertus, Dei gratia Moguntinus Archiepiscopus et Apostolicae sedis legatus, notum facio tam futuris quam praesentibus pro remedio animae meae et petitione cuiusdam fidelis nostri Christiani cantoris aliorumque confratrum Ecclesiae B. Severi in Erpesfurth hortos illos, qui siti sunt inter duos fluvios Geracham et Chrislacham, a ponte illo, qui ad introitum eorundem hortorum factus est usque ad locum illum qui vocatur Horlacha, pascuis nostrae Episcopalis copulae addictos ab omni copulae iure et Mariscaliorum potestate in perpetuum me absolvisse et praedictorum hortorum undecim, qui inter praefatum pontem et viam illam quae transit Werneschehouen interjacent, ad officium cantoris, qui communi consilio fratrum eligatur, Episcopali auctoritate concessisse, ita ut salua hortulanorum lege cum omni fructuario usu de caetero ad ipsius Cantoris potestatem et utilitatem respiciant; ea videlicet conditione, ut quicunque Cantor praedictae Ecclesiae existat de redditi-

---

1) In dessen trefflichem Werke: Ministerialität und Bürgerthum. Leipzig 1859. S. 89 u. 189 ff.

2) Ueber die Ministerialen: I. S. 137—183, über die Censualen: S. 183—203. Vergl. Zeitschrift für preuß. Geschichte u. Landeskunde, Berlin 1866. Juni=Heft. S. 375 ff.

3) a. a. O. S. 56 u. 58.

bus supradictorum hortorum decem solidos annuatim fratribus persolvat, qui nunquam inter fratres sint dividendi sed ad communem fratrum et scholarium refectionem et pauperum consolationem in festum S. Aegidii reservandi; praeterea eorundem hortorum censuales possessiones ea possidendi libertate donaui, quam habent caeteri ciues et homines nostri, qui in Erpesfurt de manu Archiepiscopali liberas sortiti sunt haereditates. Duos autem hortos, qui a supradicta via Werneschehouen usque ad Horlachen continentur, et locum molendini Christiano suisque haeredibus in eandem libertatem tradidi, ea scilicet conditione, ut, postquam idem molendinum ad usum molendini perductum fuerit, possessor eius in memoriam Domini Archiepiscopi quinque solidos annuatim fratribus inde persolvat. Hanc autem gratiam Christiano et suis haeredibus ideo concessi, quia ipse suo magno labore haec omnia quasi de nihilo ad tantam redegit utilitatem. Quod ut inconuulsum omni tempore permaneat, praesentem paginam conscribi fecimus et sigilli nostri impressione muniuimus auctoritate. — Cuius concessionis Testes sunt hi: — — Comites Ernestus — liberi Hermannus, Ministeriales: Adelbertus — Rotherus scultetus — Bertoldus Praeco. Anno Domini Incarnationis MCXXXIII datum Erpesforth 14 Kal. Julii.

Außer den Officialen, Ministerialen und Censualen oder Zinsleuten befanden sich dann noch in der Stadt den strengeren Hofrechten unterworfene Hörige, Leute unfreien Standes: Handwerker, Arbeiter, Knechte und Tagelöhner, welche erst allmählig die auf ihnen ruhenden hofrechtlichen Verpflichtungen abstreiften und dann unter mannigfachen Kämpfen (Gleichberechtigung mit jenen Altbürgern erstrebten, zu denen sie historisch im Verhältniß einer Plebs standen.

Den Haupttheil also, den Kern der alten Stadtbevölkerung bildeten die Officialen, die Beamten, unter welchen die Ministerialen mitbegriffen sind, und die Censualen oder Zinsleute; aus ihnen, aus Officialen und Censualen, entwickelte sich im Laufe des 10., 11. und 12. Jahrhunderts das Patriciat.

In Betracht zu nehmen für die Beurtheilung der Qualität der Einwohnerschaft Erfurts ist aber auch die bei v. Falckenstein[1]) schon hervorgehobene Nachricht, wonach Erzbischof Christian im Jahre 1170 milites in sein municipium Erfurt als Besatzung gelegt habe. Diese milites, deren Zahl man sich wohl nicht zu groß denken darf, werden, sofern sie dort ihren bleibenden Wohnsitz behielten, bald mit den anderen Ministerialen und Officialen in dem werdenden Patriciat verschmolzen sein.

Nicht minder wichtig erscheint uns die Stelle des Erphordian. An. V.[2]), wo aus dem Jahre 1182 berichtet wird: civitas Erfurt distributa est in diversas parochias. Nam antea sola Ecclesia B. Virginis fuit caput et parochia generalis totius civitatis. Aliae vero Capellae aedi-

---

1) a. a. O. S. 68.
2) ap. Mencken II. p. 479 sq.

28

ficatae sunt per intervalla temporum a nobilibus terrae, qui de praecepto Maguntini Archiepiscopi ob tritionem praedictae civitatis ibidem habitabant.

An eine sogenannte „altfreie Gemeinde" aber, von der die Ausbildung der nachherigen Stadtverfassung ihren Ausgang genommen habe, dergleichen Eichhorn, Hüllmann und Hegel[1]) den deutschen Städten imputiren zu dürfen glauben, ist in Erfurt ebenso wenig zu denken wie anderwärts in einer deutschen Stadt.

Man kann allerdings die ältesten Städtebewohner insofern „Freie" nennen, als man eben weiß und festhält, daß es die Officialen, Ministerialen und Censualen waren. Diese Officialen und Censualen verschiedenen Rechtes wußten sich allmählig im Laufe des 11. und 12. Jahrhunderts ihrer Pflichten und Dienstleistungen zu entledigen und wurden dann wirklich zu einer freien Gemeinde, deren Angehörige von der ursprünglichen Stellung ihrer Väter und Vorfahren oft kein Bewußtsein mehr hatten, und in der That manchmal des guten Glaubens leben mochten, daß ihre Freiheit, d. i. diejenige Freiheit, deren sie sich später in Folge eines langen historischen Processes erfreuten, eine „alte" und auch von ihren Vorfahren so besessen worden sei.

Wenn Hegel neuerdings die sonderbare Behauptung aufgestellt hat, daß ja doch in der Hauptfrage, über die Qualität der alten Städtebewohner, meine Ergebnisse mit den seinigen übereinstimmten, so ist das eine Ehre, welche ich zwar vollkommen zu schätzen weiß, aber gleichwohl ablehnen muß. Die Differenz unserer Ansichten, um sie noch einmal kurz zu präcisiren, liegt in Folgendem:

Hegel findet in den deutschen Städten des Mittelalters „altfreie Gemeinden" vor, die er von den ihm, als Unfreie geltenden Ministerialen und Censualen bestimmt scheidet. Ich dagegen behaupte: die alten Städtebewohner, aus denen allmälig ein Patriciat sich herausbildete, und die erst allmälig zu „freien Gemeinten" wurden, also auch erst für die spätere Zeit, nachdem sie es nämlich geworden, in keinem Falle vor dem 13. Jahrhundert, so genannt werden dürfen, waren eben die Officialen, Ministerialen und Censualen, und man darf daher von Freien in den alten deutschen Städten nur insofern reden, als man sich bewußt ist, daß es eben die Officialen, Ministerialen und Censualen sind. Man darf dieselben somit nicht in einen Gegensatz bringen zu anderen Freien in den Städten, wie Hegel, Arnold und Gengler[2]) als „wichtigste Classe der Stadtbewohner" annehmen, einfach darum, weil es solche andere Freie dort überhaupt nicht gab, sondern nur zu Freien auf dem Lande.

Daß aber ferner gerade die Officialen, Ministerialen und Censualen mit Recht als Freie und nur fälschlich als Unfreie, wie Nitzsch und Hegel wollen, bezeichnet werden, daß sie Freie mit besonderen Rechten und Pflichten waren[3]), habe ich ausführlich dargethan und an Beispielen erläutert, zu denen ich hier nur noch einige für die Ministerialen hinzufügen will.

Der Abt Heribert von Werden verleiht im Jahre 1216 einem freien Manne, d. h. einem auf dem Lande lebenden Freien, den er an seinen Hof zieht, das jus ministerialium[4]). — Bischof Bernhard IV. von Paderborn nimmt 1236 eine Frau

---

1) Zuletzt noch in v. Sybel's histor. Zeitschrift. 8. Jahrg. 1866. I. S. 205. Vergl. Städteverfassung von Italien. Leipz. 1847. II. S. 379—465. u. Allgemeine Monatsschrift für Wissenschaft u. Literatur. 1854. S. 155 ff. u. 703 ff.

2) Codex Juris municipalis Germaniae. 1863. I. p. 108.

3) Für die Censualen Erfurts folgt es aus der oben angezogenen Urkunde Adelberts von 1133.

4) W. Behrends in Förstemanns Neuen Mittheilungen. 3. Band. 1. Heft. S. 89.

Gertrudis libere conditionis unter die Ministerialen des h. Liborius auf tum propter deum tum propter temporale subsidium — sub ea fide et sub eo j u r e quo alii ministeriales ecclesie nostre sunt astricti[1]). — Bischof Wydekind von Minden bewilligt 1258 den l i b e r i s hominibus de Bordere das i u s m i n i s t e r i a l i u m, — decernentes ipsos fore deinceps ministeriales Ecclesie nostre[2]), und läßt ihnen dadurch eine Standeserhöhung zu Theil werden.

Summa: Die alten Städtebewohner waren keine „Altfreien" und bildeten keine „altfreien Gemeinden", sondern sie waren f r e i e O f f i c i a l e n und C e n s u a l e n. Das erst allmälig erfolgte Zustandekommen der freien Gemeinden, das erst allmälig vornehmlich durch den Einfluß der Schöffencollegien erfolg Sichzusammenschließen der Officialen und Censualen verschie Berechtigung zu einer dem Stadtherrn gegenüber tretende meinde: das eben ist es, was man betonen und urgiren muß, wenn von g Einsicht in jene Verhältnisse die Rede sein soll. Es ist daher überhaupt u haft, von „altfreien Gemeinden", und vor dem 13. Jahrhundert von freien Gemein- den zu reden. Dieser Ausdruck, weil aus Confusion verschiedener Zeiten und Be- griffe hervorgegangen, ist, wie er der richtigen Erkenntniß entgegensteht, nur geeignet, Mißverständnisse und Confusion zu erzeugen, die schlimmste Feindin aller, zumal der historischen Erkenntniß. Er könnte nach dem einfachen Wortlaut doch nichts anderes bezeichnen als eine Gemeinde, d. h. eine Gesammtheit, eine Corporation, die a l s s o l c h e eine alte, d. i. eine von Alters her bestehende Freiheit besitzt und wenigstens in Bezug auf ihre eigene Verwaltung unter eigenen Beamten selbständig ist. Da nun aber die freien Bürgergemeinden sich erst sehr allmälig aus den officialischen und cen- sualischen Unterthanen der Stadtherren gebildet haben, so erhellt, daß jene Bezeich- nung unpassend, unzutreffend, mit einem Worte u n h i s t o r i s c h ist. Sie begünstigt die Annahme, daß die Freiheit, welche die Bürger später im 13. und 14. Jahrhun- dert unleugbar besaßen, eine a l t e, eine von Alters herstammende sei, während dieselbe doch vielmehr nachweislich sich langsam und schrittweise entwickelt hat, und verleitet ferner zu dem gänzlich falschen Glauben, daß außer den officialischen und censualischen Unterthanen der Stadtherren noch eine b e s o n d e r e Classe von Freien sich in den alten Städten befunden habe, die als Gesammtheit, als Gemeinde, dem Stadtherrn gegenüber gestanden. Das Auseinandertreten der beiden Factoren, des regierenden und des regierten, das selbstbewußte Auftreten der Officialen und Cen- sualen als „freie Gemeinde" hatte erst später Statt, nachdem eine lange Periode der Einheit und streng monarchischer Abhängigkeit vorangegangen war.

Somit liegt in dem N a m e n „altfreie Gemeinde", der ja doch das W e s e n der Sache bezeichnen soll, eine nicht zu rechtfertigende Verkennung oder ein Ignoriren der historischen Entwickelung des deutschen Bürgerthums im Mittelalter, dessen Zustände im 9. und 10. Jahrhundert gewaltig verschieden waren von denen des 12. und vollends des 13. und 14., wo es in den größeren Städten in der Blüthe autokratisch- republikanischer Selbständigkeit erscheint; eine Verschiedenheit, welche doch ge- rade der Historiker von Fach immer deutlicher zum Bewußtsein zu bringen und klarzu- legen, nicht aber durch irreführende Namen und summarische Zusammenziehung der Zeiten zu verdunkeln bestrebt sein muß.

Bildung des Patriciats.   Das Schöffencollegium.

Die alten Bewohner Erfurts, die den Kern der Einwohnerschaft bildeten, aus denen sich mit der Zeit, im Laufe des 11. und 12. Jahr- hunderts, ein Patriciat[3]) emporhob und constituirte, waren somit Offi-

---

1) Nr. 148. der von R. Wilmans gesammelten Urkunden-Abschriften des Bis- thums Paderborn im Provinzialarchiv zu Münster.

2) Würdtwein, Subsidia diplomatica. VI. p. 446 sq.

3) Die Bezeichnung Patricier findet sich nicht in den älteren Quellen und wurde erst in der Renaissancezeit adoptirt, als das klassische Alterthum in w e i t e r e n Krei-

cialen, Ministerialen und Censualen des Erzbischofs von Mainz und der verschiedenen geistlichen Stiftungen der Stadt. Sie bildeten im 9., 10. und 11. Jahrhundert keine altfreie Gemeinde, sie konnten keine Will= kören oder Statuten für sich aufstellen, sie hatten keine Bürgermeister, magistros civium, überhaupt keine von einer Gemeinde, einer Gesammt= heit, bestellten städtischen Beamten, sondern wurden lediglich durch den Stadtherrn oder dessen Stellvertreter, den Vicedominus (Vice= stadtherrn) und den Vogt, oder auch deren Stellvertreter und die ande= ren bischöflichen Beamten, regiert und. geleitet. Nichtsdestoweniger unterlagen sie nicht etwa beliebiger Willkür der herrschaftlichen Beamten, davor bewahrten sie die althergebrachten festgestalteten Formen der Ge= richtsbarkeit, wie sie den Hofrechten und den Landrechten gemeinsam waren, und die strenge Beobachtung des alten deutschen Rechtsgrundsatzes, daß Jedermann nur von einem Gerichte seiner Gleichen, seiner Standes= genossen, unter dem Vorsitz eines Höhern gerichtet werden könne. Sie selbst stellten die Richter, die Beisitzer des Schöffengerichts, dem ihr Herr oder dessen Stellvertreter, der Vitzthum, und in Capitalsachen der Vogt [1]), der den Blutbann vom Könige hatte, (oder deren Stellvertre= ter, die aus den Cives selbst genommen wurden) präsidirten. Das Schöffencollegium nun wurde, da die Schöffenstellen lebenslänglich und bald in einem gewissen Kreise städtischer Familien factisch erblich wur= den, ein Haupt=Förderniß für die Bildung eines einflußreichen Patri= ciats, wie es ebenmäßig den Anlaß gab zu der allmäligen Bildung einer freien Gemeinde, d. h. eines in eignen Angelegenheiten vom Stadtherrn selbständig oder doch fast selbständig dastehenden Gemeinwesens in Erfurt.

In dem Schöffencollegium fanden die angesehensten und einsichtig= sten der officialischen und censualischen Einwohner einen Mittel= und Vereinigungspunct, ein Centrum ihrer gemeinsamen Interessen, und mit dem steigenden Ansehen dieser Behörde, was sie zunächst durch ihre rich= terliche und gesetzgeberische Thätigkeit, durch die Ausbildung eines städti= schen Privatrechts erlangte, wuchs in gleichem Maße die Selbständigkeit der von ihr repräsentirten städtischen Einwohner als Gesammtheit dem Stadtherrn gegenüber, bis endlich wirklich eine freie Gemeinde vorhan= den war.

Diese Wandelung, das Werden einer neben dem Erzbischof als Stadtherrn sich fühlenden und dann ihm entgegentretenden Gemeinde ist es, was wir noch etwas genauer zu verfolgen versuchen wollen.

Das ursprünglich nur richterliche Collegium der Schöffen mußte nach und nach, durch die Natur der Verhältnisse dazu gebracht, zu einem auch administrativen werden.

Der Stadtherr, der Erzbischof von Mainz, war in der Regel von Erfurt fern in seiner Residenzstadt. Der Burggraf=Vogt, in mannigfache

---

sen bekannt und angestaunt zu werden anfing. C. H. Roth v. Schreckenstein in sei= nem vorzüglichen Werk: Das Patriciat in den deutschen Städten, besonders Reichs= städten. Tübingen 1856. S. 68.

1) Vergl. v. Falkenstein a. a. O. S. 205. Zeile 8.

dynaſtiſche Intereſſen verflochten und verwickelt, desgleichen abweſend. Mit wem anders hätten nun der Stellvertreter des Biſchofs, der Vicedominus, oder deſſen und des Vogtes Stellvertreter, die Schultheißen, die innern ſtädtiſchen Angelegenheiten berathen und darüber beſchließen können als mit den Schöffen, die am beſten darüber Beſcheid wiſſen mußten?! Die Schultheißen, die während der häufigen Abweſenheit des Bizthums deſ- ſen Stelle vertraten, alſo in der Regel dem Schöffengericht präſidir- ten, die ja aus den Bürgern ſelbſt genommen wurden, geriethen dann, obwohl dem Namen nach erzbiſchöfliche Beamte, thatſächlich je länger je mehr in Abhängigkeit von dem Richter- und Senatoren-Anſehen zu- gleich behauptenden Schöffencollegium; ſie befanden ſich in potestate senatus. Inzwiſchen ſtieg mit der Ausbreitung des Handels und Ver- kehrs, mit dem bunter und wechſelvoller ſich geſtaltenden Leben in den Städten auch die Bedeutung der communalen Angelegenheiten; manche Geſchäfte, die früher die Beamten des Stadtherrn noch allein erledigt, konnten nicht füglich mehr ohne Beirath der Schöffen geführt werden; manche Rechte und Befugniſſe, die früher dem Stadtherrn zuſtanden, kamen an das Collegium, welches allein darauf Anſpruch machen konnte als eine Repräſentation der Geſammtheit der ſtädtiſchen Einwohner, einer „Gemeinde“, angeſehen zu werden. Selbſt in kleinen Orten wurde dem- ſelben oft die Wahl des Schultheißen überlaſſen. In einer intereſſan- ten c. 1197 ausgeſtellten Urkunde bewilligt und überträgt der Abt Jor- danis von Varlar den Schöppen von Cosvelt, welche Villa Biſchof Her- mann II. von Münſter in dem gedachten Jahre aus dem Vogteigericht gehoben und ihr die Rechte der Stadt Münſter verliehen hat, ausdrück- lich die Stadtregierung. Petentibus dilectis ciuibus in Cosvelt regi- men ipsius oppidi scabinis inibi commorantibus por- reximus, ea uidelicet ratione, ut in quamcunque personam de nostro consensu conuenerint: (ea regimen) a nobis recipiendo teneat et in festo beati Lamberti marcam pro pensione persoluat atque in nullo ecclesie Varlarensi se indebite opponat [1]). Es wird alſo den Schöppen freie Wahl des Schultheißen, der als ihr Beauftragter das regimen führt, und damit das regimen ſelbſt bewilligt. Und im Jahre 1258 ſagt der Erzbiſchof Conrad v. Hochſtaden, daß die Bürger von Cöln nur gegen ſeinen Willen ein Consilium hätten, während früher die Stadt von den Schöffen regiert worden ſei. Cum scabini Co- lonienses ex debito juramenti consilio et auxilio jus ecclesie atque civitatis Coloniensis tenerentur defendere et conser- vare ac ea ratione de ipsorum consilio Civitas Coloniensis, consentiente tamen archiepiscopo, ab antiquo consueverit pre- cipue gubernari [2]).

Da zeigte es ſich denn, daß die Schöffen bei der zunehmenden Aus- dehnung der dem ſelbſtändiger gewordenen Stadtweſen nothwendig zu widmenden adminiſtrativen Thätigkeit ihrem urſprünglichen Wirkungs-

---

1) H. A. Erhard, Regesta Hist. Westfaline; accedit codex diplom. p. 240.

2) Laudum Conradinum in Joſ. Th. Lacomblets Urkundenbuch zur Geſchichte des Niederrheins. II. S. 244—252. Nr. 43.

kreise, dem Richteramte, ohne erhebliche Benachtheiligung gerade für dieses nicht wohl gerecht bleiben konnten. Auch machte sich in den Kreisen
der Familien, aus denen bisher gewohnheitsmäßig die Schöffen wie die
Beamten hervorgegangen, und die sich eben dadurch factisch fast schon zu
einem Patriciate abgeschlossen hatten, das Bedürfniß geltend, eine Erweiterung der Theilhaberschaft am Stadtregiment, was mehr und mehr
in ihre Hände gerathen war, eintreten zu lassen, einer größeren Zahl
von Personen jener Familien an den Ehren und Vortheilen des Regie-
rens Antheil zu gewähren, als es bis dahin durch die Stellen der erzbischöflichen Beamten und bei der feststehenden beschränkten Zahl der
Mitglieder des Schöffencollegs geschehen konnte. Zudem konnten die
Schöffen, wiewohl sie es waren, die eine Stadtgemeinde als solche dem
Stadtherrn gegenüber zur Darstellung und Geltung brachten, ebenso gut
als die Schultheißen, die Münzer, die Zollmeister und andere Beamte
fortwährend als Officialen des Erzbischofs angesehen werden. Sie blieben dem Namen nach ja die Richter des Erzbischofs, wurden in dessen
Namen und Auftrag in ihr Amt eingesetzt und befanden sich so in einer
Zwitterstellung zwischen ihm und ihren Standesgenossen, zwischen ihrem
Stadt- und Gerichtsherrn und der zu einer Stadtgemeinde gewordenen
Einwohnerschaft, aus der sie zwar hervorgegangen waren, und die sie
vertraten und repräsentirten, von der sie aber aus dem gedachten Grunde
doch nicht als ein specifisch städtischer, d. h. nur die Interessen der Gemeinde oder (was für jene Zeiten dasselbe ist) der Patricier vertretender,
nur von den Patriciern abhängiger und ihnen verantwortlicher Magistrat
betrachtet werden durften. Das wenn auch sehr gelockerte und lose Band
der Abhängigkeit, in der sie zum Erzbischof als dessen Richter standen,
behagte dem gestiegenen patricischen Selbstgefühl nicht länger; man
wünschte sich eine Behörde, die auch äußerlich durch ihre vom Stadtherrn unabhängigere Stellung den erhöhten Grad communaler Selbstständigkeit in genügendem Maße documentirte.

So sehen wir denn, daß neben den Schöffen, die vornehmlich das
werdende Patriciat inaugurirt hatten, aus der Mitte eben jener Familien eine neue Behörde, ein Consilium, der Rath hervorgeht, der die
bis dahin von den Schöffen versehene administrative Thätigkeit über-
nimmt, und in dem das Patriciat eine neue höhere Einheit, einen
Mittelpunct seiner weiteren Bestrebungen findet und hegt. Eine
städtische Aristokratie, die im Schöffencollegium ihren Mittelpunct und
ihre Hauptstütze gefunden, ist es also, welche die früher von den zu ihr
gehörigen Beamten für den Erzbischof geführte innere Verwaltung mehr
und mehr auf eigene Hand, im Namen einer durch sie repräsentirten
Stadtgemeinde an sich zieht und weiter führt, indem die Schultheißen,
die Münzer, die Zollmeister, die Salzgräfen, deren Interessen ja eigentlich mit denen ihrer Standesgenossen zusammenfielen, theils aus eigenem
Antriebe sich der Qualität erzbischöflicher Beamten so viel als möglich zu
entäußern strebten und selbst Cives für die Cives, als deren Vertreter
sie sich gerirten, eintraten, theils auch durch die steigende Autorität der
Schöffen, durch die Umwandlung der Verhältnisse bei dem fortwährenden
Sinken der erzbischöflichen Gewalt dazu gezwungen wurden. Die Macht-

Erbschaft der Schöffen übernahm dann später der Rath, in dessen Hän=
den sie sich nach allen Richtungen vervielfachte.

Der Proceß, der zur Bildung des städtischen Patriciats im Mittel=
alter führte, kann keineswegs als ein einfacher bezeichnet werden, es
laffen sich vielmehr darin in Erfurt, wie in den anderen größern Städten
Deutschlands, wenn man genauer scheiden will, drei constitutive Ele=
mente wahrnehmen, als deren aus ihrer Vereinigung hervorgehendes Re=
sultat eben die städtische Aristokratie sich darstellt.

1) Einmal ist, und zwar als Grundlage, zu berücksichtigen die
ausgedehnte Macht und Gewalt, die der Besitz polizeilicher, administra=
tiver und richterlicher Befugnisse den Personen, die damit bekleidet sind,
gewährt, die Autorität, welche jene Officialen und Ministerialen a l s
B e a m t e des Erzbischofs und als Schöffen (nicht unrecht sagt man,
wer mein Richter ist, der ist mein Herr) v e r m ö g e i h r e s A m t e s über
die andern, namentlich die geringeren, dem strengeren Hofrecht unterworfenen
Einwohner: Krämer, Handwerker u. s. w. gewohnheitsmäßig ausübten, eine
Macht, die sich mit der Zeit immer mehr befestigte, und der auch die
später Zu= und Einwandernden sich nicht entziehen konnten, sondern
welche sie, da sie dieselbe vorfanden, einfach anerkennen mußten.

2) Zweitens kommen in Betracht die Ehren und Auszeichnungen,
sowie die d a r a u s nothwendig entspringende Autorität, welche d e n
Ministerialen und Officialen zu Theil wurde, die sich für längere oder
kürzere Zeit freiwillig oder auch durch ihre Aemter dazu berufen, dem
Gefolge des Königs oder der Person des Erzbischofs, des Landgrafen
von Thüringen, des Grafen von Gleichen angeschlossen, an ihren Höfen
verweilt und auf Feldzügen wohl gar den Preis kriegerischer Tüchtigkeit,
die Ritterwürde, davon getragen hatten. Auch wenn sie später zu fried=
lichen Beschäftigungen und in den engern Kreis der städtischen Heimat zurück=
kehrten, mußten sie in Folge ihres frühern Lebens, ihres Ranges, ihrer Bil=
dung und ihrer vielseitigen Erfahrungen an Bedeutung und Einfluß ihre
Mitbürger überragen. Ihre bewährte, durch das Ritterthum auch äußerlich
anerkannte und belohnte Tüchtigkeit, die auch in der Vaterstadt fortge=
setzte nach größerem, vornehmerem Zuschnitt bemessene Lebensweise ver=
schaffte dann nicht bloß ihrer eigenen Person bereitwillig gezollte Ach=
tung sondern auch ihren Familien dauernden Glanz und fortwährendes
Ansehen [1]).

3) Ein drittes endlich gar nicht zu unterschätzendes Moment bildet
der Reichthum und der Güterbesitz [2]), den jene nämlichen Officialen= und
Ministerialen=Familien im Dienste ihrer Herren gewannen und durch
anderweitige Betriebsamkeit, wie durch gewinnbringende Handelsgeschäfte
und glückliche Speculationen, leichtlich vermehrten. So waren die Mün=
zer, die monetarii oder Hausgenossen, wie sie als zur engern familia,
zum Hause oder Hofe des Stadtherrn gehörig genannt wurden, durch=
gehends auch Kaufleute und die privilegirten Geldwechsler (campsores)

---

1) In der Urkunde von 1271 Nr. XXV. ist der eine der Consulmeister miles.
2) In einer Urkunde von 1272 (bei v. Falckenstein S. 110) ist der Marktmeister
Heinrich Dominus von Someringen.

34

und Banquiers in den deutschen Städten. Sie bildeten an vielen Orten: in Cöln[1]), in Straßburg, in Mainz, in Speier, in Regensburg und, wie es scheint, auch in Erfurt, den Kern des heranwachsenden Patriciats.

Die Hausgenossen erfreuten sich auch in Erfurt besonderer Privilegien. „Niemand sal wechseln Silber mit der Wage vmb Pfennige, noch Pfennige vmb Silber denn zu dem Münßmeister oder zu den Hausgenossen“, heißt es in Statuten Gerhards II. von 1289[2]). Item nulli licebit emere argentum causa lucri preter monetarios habentes husgenozschaft; qui secus fecerit marcum dabit et per mensem merebitur amoueri, sagen[3]) die Rathsstatuten der freien Reichsstadt Mühlhausen in Thüringen vom Jahre 1311. Und 1258 constatirt der Erzbischof Conrad von Cöln, es sei juris et consuetudinis suorum campsorum Coloniensium, ut nullus exceptis eis Coloniae possit vel debeat emere argentum[4]).

Erfurt im Anfange des 13. Jahrhunderts.

Die Kämpfe der deutschen Gegenkönige, welche in die beiden ersten Jahrzehnte des 13. Jahrhunderts fallen, und die so vielen Städten eine Erhöhung ihrer Selbständigkeit brachten, waren auch für die inneren Verhältnisse der Hauptstadt Thüringens, die schon durch ihre Lage für die streitenden Parteien die größte Wichtigkeit hatte, folgenreich. Eine eigene consequente Politik ohne Rücksicht auf den Erzbischof zu treiben, daran durften die Cives von Erfurt damals noch nicht denken. Man mußte sich zunächst zu der Partei halten, welche der Stadtherr ergriffen hatte und den Umständen Rechnung zu tragen suchen. Das wurde aber auch schwierig, da es wie 2 Könige so 2 Erzbischöfe von Mainz, Lupold und Siegfried, gab, von denen jeder Stadtherr von Erfurt sein wollte und es rechtmäßig zu sein behauptete. Da galt es zu laviren, zu balanciren, die wechselvollen Verhältnisse mit rascher Umsicht und Thatkraft zu benutzen, die günstigen Momente der politischen Situation zu eigenem Vortheil klüglich auszubeuten. Richtig schildert das Verhalten der Städte während jener Kämpfe die Stelle in Bothos Chronicon picturatum[5]): „Unde de stadt Gosseler de bleven stede by Konigh Philippus. Aber de Bischopp to Kollen unde to Trere unde to Menße unde die Heren unde Forsten, de under dem Rise sint beseten unde upp

---

1) K. D. Hüllmann, Städtewesen des Mittelalters. II. S. 27 ff. — Arnold, Verfassungsgeschichte der deutschen Freistädte. I. S. 269 ff. Vergl. Roth v. Schreckenstein, das Patriciat in den deutschen Städten S. 220. und meine Entwickelung der deutschen Städteverf. II. S. 192 ff.

2) v. Falckenstein a. a. O. S. 131.

3) Codex des Stadtarchivs zu Mühlhausen. A. n. 98. S. 9 b.

4) Jos. Th. Lacomblet, Urkundenbuch zur Geschichte d. Niederrheins. II. S. 244 ff. Nr. 50. des laudum Conradinum.

5) ap. Leibnit. scr. rer. Brunsv. III. 354. Vergl. Fritsch, Geschichte des vormaligen Reichsstifts u. der Stadt Quedlinburg. 1828. I. S. 119.

de negete weren, de hulpen des einen jares Konigh Philippus, des anderen jars hulpen je Konigh Otten, des gelifen de stede ock, alse: Erfforde, Nurenburge, Northusen, Molhusen, alle Rikes stede; dat helden se so ein jar umme dat ander, went dat Konigh Philippus starff."

Im Jahre 1203 verheerte König Philipp mit Hülfe Lupolds und der Erfurter Thüringen, weil der Landgraf Hermann, sich Otto angeschlossen. Hermann ruft den Böhmen Otacar herbei, der mit seinen Raubschaaren das Land auf's schrecklichste verwüstet[1]. Im folgenden Jahre kam der Böhme von Neuem, wagte aber nicht mit Philipp zusammenzutreffen[2]. J. Rohte im Chronicon Thuringiae[3] berichtet auch über diese Vorgänge. Als Philipp Thüringen, Hermanns Gebiet, verheert, (weil Hermann dem König wegen Ermordung des Bischofs von Würzburg Feind geworden) „vnde zcoch in Doringen obir en mit zcwen tusint gewappintin", da sei Ottokar, der Sohn der Mutterschwester Hermanns, mit 14,000 Böhmen herbeigekommen. „Do mußte Philippus zcu Erforte in slihin, vnde do leich Philippus das Konnigreiche zcu Behemen sume sone Dypiln. Vnde do daz Ddafraus gesach, do belag her de vorstin, dy Philippo gednnet hattin, zcu Erforte in der Stat, vnde Philippus quam heymelichin her vz."

Botho's Chronicon[4] erzählt beim Jahre 1204: „Dar negest wan Konigh Otto under sich Erfforde, Northusen, Möllhusen, Witzenhusen, Halle, Onelinborch, Halverstadt vnde buwede eine borch by Gosseler vnde belegde de mit Soldeners, dat dene von Gosseler nicht wat scholde to ebber aff voren."

Man sieht aus den erwähnten Nachrichten schon, wie ungenau hier v. Falckenstein ist, wenn er[5] meint, daß Erfurt in guter Ruhe gelebt habe, weil „Erzbischof Lupoldus es mit Kayser Philippo hielte." Jene Einnahme Erfurts 1204 durch Otto kann frühestens geschehen sein gegen Ende des Jahres, nachdem vorher Philipp mit großem Heer wieder nach Thüringen gezogen war, und der Landgraf, dessen Vasallen, nach Rohte, zu Philipp sich neigten, diesem sich zu unterwerfen sich gezwungen gesehen hatte. Nach Philipps Ermordung mußte man Otto unterwürfig bleiben, bis mit Friedrichs II. Auftreten neue kriegerische Verwickelungen heranzogen und eine ähnliche gewinnreiche Wechselpolitik ermöglichten. Der Besitz Erfurts war für Otto von großem Werth; dort konnte er den Feind erwarten, der seine Stammlande bedrohte, von dort aus ganz Thüringen am besten in Gehorsam halten, dorthin nach mißglückten Expeditionen sich zurückziehen, ohne sein welfisches Erbland mit der Last des Krieges zu drücken; es mußte ihm daher viel daran

---

1) Chron. S. Petri ap. Mencken. III. p. 234. — Chron. Erford. civitatis ap. Mencken. II. p. 562. — Chron. Rythm. Pr. Brunsv. ap. Leibnit. III. p. 101 u. 105. — Arnold. Lubec. VI. 5.

2) Chron. S. Petri ap. Mencken. III. p. 235. Erphordian. Ant. Var. ap. Mencken. II. p. 482.

3) ap. Mencken. II. p. 1694.

4) ap. Leibnit. III. p. 356.

5) l. c. p. 74.

36

gelegen fein, die Anhänglichkeit der Bürger sich zu sichern. Von der Belagerung Weißensees, was dem ihm feindlichen Landgrafen gehörte, sehen wir ihn 1212 nach Erfurt sich zurückziehen [1]).

Wenn nun auch die Erfurter in den langwierigen Kriegsläuften gar Vieles litten, so fanden sie doch in der dadurch herbeigeführten freieren Stellung zu ihrem Stadtherrn, in der erreichten größeren Unabhängigkeit eine höchst willkommene Entschädigung. Während jener Zeiten lernten einerseits die Bürger, die mehr als sonst zu ihrer Vertheidigung auf sich selbst angewiesen waren, ihre Kräfte fühlen, den Werth, den ihre Hülfe= leistung dem Fürsten gewährte, schätzen, und schienen durch die Zeit= umstände selbst darauf hingeführt zu werden, sich eine neue, selbstständi= gere Behörde zu schaffen, die ihre Macht zusammenfassen und zu meh= rerem Vortheil des Stadtwesens lenken könnte. Andererseits vermochte der von seinem Gegenbischof bedrohte Stadtherr dem immer mehr her= vortretenden emancipationssüchtigen Streben ernstere Hindernisse nicht so leicht in den Weg zu legen und mußte froh sein, entweder durch directe Billigung oder durch stillschweigendes Geschehenlassen die Anerkennung und den Beistand der Cives erlangen zu können. Aehnlich stand es mit den Königen, die gegen ihre Gegner die Hülfe der Bürger durch aus= gedehnte Privilegien und Gnadenbewilligungen gern zu erkaufen pflegten.

Entstehung der Consilia in den deutschen Städten.

Den Eintritt in eine neue Phase der Verfassungsentwickelung, den Fortschritt zu vermehrter Selbständigkeit, zu einer größeren Autonomie wenigstens in den inneren Angelegenheiten bezeichnet bei den deutschen Communen des Mittelalters die Gründung eines Rathes.

Eine höhere Stufe communaler Selbständigkeit als die Stadt früher eingenommen, ist damit erreicht; ein bedeutender Grad dieser Selbstän= digkeit war freilich schon vorher vorhanden, ja mußte vorhanden sein, wenn die Constituirung der neuen Behörde, die ganz offenbar gegen das wohlverstandene Interesse des Stadtherrn gerichtet war, erfolgen sollte. Man darf daher nicht mit Michelsen sagen, daß das Aufkommen des Rathes und die Gründung der Stadtfreiheit identisch seien; es ist eben nur ein allerdings sehr wichtiger Schritt vorwärts auf dem längst be= tretenen Wege zu größerer Unabhängigkeit, eine Folge der sich voll= ziehenden, der im Abschluß begriffenen Bildung eines die Stadtgemeinde repräsentirenden Patriciats, und deshalb ein epochemachendes Ereigniß in der innern Geschichte der Städte.

Was die Zeit betrifft, in der in den deutschen Städten die Con= silia entstanden, so dürfen nur wenige eines noch in das 12. Jahrhun= dert fallenden Ursprungs dieser Behörde sich rühmen. Im nördlichen Deutschland finden sich Consules zuerst in Lübeck [2]) 1188 und in Ham=

---

1) Chron. S. Petri Erf. ap. Mencken III. p. 240.
2) Urkundenbuch der Stadt Lübeck. 1843. I. S. 10. J. Frensdorff, die Stadt= und Gerichtsverfassung Lübecks. 1861. S. 33 ff. u. S. 41 ff.

burg[1]) 1190; auch in Zürich[1]) sind sie 1190, in Speier seit 1198[2]).
In Worms werden in dem Privilegium Friedrichs I. von 1156 die 40
Judices beiläufig auch als zu den Consiliarios der Stadt gehörig bezeichnet. Ad confirmationem praedictae pacis ex mandato imperiali
XII ministeriales ecclesiae Wormatiensis et XXVIII burgenses sta-
tuentur, qui de invasione laedentium et laesorum a testibus testimonium audiant et secundum veritatem testium discernant. Et si
praedicti XI judices in aliquo discordaverint, standum erit judicio
partis majoris. — — Super integritate hujus pacis conservanda
primos et praecipuos adjutores et consiliarios habere
debetis videlicet Wernherum de Bonlant vicedominum, Richizo-
nem scultetum, praefectum et judices de civitate, qui vos pariter protegant, et si quid contra pacem factum fuerit sicut imperium decet et justitiam et honorem ac commodum civitatis vobiscum
emendent et ulciscantur[3]). Also Vicedominus, Präfect, Schultheiß
und Judices werden zusammen einmal consiliarii genannt, ohne daß
diese Benennung ihr officieller Titel ist. Ob Soest schon im 12. Jahrhundert consules gehabt hat[4]), ist ungewiß, da die antiqua et electa
susatensis opidi justicia, wenn auch ihrem Kerne nach im 12. Jahrhundert entstanden, uns doch nur in einer Bearbeitung des 13. Jahrhunderts vorliegt. Die Stadtrechtsurkunde von Hamm, die Erhard[5])
in das Jahr 1193 setzen will, kann nach unserer Ueberzeugung, hauptsächlich gerade weil darin von consiliariis und sogar von proconsulibus,
Bürgermeistern, welche in diesem Jahrhundert sonst nirgendwo vorkommen, die Rede ist, nicht in das 12. Jahrhundert gestellt werden[6]).
Die 1165 zu Medebach erwähnten Consules[7]) sind wahrscheinlich
nicht Bürger, sondern bischöfliche geistliche Richter. Wie es sich mit
dem Stiftungsbrief Freiburgs im Breisgau vom Jahre 1120 ver-
halte, worin schon von Consules die Rede ist[8]), mag hier dahinge-
stellt bleiben.

—————

1) Hamburger Urkundenbuch. 1842. I. S. 259. Nr. 292. Bluntschli, Staats-
und Rechtsgeschichte von Zürich. I. 1838. S. 140.

2) Memling, Urkundenbuch zur Geschichte der Bischöfe zu Speier. 1852. S. 137.
Philipp von Schwaben gewährt der Stadt 1198 secundum ordinationem seines Bruders die Freiheit duodecim ex civibus eligendi qui per juramentum ad hoc con-
stringuntur ut universitati prout melius possint et sciant provideant et eorum
consilio civitas gubernetur.

3) Moritz, vom Ursprung derer Reichsstädte append. docum. p. 146. — Schannat, hist. epic. Worm. II. p. 76.

4) Gengler, deutsche Stadtrechte. S. 438 ff.

5) Regesta Historiae Westfaliae. Codex diplom. II. p. 224 sq. et 227.

6) Nach Erhard's eigener Ansicht ist die im Archive zu Hamm befindliche Karte
nicht Original sondern eine in der 2. Hälfte des 13. Jahrhunderts gefertigte Ab-
schrift, die mit einem Original-Siegel versehen worden, und die Jahreszahl 1213
in der Urkunde ein Schreibfehler für 1193, besonders weil in der Urkunde ein Pabst
Celestinus erwähnt wird, während 1213 bekanntlich Innocenz III. regierte. Der Pabst
würde dann Celestin III. sein. Wir möchten indeß eher vermuthen, daß die Zahl
1213 irrthümlich aus 1203 entstanden und MCCXIII für MCCXCIII geschrieben sei,
in welchem Jahre Celestin IV., der Vorgänger Bonifacius VIII., die Tiara trug.

7) Gengler, deutsche Stadtrechte. S. 284.

8) Gengler a. a. O. S. 129. Vergl. Gaupp, deutsche Stadtrechte. II. S. 3 ff.

Die erſten Jahrzehnte des 13. Jahrhunderts aber ſind es, in welchen in den meiſten größeren und blühenderen Städten Deutſchlands die
Stadträthe entſtanden. Darum erfolgte denn auch 1232 das Edict
Friedrichs II. zu Ravenna: revocamus in irritum et cassamus
in omni civilate vel oppido Alemanniae communia, consilia,
magistros civium vel alios quoslibet officiales, qui ab
universitate civium sine archiepiscoporum vel episcoporum beneplacito statuuntur, quocunque pro diversitate lo-
corum nomine censeantur, irritamus et cassamus cujuslibet artificii
confraternitales seu societates, in irritum revocamus et inania judi-
camus omnia privilegia, quae vel nostra pietas vel praedecessorum
nostrorum archiepiscoporum etiam et episcoporum super societatibus
communibus seu consiliis in praejudicium principium et imperii sive
privatae personae dedit sive cuilibet civitati [1]). Und daraus, daß dies
kaiſerliche Edict den Prälaten von Beſançon, Bremen, Cöln, Worms,
Mainz, Regensburg und Meß einzeln ausgefertigt wurde, darf man,
wie ſchon Arnold mit Recht hervorgehoben hat, wohl den Schluß ziehen,
daß jedenfalls in dieſen Städten consilia vorhanden waren. Nur von
wenigen Stadträthen läßt ſich freilich bis jetzt der Zeitpunct genauer
fixiren, weil für jene Periode verhältnißmäßig nur eine geringe Zahl
von Urkunden erhalten iſt und dieſelben gerade über dieſe wichtige Veränderung im Innern der Städte uns direct keine Auskunft gewähren.
Nur indirect, aus der beiläufigen Erwähnung von Consules in den
Urkunden (als Zeugen oder ſonſt), können wir erſehen, daß zu einer ge-
wiſſen Zeit ſchon ein Consilium beſtand [2]). Es iſt dabei zu beachten,
daß wo in dieſer Weiſe der Consules Erwähnung geſchieht, man annehmen darf, daß ſie ſchon eine Zeit lang beſtanden haben. Namentlich
beginnen die uns erhaltenen fortlaufenden Aufzeichnungen der Conſuln
erſt wenn bereits längere Zeit ein Consilium vorhanden iſt. So haben
wir beiſpielsweiſe eine Series Consulum Casselanorum [3]), die mit dem
Jahre 1299 beginnt, während die Consules in Caſſel ſchon 1239, alſo
60 Jahre früher, urkundlich bezeugt werden [4]). Es wäre daher in keiner
Weiſe zu rechtfertigen, wenn man annehmen wollte, daß erſt in dem
Jahre, wo ſie zuerſt in den uns jetzt noch erhaltenen Urkunden zufällig
erwähnt werden, die Consules aufgekommen ſeien. Man hat vielmehr
dann eher die Berechtigung etwas weiter zurückzugehen. Dagegen iſt

---

1) Pertz, leges II. p. 286.

2) Wir bemerken hier, daß das Wort Consilium ſelbſt äußerſt ſelten iſt, dafür
ſteht in der Regel Consules oder Consiliarii. In der lateiniſchen Rathsgeſetzgebung der
Stadt Mühlhauſen in Thüringen von 1311 kommt die Bezeichnung Consilium kein
einziges Mal vor. Immer iſt die Rede von den Consules, während das deutſche,
jenen lateiniſchen Statuten correſpondirende Stadtbuch aus der Mitte des 13. Jahrhunderts ſtets Consules mit „der Rad" überſetzt.

3) Monumenta Hassiaca (Schminckeſche Abſchriften) auf der königl. Bibliothek zu
Caſſel. Nr. 117. S. 42 ff.

4) Statuten des Landgrafen Hermann des Jüngern von 1239 bei C. Ph. Kopp,
Ausführl. Nachricht von der ältern und neuern Verfaſſung der geiſtlichen und Civil-
Gerichte in den Fürſtlich Heſſen-Caſſeliſchen Landen. I. Caſſel 1769. Urkunden-
buch S. 22 ff.

39

es völlig unstatthaft, aus der Erwähnung von cives, potiores cives, judices, senatores oder sonst allgemeineren Bezeichnungen [1]) auf die Existenz eines Rathes zu schließen, wenn nicht noch andere triftige Gründe, die für das Dasein eines solchen sprechen, hinzukommen. Man muß vielmehr dann in der Regel an die Schöffencollegien, die Scabini, die Vorgänger der Consules, denken. Wir sind daher nicht in der Lage, Arnold beipflichten zu können, wenn dieser sonst so scharfsinnige Forscher aus dem Privileg Philipps von Schwaben vom Jahre 1207 für Regensburg speciell aus den Worten homines qui communi jure eorum reguntur cum eisque consuetudines suas in dandis collectis et aliis quae ad usum spectant civitatis observant auf die Existenz eines Rathes in dieser Stadt „unbedenklich" schließen zu dürfen glaubt [2]). Auch aus dem Privileg Heinrich V. für Speier 1111, wo es heißt, daß niemand die Münze verringern dürfe nisi communi civium consilio, darf man sich durchaus nicht zu der Annahme verleiten lassen, als habe damals dort schon ein Consilium bestanden. Es muß vielmehr als Grundsatz festgehalten werden, daß man mit Sicherheit nicht eher in einer Stadt ein Consilium statuiren kann, als urkundlich Consules erwähnt werden.

In Cöln bildete sich der Rath bis zum Jahre 1216, wo ihn Engelbert II. bereits aufhob, nach dessen Tode 1225 erst die Cives ihn wiederherstellen konnten [3]), in Straßburg bis zum Jahre 1214 [4]), in Magdeburg und Halle wahrscheinlich 1205—1216 [5]), in Mainz bis 1219 [6]), in Stendal bis 1215 [7]), in Worms bis 1220 [8]), in Basel bis 1218 [9]), in Fritzlar ebenfalls bis 1218 [10]), in Bremen bis 1225 [11]),

---

1) So wird, wenn Thietmar (II. 1.) beim Jahre 936 von Aachen berichtet, daß als König Otto mit den Fürsten der Stadt sich näherte, „omnis senatus obviam perrexit", Niemand, der von der Geschichte des deutschen Städtewesens im Mittelalter genauere Kenntniß hat, in dem senatus Consules erblicken wollen.

2) Arnold, Verfassungsgesch. der deutschen Freistätte. I. S. 376. Darin hat er ganz recht, daß wo ein städtischer Haushalt ist, auch eine Behörde sein muß, welche ihn verwaltet, aber diese Behörde ist auch in Regensburg zuvörderst das Schöffencollegium, später erst der Rath.

3) Entwickelung der deutschen Städteverfassungen. II. S. 120 ff., 300 u. 340 ff.

4) Arnold, Verfassungsgeschichte. I. S. 325.

5) Foß, Zeitschrift für preuß. Geschichte u. Landeskunde. III. Jahrg. 1866. S. 382 u. 383. — Das hallische Patriciat S. 72. Die bis jetzt älteste Urkunde, worin Consules in Magdeburg erwähnt werden, ein Innungsprivileg, welches die Consules 1244 den Schwertfegern ertheilen, ist von mir veröffentlicht im 2. Vierteljahrsbericht des Vereins für Geschichte und Alterthumskunde des Herzogthums und Erzstifts Magdeburg. 1866. S. 8 — 11. Fr. W. Hoffmann, Geschichte der Stadt Magdeburg, 1845. I. S. 330 u. 508. kennt erst das Weisthum von 1261 als älteste Urkunde, worin der Rath vorkommt. In Halle werden die Consules zuerst genannt 1258. Dreyhaupt, II. S. 367. Das hallische Patriciat S. 58.

6) L. Baur, hessische Urkunden. II. 1861. S. 55.

7) Gercken, Codex diplom. brand. V. p. 74. — Zimmermann, Versuch einer histor. Entwickelung der märkischen Städteverfassungen. S. 38 u. 41.

8) Arnold a. a. O. S. 285 u. 299.

9) Ochs, Geschichte von Basel. I. S. 290 ff. Vergl. Pertz, leges. II. p. 229.

10) Schmincke'sche Abschriften. Diplomatar. Hassicum. Nr. 109. des Catalogs der Handschriften der Bibliothek zu Cassel.

11) F. Donandt, Versuch einer Geschichte des bremischen Stadtrechts. 1830. I.

in Osnabrück bis 1231 [1]), in Braunschweig bis 1227 [2]) (1231), in Dortmund bis 1230 [3]), in Paderborn bis 1238 [4]), in Cassel bis 1239 [5]), in Hersfeld bis 1249 [6]), in Münster bis 1253 [7]), in Würzburg bis 1265 [8]), in Goslar bis 1252 [9]), in Nürnberg bis 1256 [10]), in Schwerin bis 1222 [11]), in Mühlhausen (in Thüringen) bis 1256 [12]), in Regensburg bis 1245 [13]), in Helmstädt bis 1247 [14]), in Weißensee bis 1280 [15]), in Sangerhausen bis 1281 [16]), in Quedlinburg bis 1284 [17]), in Merseburg bis 1289 [18]).

In Erfurt nun (und wahrscheinlich auch in Mainz) ist, wenn nicht alles trügt, die Entstehung des Consilium in die Jahre 1200 — 1209 zu setzen, in die Zeit, wo die Gegenbischöfe Lupold und Sifrid wie die Gegenkönige Philipp und Otto einander die Herrschaft streitig machten. Seit dem Jahre 1217 werden Consiliarii urkundlich genannt [19]).

Wie des Näheren die Errichtung der Consilia in den deutschen Städten erfolgte, in welcher Weise man in jeder einzelnen dabei verfuhr, ist eine nur durch Vermuthungen zu beantwortende Frage. Keinesfalls ist der Hergang der Sache überall der gleiche gewesen.

S. 60 u. 120 ff. — Gengler, Codex Juris municipalis. I. p. 320 sq. — Hegel, Geschichte der Städteverf. von Italien. II. S. 433.

1) J. Möser, osnabrückische Geschichte. 3. Theil. Aus seinem handschriftl. Nachlaß. Berlin u. Stettin 1824. S. 205 u. 71 ff.

2) H. Dürre, Geschichte der Stadt Braunschweig. 1861. S. 94 ff. u. 274.

3) 1230 beginnt schon das bis 1803 reichende Verzeichniß der Magistratsmitglieder, der Consules. Pergament-Coder des Stadtarchivs, Nr. 3. des Acten-Repertoriums.

4) In dem von Wilmans schon bearbeiteten Theile der Urkunden des Bisthums Paderborn. Nr. 154 a.

5) Siehe oben.

6) Diplomatar. Hassicum, von J. Herm. und Fr. Christoph Schminke. Nr. 100 des Catalogs der Handschriften der Bibliothek zu Cassel. Urkunde Wilhelms von Holland von 1249.

7) R. Wilmans, westfäl. Urkundenbuch. III. S. 257 ff. Im Jahre 1246 repräsentiren noch die Schöffen allein die Stadt: Scabini totaque burgensium ac civium monasteriensis civitatis universitas heißt es 1246 in dem Bündniß zwischen Münster und Osnabrück, (Wilmans S. 241) dagegen 1253: Scabini, Consules totaque burgensium ac civium monasteriensis etc.

8) Monumenta Boica. Vol. XXXVII. Monachii 1864. p. 427—429.

9) O. Göschen, die goslarischen Statuten. 1840. S. 116.

10) K. Th. Gemeiner, über den Ursprung der Stadt Regensburg und aller alten Freistädte. 1817. S. 76 des Anhangs.

11) C. Hegel a. a. O. S. 455.

12) Fr. Stephan, Neue Stofflieferungen für die deutsche Geschichte. 1. 1846. S. 8 u. 50. setzt die Aufzeichnung des ältesten Stadtrechts, in welchem der „rat" mehrmals erwähnt wird, schon 1234 an, während sie höchst wahrscheinlich erst 1256 erfolgte.

13) Ried, cod. diplom. Ratisb. I. p. 408.

14) W. Behrends in Förstemanns Neue Mittheil. 3. Bd. 1. Heft. S. 95—97.

15) Documenta Weissenseensia im geh. Staatsarchiv zu Weimar. Urkunde von 1280.

16) Rathsurkunde von 1281 in den Diplomata et acta publica Sangerhusana. Nr. 68. im geheimen Staatsarchiv zu Weimar.

17) A. v. Erath, Cod. diplom. Quedlinb. Frankfurt 1764. S 277.

18) Förstemann, Neue Mittheilungen. I. Heft 4. S. 52.

19) Siehe unten Urk. III. u. Littmanns Geschichte Heinrichs des Erlauchten. I. 1845. S. 59 ff.

Die vierzig Judices, welche Friedrich I. 1156 den Wormsern vornehmlich als richterlichen Magistrat bewilligte, die auf justiciam et honorem et commodum civitatis bedacht sein sollten, die aber auch schon in der Urkunde beiläufig, wie der Vicedominus, der Scultetus und der Präfectus, als Consiliarii bezeichnet werden, schieden sich später in zwei Theile, indem sich ein eigentlich administrirender Theil, die Consules, von dem richtenden, den Judices und Scabinis, absonderte. Es steht außer Zweifel, daß im 11. Jahrhundert in manchen, namentlich kleineren, Städten die Judices und Scabini als Consules bezeichnet oder doch unter diesem Titel mit begriffen werden. So wird man, wenn es im Jahre 1238 von dem Magistrate zu Cosfeld heißt: Thetmarus iudex et consules Cosveldie [1]) (wo der iudex offenbar der scultetus des Ortes ist), oder wenn in dem Privilegium König Wilhelms für Hersfeld von 1249 die Rede ist [2]) von dem sculteto ceterisque Consulibus Hersueldensis ciuitatis, nicht wohl umhin können, dabei zunächst an die Scabini, deren Vorsitzender ja der Schultheiß ist, zu denken. In einer Urkunde Landgraf Albrechts von Thüringen von 1280 für Weißensee erlaubt er seinen dortigen Bürgern ausdrücklich ut pro libitu atque voluntate eorum annis singulis scabini siue consiliarii eligantur siue statuantur, quos nobis atque ciuitati nostre Wissinsee simul et ipsis noscunt atque sentiunt in omnibus expedire [3]). Am füglichsten dürfte man sich wohl den Anfang des Consilium in der oben angedeuteten Weise vorstellen, daß die richterlichen Beamten und die Schöffen durch die erwähnten Gründe dazu bestimmt, eine Anzahl ihrer Standesgenossen zu ihren Berathungen über städtische Angelegenheiten hinzuzogen und mit diesen zusammen den an das republicanische Alterthum erinnernden Titel Consules annahmen. Wir möchten hier hinweisen auf die magistri censuum, welche die Censualen, auch die in strengeren Hörigkeitsverhältnissen lebenden Bevölkerungen kleiner Villen und Ortschaften, sich selbst wählen durften, und denen namentlich das Geschäft oblag, den Census, den die Einzelnen zu entrichten hatten, einzufordern und an den Herrn oder dessen Beamte abzuliefern. Ad hoc jus exigendum et suscipiendum magistrum inter se eligant, qui censum et jus de mortuis — villico deferat [4]). Solcher magistri censuum geschieht im 12. Jahrhundert zu Cöln Erwähnung [5]), desgleichen zu Soest [6]), zu Augsburg [7]) im Jahre 1251, in den erfurtischen Dörfern Daberstedt, Dittelstedt, Mel-

---

1) R. Wilmans, Westfäl. Urkundenb. III. S. 164.

2) Diplomatarium Hassicum von J. H. und Fr. Christoph Schmincke. Nr. 109. des Handschriften Catalogs der Casseler Bibliothek.

3) Documenta Weissenseensia im geh. Staatsarchiv zu Weimar.

4) Lacomblet, Urkundenbuch. I. S. 233.

5) Lac. I. S. 296. Ennen u. Eckertz Quellen. I. S. 208, 562 u. 563.

6) Gengler's deutsche Stadtrechte S. 439. Vgl. Kindlinger's Geschichte der deutschen Hörigkeit. Berl. 1819. S. 269 u. 279. u. Nitzsch's Ministeralität u. Bürgerthum. S. 88. Entwicklung der deutschen Städteverfassungen. II. S. 225.

7) Urkunde des Bischofs Hermann bei G. W. Hugo, die Mediatisirung der deutschen Reichsstädte. Karlsruhe 1838. S. 206.

42

chendorf[1]) und anderwärts[2]). Man kann sich auch erinnern an die officiales parochiarum in Cöln und an die officiales der Richerzechheit, aus welchen letzteren dort der Rath hervorging.

Eine Zeit lang führten diese anfangs vielleicht nur hin und wieder bei wichtigeren Anlässen oder periodisch zugezogenen Vertrauensmänner mit den Beamten des Stadtherrn und den Schöffen zusammen die Leitung des Stadtwesens und wurden mit ihnen Rathsherren genannt, bis sie später dieselbe mit dem Namen Consules allein behielten.

An manchen Orten mag aber auch, nachdem man einmal eine Aenderung als zweckmäßig erkannt, gleich von vorn herein als selbständige und getrennte Behörde ein administratives Consilium den Schöffen, von diesen selbst oder den Patriciern insgesammt, zur Seite gestellt sein.

Ein dritter Fall wäre der, daß Schultheiß und Schöffen a n f a n g s a l l e i n den Namen Consules annahmen und trugen, wie sie allein die Angelegenheiten und Bedürfnisse der Stadt beriethen, was zumal in kleineren Orten häufig stattfinden mochte. Späterhin reizte auch diese das Beispiel größerer Städte, die neben den Schöffen-Collegien besondere Consules besaßen, zur Nachahmung.

Ein vierter Fall ist der, wenn, wie es besonders bei den späteren neugegründeten Städten geschah, ein Rath vom Könige oder von dem Stadtherrn eingesetzt wurde.

In den oben erwähnten größeren Städten ist das Consilium in der ersten Hälfte des 13. Jahrhunderts überall eine selbständige Behörde, neben der getrennt von ihr die Schöffen-Collegien nach wie vor bestehen. Der ursprüngliche Wirkungskreis der Consules war nur ein Theil der städtischen inneren Verwaltung, nämlich der, den die Schöffen aufgaben und abgaben, sowie die Rechte, welche dem Stadtherrn in immer größerem Umfange entfremdet und abgewonnen wurden. „Mit dem Aufkommen des Rathes als einer neuen Obrigkeit drang aber alsbald auch eine neue Idee in die Verwaltung der einzelnen Regierungsrechte. Sie äußerte sich darin, daß der Rath nach und nach die verschiedenen Regierungsrechte in seiner Hand zu vereinigen sucht, ihrer Zersplitterung ein Ende macht und die Stadt unter seine einheitliche Leitung bringt. Es ist, wenn wir wollen, eine centralisirende Tendenz, welche von einem Mittelpunct aus die Verwaltung in den verschiedenen Zweigen zu führen strebt und an die Stelle zersplitterter Regale eine Staatsgewalt setzt. Sobald in den Städten der Verkehr entwickelt, das Eigenthum beweglich und die Bevölkerung dichter wurde, erschien es auch nothwendig, die mannigfach sich kreuzenden Interessen durch ein Organ zusammenzuhalten und ihnen so eine dem Wohle des Ganzen förderliche Gesammtrichtung zu geben"[3]). Es war in dieser Hinsicht freilich der Rath nur der mit größerer Gewalt und Macht ausgerüstete Nachfolger und Fortsetzer des Schöffen-Collegiums.

---

1) v. Falckenstein a. a. O. S. 191.
2) Lacomblet a. a. O. I. S. 233.
3) Arnold's Verfassungsgeschichte der deutschen Freistädte. I. S. 260.

Der Natur seiner Stellung gemäß mußte in dem Rathe, wie das bei jedem zum Regieren berufenen Collegium, bei jeder politische Rechte ausübenden Corporation der Fall ist, die Tendenz nach Machterweiterung liegen und Boden gewinnen, die bald auch gegen die Schöffen sich zu äußern anfing. Zwischen beiden Collegien, dem Schöppenstuhl, der gewissermaßen eine ältere, und dem Rath, der eine jüngere Aristokratie vertrat, begann, obwohl die Mitglieder beider Patricier waren und häufig denselben Familien angehörten, eine gewisse corporative Eifersucht sich auszubilden und zu bethätigen, die endlich in heftige Feindschaft ausartete und im 14. Jahrhundert mehr als alles Andere zur Schwächung der Patricierherrschaft beitrug. Die Befugnisse, welche die Rathsmänner erhielten, waren ja großentheils solche, die früher zum Wirkungskreise der Schöffen gehört hatten, die es nicht über sich zu gewinnen vermochten, der Verminderung ihres Einflusses und ihrer Autorität stillschweigend zuzusehen, und nun so mehr jede Gelegenheit benutzten, ihr richterliches Ansehen in seinem alten Umfange aufrecht zu erhalten und auch dem Rathe fühlbar zu machen. Daher ist es erklärlich, daß seit der 2. Hälfte des 13. Jahrhunderts ausdrücklich Gesetze gegeben werden, wodurch bestimmt wird, daß die Schöffen nicht mehr in den Rath gewählt werden sollen, wie 1293 in Magdeburg[1]) (1336 wurde der Beschluß von den Consuln und Innungsmeistern nur wiederholt[2]), oder daß ihre Zahl im Rathe nur eine fest bestimmte, beschränkte sein dürfe, wie 1372 zu Cöln festgesetzt ward, „dat man boeuen zwene scheffen in den Rait neit keisen ensoele"[3]) (der enge Rath, an den hier zu denken ist, bestand in Cöln damals aus 15 Personen), während noch 1262 der eine der beiden Bürgermeister regelmäßig ein Schöffe war[4]). Nicht einmal ihren richterlichen Wirkungskreis vermochten die Schöffen mit dauerndem Erfolg gegen die Consules zu vertheidigen und sich hier in ihrer früheren Unabhängigkeit zu behaupten, als der Rath mit dem ihm innewohnenden Centralisations- und Herrschaftstriebe seine Thätigkeit auch auf dieses Gebiet auszudehnen suchte. In vielen Städten ist er schon im Beginne des 14. Jahrhunderts zu einem Obergericht geworden, was die richterlichen Acte der Schöffen vor sein Forum zieht, und an welches von den Aussprüchen der Schöffen Appellation stattfinden darf. Qui de judicio ad consules appellaverit convictus solidum statim dabit, wird in den 1311 aufgezeichneten Rathsstatuten von Mühlhausen festgesetzt[5]).

In Erfurt nun scheint die Entwickelung des Consilium so vor sich gegangen zu sein, daß zuerst die Beamten und Schöffen zusammen mit aus der Bürgerschaft, d. h. natürlich aus den Patriciern, von ihnen zugezogenen Vertrauensmännern über die städtischen Verhältnisse Rath pflogen, bis sich von dieser Gesammtbehörde die eigentlichen Consiliarii absonderten.

---

1) Magdeburger Schöppenchronik. Vergl. Zeitschrift für preuß. Geschichte. 1866. S. 384.
2) Fr. W. Hoffmann, Geschichte der Stadt Magdeburg. I. Magd. 1845. S. 206 ff.
3) Ennen u. Eckerts Quellen. I. S. 46.
4) Lacomblet's Urkundenb. II. S. 290.
5) Codex des Stadtarchivs. A. Nr. 98. S. 12 b.

Der Rath zu Erfurt im 13. Jahrhundert und wachsende Selbständigkeit der Stadt.

Wir sehen, wie bereits 1141, während der Erzbischof Marcolf gerade zu Erfurt Hof hielt, in der Stadt ein heftiger Zwist zwischen
seinem reisigen Gefolge, seinen milites, und den Cives ausbrach. Wenn
man nun auch dieser magna concertatio, wie sie genannt wird, nur
den Charakter einer aus untergeordneten, zufälligen Motiven entsprun-
genen tumultuarischen Bewegung beizumessen und ihr keine tiefer gehende
Bedeutung zuzuschreiben geneigt ist, so erkennt man doch bald deutlicher,
daß der Erzbischof und die Cives in ihren Interessen nicht mehr eine
Einheit bilden sondern als selbständige Mächte neben einander und sich
gegenüber treten.

Ließ sich schon aus der allgemeinen politischen Lage Erfurts im
Anfange des 13. Jahrhunderts, aus der Stellung, in welcher sich die
Stadt zwischen den Parteien befand, mit Sicherheit der Schluß ziehen,
daß gerade damals in den Jahren 1200 — 1209, während die beiden
Erzbischöfe und die beiden Könige um die Alleinherrschaft rangen, die
Gewalt und das Ansehen des Stadtherrn auf's empfindlichste geschädigt
werden mußte, so bestätigt uns dies insbesondere ein merkwürdiges
Schreiben des Erzbischofs Sigfrid vom Jahre 1203 an die Stifter S.
Mariä und S. Severi, worin er sich über die schnöde Untreue und die
gewaltthätige Anmaßung der Erfurter gegen ihn auf's bitterste beklagt[1]
Illi autem gratie ingrati malum nobis pro bono et odium pro dilectione reddentes **paulatim subtrahere nobis et diminuere iura nostra
coeperunt**, ita de die in diem suam maliciam intendendo
quod nihil penitus iuris nobis aut honoris ex ipsorum
proterva violentia iam remansit. Es ist auch wohl zu beachten, daß schon im 13. Jahrhundert unter der Regierung des Erzbischofs Conrad ein eigenes erfurter Stadtsiegel vorkommt[2].

Im Jahre 1212 schließt das Regiment der Stadt mit dem Abte
von Pforta einen Vergleich über ein bei der Kirche St. Georg gelegenes
Hospital, quam tempore Lupoldi Archiepiscopi quidam
de prelatis civibus consulto diruerant ac utensilia capellae
eiusdem hospitalis — ad prelatum monasterium pertinentia illicite
alienaverant[3]. Man sieht daraus einmal, wie zu jener Zeit bereits
die cives den geistlichen Stiftern mitzuspielen wagten. Dann aber
werden im Eingange der Urkunde die das Stadtregiment bildenden Personen namentlich aufgeführt: der Vogt, der Vizthum, der Cämmerer und
23 Burgenses, quibus dispensatio Reipublicae eiusdem
Erffordensis Civitatis credita est.

---

1) Urkunde I.

2) Karl Herrmann über das Wappen und die Siegel der Stadt Erfurt in den
„Mittheilungen des Vereins für die Geschichte und Alterthumskunde von Erfurt."
I. Heft. 1865. S. 80 u. 81. Damit zu vergleichen seine Nachträge zu dem Aufsatz:
das Wappen und die Siegel der Stadt Erfurt. II. Heft. 1866. S. 177.

3) Urkunde II.

Unter diesen 23 mit Namen genannten Bürgern befinden sich auf jeden Fall die Schöffen, jedoch ist es höchst unwahrscheinlich, daß deren Zahl sich so hoch belaufen habe. Es sind vielmehr unter den 23 Männern außer den Schöffen, die man höchstens auf 12 veranschlagen darf, auch sicherlich die Mitglieder des Rathes mit begriffen.

Für diese Annahme scheint auch zu sprechen ein Document des Jahres 1217 [1]. Darin bezeugen der Graf von Gleichen (als Vogt), der Vißthum, der Schultheiß und die Judices, d. h. die Schöffen, welche oft Judices genannt werden [2]), während in anderen Fällen nur ihre Vorsitzenden diese Bezeichnung haben, daß der Abt Eberhard de Valle S. Georgii mit ihrer (der Beamten und Schöffen), *sowie eorum, qui in nostra civitate consiliarii vocantur*, Zustimmung und Genehmigung, omni juris ordine firmiter observato, in ea parte civitatis quod dicitur in Brulo eine Curie zum Besten seiner Kirche gekauft habe.

Es ist somit unzweifelhaft, daß Erfurt im Jahre 1217 **außer** den Beamten und Schöffen auch Consiliarii besitzt [3]).

In dieselbe Zeit (c. 1218) fällt eine Urkunde, aus der, wie schon aus der vorerwähnten, ersichtlich wird, daß die Patricier Erfurts, deren Kern ebenso wie in den meisten größeren Städten die monetarii gebildet zu haben scheinen, gegen die Stifter nicht minder rücksichtslos und gewaltthätig verfuhren wie gegen den Erzbischof. Der Münzmeister Hermann hatte den Gebrauch eines der Kirche St. Maria gehörigen Backhauses, ohne das Capitel, was darüber zu verfügen hatte, zu fragen, erkauft, und Probst und Capitel sahen sich schließlich, nachdem sie noch einmal das Eigenthumsrecht ihrer Kirche an dem Backhause festgestellt, genöthigt, ihn in dem usurpirten Besitze zu belassen [4]).

Das Jahr 1221 war für Erfurt ein sehr bewegtes. Zwischen Siegfried II. und dem Landgrafen Ludwig IV. von Thüringen hatte sich 1219 eine Fehde erhoben, in der die Stadt bedeutenden Schaden litt. Dann brach am 16. Juni eine Judenverfolgung aus, die in dem Handelsneide der friesischen Kaufleute ihren Ursprung gehabt zu haben scheint. Circiter XXVI a Frisonibus peregrinis et ab aliis christianis orta seditione crudeliter et vere digne occisi sunt [5]). Die Chronica Erphordensis Civitatis giebt [6]) 76, der Erphordianus Ant. Varil. [7]) 86 getödtete Juden an.

---

1) Urkunde III.
2) A. E. Endemann, de scabinis atque eorum demonstrationibus. Marburger Universitätsprogramm. 1840. S. 25. (Entwickelung der deutschen Städteverf. II. S. 151.
3) Diese schon bei Mencken, I. S. 533 abgedruckte Urkunde wird von Michelsen (die Rathsverf. von Erfurt S. 12) ganz übersehen. Dagegen hat er zwar, wie er ebenda sagt, in Erhard's handschriftlichen Notizen eine Urkunde von 1250 und eine solche von 1351 citirt gefunden, worin des Rathes zu Erfurt Erwähnung geschieht, aber er fügt hinzu: „wir haben jedoch diese Urkunden selbst nicht gelesen, vermögen daher auch über Inhalt und Bedeutung derselben nicht zu urtheilen." (!)
4) Urkunde IV.
5) Chron. S. Petri ap. Mencken. III. p. 252.
6) ap. Mencken. II. p. 562.
7) l. c. II. p. 483.

Noch wichtiger für uns ist die Nachricht von einem am 6. November erfolgten blutigen Aufruhr in der Stadt unter den Bürgern selbst, der vielleicht in irgend einer Weise noch mit der Judenverfolgung in Zusammenhang stand. Nicht lange vor dem Ausbruch dieses Aufruhrs, am 18. September, sehen wir den Erzbischof noch in Erfurt anwesend. Der Erphordianus Antiquitatum variloquus hat über diesen Aufstand Folgendes [1]): Orta seditione inter cives Erffordiae occisi sunt inter eos divites Cuno et quam plures e Consulatu, et incendium magnum plateam latam [2]) et caetera consumsit. Wenn diese Stelle unverdächtig wäre, so würde unter dem Consulatus überhaupt das Patriciat, der Kreis, aus dem die Consules hervorgegangen, verstanden werden müssen. Im Chronicon S. Petri aber [3]) liest man: orta seditione inter cives Erffordiae occisi sunt inter eos Ditericus et Conradus (et) quam plures, und aus diesen Worten ist offenbar die corrupte Stelle des Erphordianus entstanden. In der Chronica Erfordensis Civitatis steht: orta seditio est inter cives; occisi sunt quam plures [4]).

Es ist möglich, daß die Bewegung gegen die erzbischöfliche Herrschaft gerichtet war, obwohl man auch an eine Erhebung der niedern Bevölkerung gegen die Patricier oder an einen Kampf patricischer Parteien unter einander denken könnte. Man hat dabei in's Auge zu fassen, daß die Fehde zwischen Erzbischof Siegfried II. und Landgraf Ludwig IV. von Thüringen noch fortwährte, und daß der letztere die Umgegend von Erfurt verheerte. Wie es scheint, gab es in der Stadt zwei Parteien, eine, die es mit dem Stadtherrn hielt, deren Kern die erzbischöflichen Beamten gebildet haben werden, und eine andere, größere Unabhängigkeit erstrebende, die mit dem Landgrafen Friede zu machen und an ihn sich anzuschließen suchte, um einen Rückhalt gegen den Erzbischof zu haben. Doch behielt zuletzt die erstere die Oberhand, und Siegfried II. wurde, als er 1222 nach geschlossenem Frieden nach Erfurt kam, mit Jubel empfangen. Damals (1222) fanden unter Begünstigung des Erzbischofs und seines Vizthums die Minoriten Aufnahme in der Stadt [5]), was die Bürger, wenn auch vielleicht nicht ohne Widerstreben, geschehen lassen mußten.

Schon im 13. Jahrhundert zeigte sich mannigfach in den unter Leitung patricischer Collegien aufstrebenden Communen eine unverholene Abneigung gegen den Clerus, namentlich gegen die Ordensgeistlichen als in sich festgeschlossenen, von auswärtigen Oberen gelenkten Corporationen, die sich nicht so ohne Weiteres und unter allen Umständen dem Willen der städtischen Machthaber beugten und in den autonomen Mechanismus der Stadtrepubliken einfügen ließen, eine Abneigung, die in der Städtegeschichte des 14. Jahrhunderts in Rathsstatuten und Stadtbüchern sogar häufig zu Tage tritt.

---

1) ap. Mencken. II. p. 483.
2) Ohne Zweifel ist der Anger gemeint.
3) ap. Mencken. III. p. 252.
4) l. c. II. p. 562.
5) Gudenus, l. c. p. 45. — v. Falckenstein S. 76.

Ungefähr zur selben Zeit, wo die Minoriten nach Erfurt kamen, wurden sie durch Engelbert II. auch in Cöln eingeführt, und wir hören, daß die Cölner dagegen Einspruch erhoben und zu remonstriren versuchten [1]), freilich ohne den gewünschten Erfolg. In Erfurt durften die Cives dergleichen noch nicht wagen, und 1229 ließen sich auch die Dominikaner dort nieder.

Der Erzbischof behielt übrigens nun eine Zeit lang seine Residenz in Erfurt und veranstaltete daselbst im Jahre 1223 eine Provinzial-synode [2]). Bald indeß wurde das gute Einvernehmen zwischen ihm und den Bürgern getrübt. Denn beim Jahre 1224 berichtet das Chronicon S. Petri [3]): Mogontinus suspendit divina a Purificatione usque ad Pascha et postea per septem dies in Septimana Reliquiarum. Diese Nachricht muß in Zusammenhang gebracht werden mit dem Umstande, daß die Bürger zur selben Zeit (1224) sich ein kaiserliches Privilegium verschafften [4]), worin ihnen omnes bonos usus et approbatas consuetudines nec non et antiqua jura von Friedrich II. bestätigt wurden. Mit ihrem Stadtherrn wegen der fortwährenden Bestrebungen ihre Rechte auszudehnen in Zwist, müssen sie Anlehnung und Hülfe beim Könige suchen. Es ist sehr wahrscheinlich, daß es sich vorzugsweise um das Fortbestehen des von den Bürgern errichteten Rathes handelte, den der Erzbischof nicht zu dulden gesonnen war.

Eine günstige Gelegenheit ihre Macht zu erweitern, bot sich den Cives dann acht Jahre später (1232) dar, als eine heftige Fehde zwischen Siegfried III. und dem Landgrafen Conrad ausbrach. Der Erzbischof, der sich in dem genannten Jahre zu Erfurt aufhielt, hatte sich veranlaßt gesehen zur Tilgung seiner Schulden die geistlichen Güter Thüringens mit einer Steuer zu belegen und den Abt von Reinhardsbrunn, der auf ein Verbot des Landgrafen hin dieselbe verweigert, excommunicirt. Die Landgrafen nämlich behaupteten, was wir hier gegen v. Tettau [5]) hervorheben müssen, von wegen ihres Landgrafenthums und Oberrichteramts in Thüringen eine Art von Oberaufsichtsrecht sowohl über Erfurt als überhaupt über das ganze Land zu besitzen und zeigten sich stetig bemüht, dasselbe geltend zu machen [6]). Der Abt mußte sich indeß seinem Oberen unterwerfen und ward verurtheilt zur Strafe der bewiesenen Widersetzlichkeit an drei auf einander folgenden Tagen in der Stiftskirche B. M. V. gegeißelt zu werden. Landgraf Conrad, welcher gerade durch Erfurt kam und sich nach der Stiftskirche begab, um die Messe zu hören, vernahm nicht sobald, daß die Execution in der Capitelstube eben vor sich gehe, als er in voller Wuth dahin eilte, den Erzbischof bei den Haaren ergriff, zu Boden warf und vielleicht erstochen hätte, wenn die

---

1) Caesar. Heisterb. vita S. Engelberti ap. Boehmer, fontes rer. Germ. II. p. 302. — Entwickelung der deutschen Städteverfass. II. S. 120.

2) Chron. S. Petri ap. Mencken. III. p. 252 et 253. — Guden. l. c. p. 15.

3) ap. Mencken. III. p. 253.

4) Urkunde V.

5) Das staatsrechtl. Verh. Erfurts. S. 5 u. 6. vgl. oben.

6) Vergl. Urkunde VIII u. XVI.

48

Anwesenden ihm nicht in den Arm gefallen wären. Er mußte nach diesem Frevel zwar schleunigst die Stadt verlassen, befehdete aber nun den
Erzbischof und eroberte dessen Stadt Fritzlar, wo die Weiber ihren un-
züchtigen Hohn, mit dem sie auf den Mauern dem schon abziehenden
Feinde die posteriora vorwiesen, blutig zu büßen hatten [1].

In unmittelbarer Verbindung mit dem Kriege Conrads gegen Siegfried III. stand die Befehdung des Grafen von Gleichen, der den Erzbischof unterstützt hatte, durch den Landgrafen Heinrich. Das Chronicon S. Petri, die Verhältnisse nicht durchschauend oder parteiisch für den
Landgrafen, der die schlaue Politik befolgte, sich der Stadt gegen ihren
Herrn, den Erzbischof, anzunehmen, erzählt darüber beim Jahr 1234:
Henricus Landgravius pertaesus malorum, quae passus est ab Henrico comite de Glichen, ipsum tandem legitime citatum, sic postea
sententialiter proscriptum novissime etiam omni suo jure feodali pri-
vavit. Quapropter Magontinus Erfordensem Advocatiam a Landgravio
solvendam commutans Episcopales redditus in Gutteren videlicet XL
talenta eidem jure feodali porrexit tamdiu quousque per alia bona
Advocatiae restaurum faciat. Et haec pacta VIII Kal. Aug. facta
sunt [2].

Der Landgraf Heinrich also überzog den Grafen von Gleichen mit
Krieg und riß die Vogtei von Erfurt an sich. Der Erzbischof, wohl
erkennend, wie viel gefährlicher der mächtige Landgraf im Besitze der
Vogtei für ihn sein würde als die langjährigen Vasallen des Stiftes,
die Dynasten von Gleichen, und daß, wenn die Landgrafen sich einmal
als Vögte festgesetzt, seine noch übrigen Herrschaftsrechte in der Stadt
bald gänzlich verloren sein würden, sah sich genöthigt, die Vogtei von
dem widerrechtlichen Possessor auszulösen [3].

Ohne jene Händel, in die er verwickelt war, hätten die ersten Re-
gierungsjahre Siegfrieds III., der 1230 den Mainzer Erzstuhl bestieg [4],
den Erfurtern und ihrer freiheitlichen Verfassungsentwickelung leicht gefährlicher werden können. Es war ja gerade die Zeit, wo, durch die

---

1) Historia de Landgraviis Thur. ap. Eccard. histor. geneal. princip. Saxoniae
sup. p. 423. — Anonymi Erphesfordensis histor. de Landgr. Th. ap. Pist. I.
p. 1325 sq. Chronica von der Stadt Erfurth des Rathssyndikus Siegmund Friese
MSC., deren Benützung der Besitzer K. Herrmann gütigst verstattete, S. 46 ff.
Die Chronik Friese's, der 1673—1754 lebte, ist bis jetzt von keinem Bearbeiter der
erfurtischen Geschichte benutzt, obwohl sie eine ziemlich vollständige Recapitulation der
Nachrichten der anderen Chroniken bietet. (Vgl. Herrmann Biblioth. Erfurtina p. 126
-- 131.) Außerdem aber zeichnet sie sich vor den übrigen handschriftlich vorhandenen
vortheilhaft aus durch ihre in manchen einzelnen Stücken richtige Beurtheilung der
älteren Verfassungsverhältnisse, wo sie auf die besten Quellen sich stützt. Besonders
schätzbar sind auch die vielen eingefügten urkundlichen Nachrichten. Die Totalanschauung
der alten erfurter Verfassung ist freilich ganz falsch, da immer der Gedanke vorwiegt,
Erfurt sei eine freie Reichsstadt gewesen. Auch für die Reformationszeiten ist der Verfasser als fanatischer Protestant weniger glaubwürdig.

2) Chron. S. Petri ap. Mencken. III. p. 255. Vgl. Gudenus, hist. Erf. p. 52.
C. Sagittarii Historia der Grafschaft Gleichen. Frankf. a. M. 1732. S. 49 ff.

3) v. Falckenstein a. a. O. S. 83.

4) Erphurd. Ant. Var. Mencken. II. p. 484.

Vorstellungen vornehmlich der geistlichen Stadtfürsten angeregt und um für Deutschland italienischen Zuständen vorzubeugen, König Heinrich und sein Vater Friedrich II. durch ihre Städtegesetze die Richtung, welche mit Begründung der Consilia in den Communen aufgekommen war, zu brechen versuchten. So aber ging auch Erfurt aus den Streitigkeiten mit Siegfried schließlich nicht ohne Vortheil hervor, und seine Entwickelung blieb ungehemmt, wenn es auch manche Verluste erlitt. Ich rechne hierher den Raubzug des Grafen Adalbert von Wiehe 1231, der praedam innumerabilem in jumentis et gregibus abstulit Erphordensibus [1]).

Ein Hauptpunct, der zu Mißhelligkeiten führte, waren die Geldforderungen des Erzbischofs, zu denen er sich um die Schulden seines Vorgängers abzutragen gezwungen sah, und schon um seinen desfallsigen Wünschen Nachdruck zu verleihen, wird er sicher nicht verfehlt haben, die kaiserlichen Edicte von 1232 gegen Erfurt geltend zu machen, wenn er auch für's erste noch nicht ernstlicher einschreiten wollte. Interim, sagt Gudenus [2]), bei dessen Relation noch zu bemerken ist, daß er das Verhalten der Erfurter zu der mehr als 50 Jahre später von König Rudolf bestraften Widersetzlichkeit in Beziehung bringt, propter bella Saracenica aliasque turbas Moguntinum aerarium erat exhaustum, cui ut succurrerent Erfurdenses a Sigefrido tertio imperatum. Cunctati illi nec praesentis Domini auctoritatem satis respexerunt. Subfuit aemulatio quaedam vel invidia, videturque malum illud, quod postea Rudolphus Caesar cum rebellium capitibus succidit, iam initium sumpsisse. Insuper Friderico Caesari, quem a Papa excommunicatum Sigefridus persequi debebat, Erfordia sicque partibus Gibellinorum adhaesit: ideo confirmatis privilegiis specialiter in protectionem suam Caesar urbem receperat sed haec eodem cum Caesare banno innodata. Elector, ut obedientiam extorqueret, e singulis templis campanam se accepturum minatus est, quas ut redimerent petitam subsidii summam Archiepiscopo solverunt atque in communionem Ecclesiae recepti sunt.

Das Chronicon Sampetrinum setzt [3]) diese Vorgänge in das 1233. Hoc etiam anno Sifridus Magontinus habito consilio cum Canonicis Magontinis pro sui praedecessoris debitis, quibus Episcopatus jam dudum Romae fuerat obligatus, in tota Dioecesi sua redituum vicesimam partem a personis ecclesiasticis colligi mandavit.

Friese nimmt einen persönlichen Groll des Erzbischofs gegen die Erfurter an [4]), der sich von dem Kriege gegen den Landgrafen hergeschrieben habe. „Kaum war der Erzbischof des Krieges mit dem Landgrafen los, so machte er sich an Erffurth und begehrte, daß ihm von jedem Thurme die größte Glocke oder deren Werth an Gelde solle geliefert werden, weil er die Bürger in Verdacht hatte, als wenn sie von seiner Aufführung nicht zum besten geredet oder auch dem Landgrafen den Handel mit dem Apte verrathen hätten."

---

1) Chron. S. Petri ap. Mencken. III. p. 484.
2) l. c. p. 50.
3) ap. Mencken. III. p. 255.
4) Chronica von der Stadt Erffurth, S. 48 ff.

Ohne Zweifel hatten die Erfurter in jenem Kriege ihren Bischof nichts weniger als kräftig unterstützt, weil eine Erhöhung von deffen Macht in Thüringen ihren Stadt-Interessen schnurstracks zuwider lief. Um so mehr Veranlaffung für Siegfried III. nach Beendigung des Krieges darauf Bedacht zu nehmen, seine Thätigkeit einmal auf die anomalen erfurter Verhältniffe zu concentriren und gegen den ohne seine Geneh- migung bestehenden Rath ernstlich einzuschreiten. Er hoffte 1234 das durchzusetzen, was zehn Jahre früher sein Vorgänger Siegfried II ver- geblich versucht hatte.

Er verklagte demnach seine eigenwilligen Unterthanen bei dem Reichs- regenten König Heinrich und brachte sie in die Acht. Zudem säumte er nicht, seine geistlichen Waffen zu schwingen, das sehen wir aus dem Chronicon S. Petri [1]). Hoc anno (1234) Erphordenses ingratitudinem Domini sui Maguntini et offensam graviter incurrebant; ideo a quarta feria ante Palmas usque III. Calendas Augusti divinis caruerunt, quo die mediantibus Landgravio atque Praelatis Erphor densibus compositio statuebatur satisfactione pecuniaria, sieque divina resumpta fuerunt. Die Erfurter hielten es gerade so, wie 1224. Sie wußten, daß sie viel gewonnen hatten, sobald ihr Geg- ner sich nicht mehr auf den Kaiser stützen könne, und sandten daher aber- mals an Friedrich II., der ihnen auch, selbstverständlich gegen Entrichtung einer angemeffenen Geldsumme, omnes bonos usus et approbatas con- suetudines nec non et antiqua jura, quibus hactenus rationabiliter et libere usi sunt, bestätigte [2]). Der Kaiser, sagt Friese [3]), gewährte ihre Bitte „in erwegung ihrer Treue" und „gegen eine ziemliche summa Marck Silber." Nun hob auch König Heinrich die Acht auf und bestä- tigte seinerseits omnia jura, justitias, libertates et honores, quibus hactenus sunt gavisi.

Da der Landgraf, seiner Politik getreu, energisch für die Cives auftrat, auch die Geistlichkeit Erfurts, die begreiflicherweise bei dem Kriegszustand zwischen dem Erzbischof und den Bürgern am schlimmsten fuhr, sich ins Mittel legte, so mußte Siegfried III. wohl oder übel mit der satisfactio pecuniaria vorlieb nehmen.

Sich ein einzelnes bestimmt formulirtes Recht, wie die Erlaubniß einen Rath zu halten, bestätigen zu laffen, dazu waren in der Regel die Cives viel zu schlau und diplomatisch berechnend. Denn einerseits hätte dann der König den Rechten des Stadtherrn aus- gesprochenermaßen zu nahe treten, sie beschränken müssen und sich folglich nicht so leicht zu einem solchen Privilegium verstanden, ande- rerseits war es in der That weit vortheilhafter, sich alle gewohnheits- mäßigen Rechte und Gebräuche so zu sagen in Bausch und Bogen ga- rantiren zu laffen, omnes bonos usus et rationabiles consuetudines,

---

1) ap. Mencken. III. p. 286.

2) v. Falckenstein a. a. O. S. 81 u. 82. Im Copiale Civit. Erfort. CL. im Provinzialarchiv zu Magdeburg die beiden Privilegien Friedrichs II. und die beiden seines Sohnes Heinrich, S. 49 ff.

3) Chronica von der Stadt Erffurth, S. 48. c.

Begriffe, die sich von vornherein nach Belieben dehnbar zeigten, und unter die späterhin alles Mögliche, alle, auch erst seit kurzer Zeit usurpirte, Rechte subsummirt werden konnten. Ein einzelnes Recht, das hätte sich nicht der Mühe verlohnt.

Auf ein gutes Stück Geld, auf eine satisfactio pecuniaria für den in seinen Rechten beeinträchtigten Stadtherrn kam es dabei den Bürgern weniger an, wenn derselbe nur bei der Vergrößerung ihrer Selbständigkeit ein Auge zudrücken wollte.

Erst seit dieser Zeit, seit 1234, nimmt Friese einen Rath an. Wenn er nun auch hierin irrt, da, wie wir sahen, bereits 1217 consiliarii vorkommen, und seine Annahme nur beweist, daß ihm von jetzt an das Dasein des Rathes aus den Quellen deutlicher entgegen getreten ist[1]), so dürfte doch die Art und Weise, wie er sich die Entstehung des Consilium denkt[2]), immerhin nicht ohne Interesse sein. „Als die Stadt von König Heinrich in die Reichsacht gethan war, bekamen die Bürger hierdurch Ursache kräftigere Consilia und mittel zu ihrer freyen Commune rettung aus der Reichsacht und fernerer Defension bei ihren Rechten, Privilegien und Freyheiten zu suchen und zu ergreiffen, es möchte auch der Graf, Vigthum und Maingische Schultheiß in der Stadt oder im Brühl sauer oder süße darzu sehen, welche sie auch darumb nicht würden zu verdenken haben, wenn sie nach müglicher Hülfe trachteten und nichts wieder recht thäten, noch dem Erzbischof, Grafen oder Vigthum etwas an ihren alten gebührenden Gerichtsbarkeiten entzögen. Und zwar, wie sie sahen, daß anderen freyen Städten im Reich die Bürger oder Rathsherren, ob sie schon weder Voigte noch Vigthume waren, vorstünden und das Regiment führten, und sie die äußerste Noth antrieb ihren Stand jetzt vor allen Dingen zu retten und in sicherheit zu bringen, versuchten sie an Päbstlichen, Kayserlichen, Königlichen und fürstlichen Höffen ihrer Stadt zum besten vor sich zu agiren und zu verfahren, was Gott der Allerhöchste vor Seegen darzu verlehyen würde. **Huben also an das Regiment in ihre Hände zu fassen etwas stärker als vorher, doch daß der Graf, Vigthum und Schultheißen bei ihren Würden und Gütern in ihren gewissen Schranken gelassen würden.** Schickten derohalben an den Kaiser in Italien und bathen unterthänigst umb einen Schutzbrief."

So viel ist gewiß, Siegfried III. hatte seinen Zweck nicht erreicht, und das Consilium bestand fort. Denn aus dem Jahre 1239 besitzen wir eine Urkunde, worin die erzbischöflichen Beamten (Vigthum, Villicus, Cämmerer) totumque consilium civitatis Erfordensis einen lebenslänglichen Pachtcontract des Bürgers Conrad Kerlinger mit dem Capitel B. Mariae bekunden[3]), wie noch 1225 Erzbischof Siegfried II. eine Schenkung an die Kirche S. Mariae bezeugt hatte[4]).

---

1) Namentlich scheint ihm wichtig gewesen zu sein, daß der Rath damals Heinrich von Blankenburg in Sold genommen, also eine eigene städtische Kriegsmacht aufgestellt habe. Chron. von der Stadt Erffurth. S. 50.
2) Chronica von der Stadt Erffurth, S. 48 a. ff.
3) Urkunde VII.
4) Urkunde VI.

4 *

In einer Urkunde von 1241 machen dagegen Judices et universi cives Erphordenses bekannt, daß Gertrudis, die Wittwe Wigands, secundum ius et consuetudinem nostre civitatis ihr Besitzrecht an einem Hause am Fuße des Petersberges vor ihnen dargethan hat. Das sind die Schöffen [1]), und das Document beweist, daß auch nach Errichtung des Raths bei Rechtsgeschäften zuweilen noch bloß die Schöffen thätig sind.

Als am Palmsonntage des Jahres 1239 Gregor IX. zum zweiten Male den Bannfluch gegen den Kaiser geschleudert, war dies das Signal zum Wiederaufflammen erbitterter Parteikämpfe auch in Deutschland. Siegried III. konnte nicht umhin sich auf die Seite des Pabstes zu stellen; um so eifriger aber ergriffen die Erfurter, die längst gelernt hatten auf eigenen Füßen zu stehen und ihre eigene Stadtpolitik zu treiben, die Sache Friedrichs II. Sie wären auch vollständig einsichtslos gewesen, hätten sie nicht erkannt, daß Zeiten, wie die damaligen ihren auf Beseitigung der bischöflichen Stadtherrlichkeit gerichteten Plänen und Bestrebungen am günstigsten seien, wenn sie, zum Reichsoberhaupt haltend, ihrem Stadtherrn entgegen träten. Nachdem alle anderweitigen Bemühungen des Erzbischofs, sie zu gewinnen, vergeblich geblieben, erfolgte im Jahre 1242 eine neue Suspension der Divina. Hoc anno Maguntinus Erphordensibus offensus ibidem a festo Penthecostes usque ad Assumptionem tertii anni divina suspendit [2]).

Die Bürger erlangten dagegen in demselben Jahre 1242 im Juni einen Schutzbrief Friedrichs II., worin ihre Treue im Gegensatz zu Siegfrieds verrätherischer Rebellion (Sifrido Archi-Episcopo Moguntinensi contra nos et imperium proditorie rebellante) gelobt wird und sie mit allen ihren Gütern und Besitzthümern des speciellen kaiserlichen Schutzes versichert werden [3]). Sie ließen daher nicht vom Kaiser ab, aber auch Siegfried gab nicht nach, und drei Jahre, bis 1244, dauerte die geistliche Verödung der Stadt; ja in diesem Jahre trat noch eine Verschärfung der Strafe ein.

Moguntinus, ut Erfurtum adhuc durius arceret, in Octava Epiphaniae omnem clerum cum religiosis civitate exire compulit, qui postea in proxima sequenti dominica Laetare in villa Wimaria cleri ac populi conventum statuens Fridericum Imperatorem cum Erfurtensibus denunciavit ac post hoc III Kal. Jun. in Vritslaria consilium faciens eadem confirmavit. Eodem anno Magontinus auctoritate Domini Papae quintam redituum partem a Clero exegit. — Hoc anno (1244) commotione necdum sedata inter Moguntinum et cives Erphordiae dato mandato Magontinus praecepit, ut omnes religiosi tam conventuales quam et capellani relictis propriis mansionibus ad opprobrium civium II Idus Jan. civitatem Erfordiam exirent, inter quos conventus montis S. Petri relicto claustro in allodia ejusdem Ecclesiae per

---

1) Urkunde IX.
2) Chron. S. Petri ap. Mencken. III. p. 259. Der Erphordianus ap. Mencken. II. p. 485 setzt diese Nachricht schon ins Jahr 1239.
3) Abgedruckt bei v. Falckenstein S. 86.

duos menses et dimidium se recepit. Postea appropinquante festi-
vitate Paschali, ut divinis non carerent, in coenobia circumjacentia
civitatem Conventus divisus est, alii ad S. Martinum prope flumen
Werram, alii ad Cellam Paulinae, alii in Reinhersburn, alii vero ad
S. Vitum in Holdesleiben, quos per quatuor menses et amplius ho-
nestissime tenuerunt [1]).

Gegen solche Maßregeln durften die Bürger keine Hülfe vom Kaiser
erwarten; auch neigte sich seit der Thronbesteigung Innocenz IV. 1243
der Stern der Hohenstaufen sichtlich zum Untergang [2]).

Da war endlich der Widerstand der Erfurter gebrochen, und noch
im Jahre 1244 scheint es zu einer Sühne und Ausgleichung mit dem
Erzbischof gekommen zu sein, der selbst froh genug gewesen sein mag,
den schlimmen Handel, bei dem die erfurter Geistlichkeit nicht am wenigsten litt, gütlich zu beenden, und der deshalb den Bürgern außer den
unvermeidlichen kirchlichen und Geld-Bußen schwerlich noch andere Stra-
fen, etwa Entziehung von Rechten und Freiheiten, auferlegte.

Wohl hätten die Cives hierin nach ihrer Unterwerfung durch ihren
Stadtherrn Einbuße erleiden können, da das königliche Ansehen auch in
Deutschland schon in den letzten Jahren Friedrichs II. ganz darniederlag,
und die Könige Heinrich Raspo, Conrad und Wilhelm von Holland,
auch wenn sie gewollt, nicht Macht genug besaßen, ihnen gegen die Erzbischöfe von Mainz Siegfried III. und seinen Nachfolger Christian II.
(1249—1251) kräftigen Schutz zu verleihen, aber es gab ja noch eine
andere, mächtigere Instanz, die man gerade mit dem besten Erfolg gegen
geistliche Fürsten anrufen konnte. Wußten die Erfurter doch, daß man
in der päbstlichen Curie ebenso wenig als am kaiserlichen Hofe gegen
klingende Münze mit Privilegien kargte, wofern dieselben nur nicht direct
gegen das Interesse des heiligen Stuhles verstießen. Sie wandten sich
daher an Innocenz IV., der nach dem Tode seines großen Gegners 1250
auf dem Gipfel seiner Macht stand, und dessen Schutz damals ohne
Frage der wirksamste in der ganzen Christenheit war.

Der Pabst verfehlte nicht, ihren Wünschen zu entsprechen und verlieh ihnen im Jahre 1250 am 27. April zwei Privilegien, beide gegeben
Consilio et universitati Erfordensi [3]).

In dem ersteren nimmt der Pabst die Erfurter mit all ihren dermaligen Gütern und Besitzthümern in seinen und des heiligen Petrus
besondern Schutz, in Ansehung der Puritas fidei, welche sie, wie er
vernommen, gegen die Kirche inconcusse bewahrt und durch Unterstützung Siegfrieds III. und Christians II. bewährt hätten.

In dem zweiten Privilegium ertheilt er ihnen wegen ihrer Verdienste um die Sache des h. Stuhles, quod libertas ecclesie per uestri
fauoris auxilium in illis partibus laudabiliter promouetur, die Zusiche-

---

1) Chron. S. Petri ap. Mencken. III. p. 260. Ebenso der Erphordianus ap.
Mencken. II. p. 486.

2) Vergl. Kaiser Friedrich II. von Fr. W. Schirrmacher. 4. Band. Göttingen 1865.
S. 208 ff.

3) Urkunde X u. XI.

rung, daß sie, so lange der gegenwärtige Krieg fortdauere, weder vom
Pabste selbst, noch von päbstlichen Legaten nach Rom geladen werden
sollten, sofern sie nur sich bereit zeigten, vorkommenden Falls in Erfurt
sich zu verantworten. Also ein zeitweiliges geistliches privilegium
de non evocando, wie solche in der Regel den für alle Zeit giltigen
voranzugehen pflegten.

Friese, der wie Falckenstein nur von dem Protectionsprivilegium
weiß, führt den Wunsch der Bürger nach demselben auf das Jahr 1249
zurück. Als [1]) 1249 mehrere Grafen und Herren Mühlhausen überrumpeln wollten, machte dies die Erfurter „desto behutsamer ihren freyen
Stand in acht zu nehmen, und weil sie wohl sahen, daß der Graffe von
Gleichen sich umb sie nicht bekümmere, sondern sich in der Welt umb-
sahe, der Graf und Vißthum auch sie nicht defendiren könnten oder auch
mit der allzu großen Vertraulichkeit mit Maintz oder vergeblichen Krieg
mit dem Landgraffen der Stadt sehr nachtheilig seyn könten, gleichwohl
auch andere freye Kayßerliche Städte, die die Edle und unedle Bürger
und Bischöffe und nebst solchen einen freyen, weder vom Bischof noch
Graffen dependirenden, Rath hetten, der ihnen von des Keyßers und
des Reiches wegen vorstünde, sich ihr Stat als dann erst beßerte, wie
denn auch der Stadt gemeines Wesen, da von Zeiten des Keyßers Ot-
tonis I. und dessen Verordnung her sie nicht mehr monarchisch sondern
von dem Grafen, Vißthum und 21 erwehlten Burgensibus zugleich re-
giret worden, sich darbey viel beßer befunden habe als vormals, und betrachteten, wie ohnlängst der Keyßer alle ihre Rechte bestättiget habe:
darümb giengen sie in ihren gefasten Consiliis ihren Stand, doch Niemand zum Nachtheil, zu stärcken muthig fort, und ob sie wohl Keyßerli-
und Königliche Schutzbrieffe hatten, dennoch aber weilen damahls die
Päbste alles in allem waren und das Keyßerthum selbst mit diesen oder
jenen Fürsten nach Gefallen bestellen wolten, so suchten sie beym Pabst
Innocentio IV. zu Lyon — — umb einen Schutzbrieff demüthigst an,
welchen er auch 1250 den 27. April im 7. Jahr seines Pabstthums der
Stadt ertheilte. Er meldete dem Consilio, oder Rath, und Gemeine
seinen apostolischen Gruß, habe vernommen von ihrer Treue gegen das
Römische Reich, und daß sie dem Erßbischoff zu Maintz treulichen Bey-
stand geleistet hätten, und deshalb die Gedanken geschöpft, wie er ihnen
mit Gnaden behülflich seyn möge, nähme sie also mit leib und Guth in
S. Peters und seinen Schutz, und solle sie Niemand beschweren bey straffe
des Zornes Gottes und der h. Apostel Petri et Pauli.“

Für das Jahr **1251** besitzen wir wieder eine wichtige Urkunde, die
vom Fortbestehen des Rathes Zeugniß ablegt. Es bezeugen nämlich am
19. Juli dieses Jahres **22 namentlich aufgeführte** Consiliarii civitatis
Erfordensis, die sich in demselben Documente auch cives de
consilio nennen, zu Erfurt im Rathe, „erfordie in Consilio“, daß mit ihrer vollen Genehmigung und Zustimmung die domina
Hedwigis, die Wittwe des Bürgers Franco, dem Hospital S. Martini
ein Haus geschenkt habe [2]).

---

1) Chronica von der Stadt Erffurth, S. 52 ff.
2) Urkunde XII.

Für das folgende Jahr 1252 kennen wir aus Friese, der hier offenbar, wie manchmal, sich auf eine ihm vorliegende Urkunde stützt, die Namen von 17 Rathsherren [1]).

„Es saßen aber am Regiment Herr Sigfried von Hall und Roibold Weiß mit ihren Companen, nehmlich: Herr Berthold von Steinwege, Herr Friedrich Vitrolff, Herr Heinrich Rose, Herr Heinrich de latere (Ziegler), Herr Barthold Vitzthum, Herr Heinrich Vitrolff, Herr Friedrich v. Ganwartshaußen, Herr Berthold Vitzthum, Herr Heinrich Penna, der alte, Herr Ludwig und Heinrich v. Meldingen, Herr Hermann von Walführtshaußen und Dietrich Vitzthum, und ward auf S. Gregorii Tag die Mühle auf'm Schillchen und das Backhauß zu Linderbach, welche zuvor Eberharden von Wechmar von H. Heinrich Vitzthum von Rudolstadt zur Lehn getragen hatte, von diesen Vitzthum gedachten Eberhardts hinterlaßenen Wittiben Frau Jutten und ihren Töchtern, so lange sie lebten und Kinder zeugeten, verliehen, welchen Vergleich dieser Raht bezeugete.“

Wir haben in den bisherigen Erörterungen dargethan, daß bereits lange vor 1255 Erfurt nicht mehr „lediglich durch die erzbischöflichen Beamten regiert wurde.“

In vieljährigem Ringen und Kämpfen, in einer durch mehrere Jahrhunderte sich erstreckenden Entwickelung, hatten die Bürger in städtischen Angelegenheiten Selbständigkeit erreicht und die Verwaltung zuerst durch die Schöffen an sich gezogen, dann noch unabhängiger durch einen patricischen Rath weiter geführt; der Erzbischof sah sich auf gewisse Einkünfte und Ehrenrechte sowie auf den Namen des Stadtherrn beschränkt.

Wem einmal der Begriff „freie Gemeinde“ so an's Herz gewachsen ist, daß er davon nicht loszukommen vermag, der darf, ohne unsern Einspruch zu befahren, diesen Titel für Erfurt in der Mitte des 13ten Jahrhunderts postuliren. Denn die beiden Criterien, die man, wenn der Name überhaupt einen Sinn haben soll, dafür verlangen muß, selbstgewählte, nicht vom Stadtherrn abhängige Beamte und Selbstverwaltung der inneren städtischen Angelegenheiten durch die Cives im Gegensatz zu den Beamten des Stadtherrn, sind nun dort zu finden.

Von den erzbischöflichen Beamten hatten der Vogt oder Burggraf und der Vitzthum immer mehr von ihrer Gewalt eingebüßt, indem ihre Befugnisse, die sie als Spitzen der Executive und Administration hatten, auf die magistri consulum und die Consules übergegangen waren; sie blieben bald fast nur noch Gerichtspräsidenten, die dem Schöffencollegium vorsaßen, und hatten gewisse Einkünfte von den Bürgern zu fordern, welche diese aber auch auf jede Weise, namentlich durch Kauf, an sich zu bringen und abzulösen sich bemüht zeigten.

Die anderen Beamten, die ja aus dem Patriciat hervorgingen und also mit den Patriciern in Rath und Schöffenstuhl im Wesentlichen die gleichen Interessen hatten, traten, wenn es zur Spannung und Mißhelligkeit mit dem Erzbischof kam, immer häufiger auf die Seite ihrer

---

1) Chronica von der Stadt Erffurth, S. 55 b.

Standesgenossen, und machten mit diesen gemeinschaftlich und im Namen der von ihnen angeblich mitvertretenen Gemeinde gegen den Stadtherrn Front.

Die Aenderung der Rathsverfassung Erfurts im Jahre 1255.

Während aus dem Vorhergehenden erhellt, welche Bedeutung das Jahr 1255 für die Verfassung Erfurts nicht gehabt haben kann, daß nämlich damals der Rath, weil er schon längst bestand, nicht erst gegründet worden ist, wird es nun darauf ankommen zu erkennen, welcher Art denn der für die innere Geschichte Erfurts wichtige Vorgang dieses Jahres gewesen ist, und worin die damals eintretende Veränderung der Rathsverfassung (denn daß nur von ihrer Veränderung, nicht aber von ihrer Gründung die Rede sein kann, folgt ja eben aus dem bisher Dargelegten) denn eigentlich bestanden habe.

Hören wir zunächst was die Quellen darüber berichten.

Das Chronicon S. Petri sagt bei dem gedachten Jahre 1255, in welchem abermals, wie schon früher ¹) (1246), ein großer Brand stattgefunden hatte, nachdem es diesen erwähnt: Eodem etiam anno cives, qui summi Burgenses dicti sunt, **quibus ab antecessoribus suis cura civitatis commissa fuit,** statuerunt, ut singulis annis XII ex omni aetate seniorum videlicet, mediocrum et juvenum eligerentur, qui consules nominarentur, et super illos duo seniores, ut quod major pars illorum decerneret hoc ipsi approbantes ab omni populo civitatis firmum teneretur ²).

Man erkennt unschwer, wie durch diese Stelle, mit welcher der Erphordianus ³) wörtlich übereinstimmt, während die Chronica Erfordensis civitatis ⁴) nur eine kürzere, unbedeutendere Notiz giebt, Michelsen und v. Tettau wohl zu dem Irrthum gebracht werden konnten, daß damals zuerst Consules eingesetzt worden seien. Wir müssen jedoch bei genauer Prüfung der Worte constatiren, daß dies keineswegs in der Chronik gesagt wird. Wir haben hier nur eine werthvolle Reminiscenz oder eine auf sicherer Tradition beruhende, ziemlich deutliche Nachricht eines etwas späteren Autors über eine vor seiner Zeit einmal eingetretene Aenderung der Rathsverfassung. Er ist für uns unter den Chronisten die älteste und zuverlässigste Quelle, und wir dürfen daher in keinem Falle zu seinen Worten etwas, was er nicht sagt, hinzusetzen um es als dem Gesagten gleichberechtigt hinzustellen, sondern müssen uns damit begnügen, ihn zu interpretiren und dann andere Nachrichten zur Vergleichung und Erläuterung herbeizuziehen suchen.

Als sicher ergeben sich aus jenen Worten des Chron. S. Petri folgende drei wesentliche Puncte:

---

1) ap. Mencken. III. p. 261.
2) ap. Mencken. III. p. 266.
3) ap. Mencken. II. p. 486 et 487.
4) ap. Mencken. II. p. 563.

1) Daß im Jahre 1255 durch die Patricier (cives qui summi Burgenses dicti sunt, quibus ab antecessoribus suis [1]) cura civitatis commissa fuit) eine Veränderung mit der Rathsverfassung vorgenommen wurde.

2) Daß es sich dabei um die Wahl der Consules handelte und die Zahlen 3 und 14 eine Rolle spielten. Jedes Jahr sollten erwählt werden 12 Consules und 2 Seniores derselben, also zusammen 14 Rathspersonen.

3) Daß die einstimmig oder bloß mit Majorität gefaßten Beschlüsse der Consules für alle Bürger verbindlich sein sollten.

Nehmen wir hierzu die anderen uns zu Gebote stehenden Nachrichten in vergleichende Betrachtung, so wird sich, wenn wir aus den verschiedenen Berichten das Wesentliche festhalten, der wirkliche Hergang der Dinge wohl ermitteln lassen.

V. Falckenstein, der merkwürdigerweise das Chronicon S. Petri und den Erphordianus hier nicht berücksichtigt, führt dagegen vier andere Chronisten an [2]). „In einem geschriebenen Thüringischen Chronico" findet er in des Erzbischofs Gerhard Leben angemerkt: Erfordensem discordiam pacavit et consulatum secundum doctrinam Aristotelis in Politicorum libris ordinavit [3]). „Ein anderes gleich altes Chronicon" hat: Gerhardus tanquam principalis Dominus Erfordensis venit Erfordiam et concordiam et pacem ibidem constituit, ac secundum quod Aristoteles in libris Politicorum docuit, hic Gerardus consulatum instituit et ut singulis annis novi proconsules Magistri civium ordinarentur et eligerentur constituit.

Aus diesen Sätzen ist zu entnehmen: 1) daß vor der in Rede stehenden Aenderung der Rathsverfassung Zwietracht in der Stadt geherrscht, 2) daß die Politica des Aristoteles bei der Neuordnung der Verhältnisse angezogen worden, um der eingeführten Maßregel dadurch größeres Gewicht zu geben, 3) daß Erzbischof Gerhard zur Stillung der Zwietracht beitrug, und, sei es durch von ihm ertheilten Rath oder durch seine Bestätigung, an der Einführung des neuen Wahlmodus der Consules einen Antheil hatte.

Die Relation der einen der beiden deutschen von v. Falckenstein angeführten [4]) geschriebenen Chroniken, deren Verfasser durchweg im mainzischen Sinne schreibt und die erzbischöflichen Ansprüche an die Stadt vertritt, lautet so: „Zu dieser Zeit oder um das Jahr 1258, demnach sich in der Stadt Erffurth zwischen denen Bischöfflichen Beamten und der gemeinen Bürgerschaft viele Klagen und Irrungen erhoben, ist Erzbischoff Gerhard als ein hochverständiger Herr, und der gern gutes Regiment und daß die Bürger bey ihrer Hanthierung und Nahrung, bey besserer Fried und Ruhe, in desto getreuerem Gehorsam bei dem Erz-

---

1) Also nicht vom Erzbischof!
2) a. a. O. S. 95 ff
3) a. a. O. S. 99
4) a. a. O. S. 96 u. 97.

Stiffte verbleiben mögten, gesehen hätte, beweget worden unter dero-
selben ein sonderbahr Bürgerliches Regiment fürzunehmen, derentwe-
gen er dann einen Rath von 12 Personen und darüber
zweene Raths-Meister abgeordnet, auch der ganzen Stadt Regierung in zwey Theile abgetheilet, also daß er die Verwaltung
der hohen Obrigkeit, der Regalien und das Gerichte bey
seinen und des Ertz-Stiffts Amtleuten gelassen, aber die
Verwahrung der Stadt, Ufnehmung und Sicherung der
Bürger, Erhaltung der Policey und des gemeinen Wesens,
die Hülff oder Handreichung, Execution und Vollziehung
der Gerichte und Gerechtigkeit denen Raths-Meistern der
Stadt anbefohlen, ihnen auch das gemeine Stadt-Siegel,
so dabevor in der Churfürstl. Maintzischen Beamten Händen gewesen, zugeeignet; und damit dieser Bürgerliche Magistrat
und die gemeinen Bürger sich solcher eingeräumten Verwesung und Administration nicht übernehmen und denen Churfürstl. Amtleuten an denen
vorbehaltenen Rechten eingreifen oder was entziehen thäten, sondern das
Ertz-Stifft und das Amt bei dem ihrigen vielmehr erhalten hülffen und
ihrem Amt, der gemeinen Stadt und Bürgerschaft treulich vorstünden,
so hat er ihnen einen gleichmäßigen Eyd, wie von uralten Zeiten des
Ertz-Stiffts Amtleute und insonderheit der Schultheiß zu schweren ge-
pfleget, mit folgenden Worten vorgeschrieben: Daß wir unserm Herrn,
dem Ertz-Bischoff zu Maynß, unserm Herrn dem Grafen, unserm Herrn
dem Vißdom, der Stadt Erffurth und deren Bürgern Reichen und Armen
ihr Recht behalten, ohne alle Uebellist, alsofern als wir wissen und vermögen."

Aus dieser Erzählung geht deutlich hervor, daß Erzbischof Gerhard
damals einen Theil der ihm als Stadtherrn zustehenden Rechte förmlich
aufgegeben und den Cives, d. h. den Patriciern, den Rathsmeistern und
dem Rathe, übertragen hat.

Die vierte endlich von v. Falckenstein gleichfalls hier benutzte handschriftliche Chronik, von ihm auch nur als „geschriebenes Erffurtisches
Chronikon" bezeichnet, stimmt in der bei ihm abgedruckten Stelle bis auf
geringe Abweichungen völlig mit der Relation bei Siegmund Friese überein. Dieser erzählt wie folgt [1]):

„Vom Anfange der fünff Räthe."

„Es erhub sich zwischen dem Raht und Bürgern eine Uneinigkeit
darumb, daß die Armen mehr als die Reichen gestrafft wurden, da denn
die Vornehmsten Bürger ihre Abgeordneten nach Maintz an den Ertz-
bischoffen als Mitherrn und verhoffentlich wohlmeinenten Pastorn der
Stadt, dessen geistlichen und weltlichen Gerichten und andern seinen
Rechten und Clerisey dergleichen Trennungen wenig Nutzen brächten,
schickten und ümb Hülffe und Raht bathen. Worauf der Ertzbischoff
etliche Gelehrte leuthe nach Erffurth sandte, so dem Raht
aus dem Aristotele und andern Scribenten das Regiment

---

1) Chronica von der Stadt Erffurth, S. 59 ff.

bestellen solten, also daß das Recht einem wie dem andern wider-
fahren und den Bürgern ohne Ansehen der Person gleich vorgestanden
werden möchte, welchem diese auch nachkamen, und anstatt **da vorhin nur
ein Raht am Regiment gesessen,** und wenn aus demselben
Einer mit tode abgegangen war, man einen andern aus
denen Bürgern erwehlet hatte, gleichwohl aber es der Stadt an
tüchtigen Leuthen gar nicht fehlete, so thaten sie den Vorschlag,
daß man noch vier andere Collegia von Rathsherren diesen zuordnen und jeder in fünf Jahren nur einmal regi-
ren, in wichtigen Händeln aber die Sache auf mehr Männern bestehen solle, derjenige aber, so heuer ein Herr wäre, die
übrigen vier Jahre wieder ein unterthan seyn müste.

Die Rahts und Bürger Eyde wurden also gestellet:

Der neuangehende muß dem abgehenden Rahte schwehren:

Daß wir unserm Herrn, dem Erzbischoffe von Maintz, unserm Herrn,
dem Graffen, unserm Herrn, dem Vitzthum, der Stadt zu Erffurth und
den Bürgern, reichen und armen, ihr Recht behalten wollen ohne allerley übellist, also fern als wir das wissen und vermögen, und den Raht
haben als wir zu recht sollen, daß uns Gott helffe und alle heyligen.

Die vier Rähte und die Bürger dem neuen Rahte:

Wir geloben in treuen ohne alle übellist was ihr auf Euren Eyd
thut oder Willkühret, es komme zum frommen oder schaden, daß wir
Euch das gestehen und beholffen seyn wollen mit leib und Guth, als
ferne wir mögen, und gehorsam zu seyn an alle dem was ihr uns heißet
thun oder lassen, das unzerbrochen bleibt, das in die Bücher geschrieben
ist auf den Eyd, daß uns Gott helffe.

Neuer Bürger Eyd.

Ihr sollet geloben und schwehren dem Rathe zu Erffurt gehorsam
zu seyn mit leib und Guth in allem dem, das Sie euch heißen thun
oder lassen, auch der Stadt Schaden zu bewahren und bestes zu suchen
unserm Herrn dem Erzbischoff zu Maintz, unserm Herrn, dem Grafen,
unserm Herrn, dem Vitzthum, der Stadt zu Erffurth und den Bürgern,
Reichen und armen, ihr recht zu behalten helffen, als ferne ihr wisset
und vermöget, als euch hier gelesen ist und ihr in treuen gelobet habt,
das wolt ihr stets und feste halten, das schwehret ihr ohne argelist,
daß es euch Gott helffe und alle heyligen.

Solche Eyde und etwan mehr andere Ordnungen wurden zu der
Zeit aufgesetzet von denen Maintzischen Abgeordneten, nachdem sie sich
vorher der Stadt Zustandes erkundiget hatten und von den Bürgern
beliebet und eingeführet sind, auch je und ie seither in ihrer übung
blieben, ohne was von allen Heyligen in dem Eyde gesagt wird und was
sich in dem großen Aufruhr a. 1510 und dann 1660 mit dem Abthun der
fünf Räth begeben."

Aus dem Berichte Friese's heben wir zunächst zwei Puncte hervor.

Erstens daß auch bei ihm das neue Regiment unter Hinweisung
auf den Aristoteles, aus dem Aristoteles, bestellt wird. Diese bestimmte,

auch in den älteren Quellen auftretende Bezugnahme auf den Aristoteles ist wohl nicht mit Michelsen als eine „unhistorische Zuthat" (wie hätte Jemand diesen ganz speciellen Umstand, wenn er nicht begründet war, hinzufügen können?) aufzufassen, sondern beruht nach unserer Ueberzeugung auf einem historischen Factum; es ist ein Zeichen der Echtheit der Ueberlieferung.

In der Mitte des 13. Jahrhunderts hatte ja gerade die Scholastik den Aristotelismus, gegen den die Kirche im Anfange des Jahrhunderts sich noch abwehrend verhielt, in sich aufgenommen und mit ihm ihre höchste Blüthe erreicht. Die Aristoteliker des Mittelalters: Alexander von Ales, Bonaventura und Albertus Magnus bezeichnen die Glanzperiode der christlich-mittelalterlichen Philosophie. Aristoteles, der große Meister, der die ganze Weisheit des Alterthums in sich vereinigt, war durch die Thätigkeit dieser Männer, seiner Commentatoren, gleichsam neu entdeckt und in aller Munde, seine Werke galten als Inbegriff der Philosophie und Politik überhaupt, er war magister und philosophus im eminenten Sinne [1]. Es ist also nicht zu verwundern, wenn man bei jeder passenden Gelegenheit auf seine anerkannte Autorität mit Vorliebe sich berief und bezog. Daß dies auch in der erfurter Verfassungsangelegenheit geschah, ist durchaus nicht auffallend, sondern nur ein überzeugender Beweis von der damals schon allgemein anerkannten und verehrten Autorität des Aristoteles und der erfolgreichen Thätigkeit des doctor universalis wie von der Schnelligkeit, mit der auch im Mittelalter die großen, zeitbewegenden Ideen sich verbreiteten.

Zweitens folgt für uns aus der Darstellung Friese's, daß vor jener Aenderung des Jahres 1255 nur ein Rath in Erfurt gewesen, und daß die Aenderung darin bestand, daß an die Stelle dieses einfachen Rathes ein complicirterer gesetzt, daß ein mehrgliedriger Rathsturnus eingeführt wurde.

Als irrige Zuthat darf die Nachricht bezeichnet werden, daß diese Ordnung eine fünffache gewesen sei, da eine solche höchst wahrscheinlich erst im Jahre 1283 aufkam. Die Annahme eines fünffachen Rathes an Stelle des einfachen ohne Zwischenstufe wäre in der mittelalterlichen Städtegeschichte gänzlich ohne Analogie und ist schon deshalb unglaubwürdig. In Mühlhausen, einer Stadt, die mit Erfurt in enger Verbindung sich erhielt, und auf welche die erfurter Verfassung nicht ohne Einfluß blieb, wie umgekehrt die für Mühlhausen wichtigen Ereignisse auf die erfurter Verhältnisse einwirkten, bestand anfangs auch nur ein einfacher Rath von 14 Mitgliedern, der schon in dem ältesten, c. 1256 abgefaßten Rechtsbuch der Stadt als fest begründete Institution erscheint [2].

Späterhin, schon 1297 ist es der Fall, fand man sich bewogen für mehrere Jahre im voraus die Rathsherren zu wählen, so daß man mehrere

---

1) J. E. Erdmann, Grundriß der Geschichte der Philosophie. I. Berlin 1866. S. 306 ff. u. 321 ff.

2) Fr. Stephan, a. a. O. I. S. 8 u. 50.

Räthe oder Rathsjahrgänge erhielt. Für jedes Jahr bildete je einer dieser Rathsjahrgänge den sitzenden Rath, doch pflegte dieser bei wichtigeren Angelegenheiten einen oder mehrere der anderen Jahrgänge zur Berathung zu sich zu entbieten.

Dieses Verfahren hatte den doppelten Vortheil, daß es einer größeren Anzahl der Patricier Theilnahme am Regiment gewährte und zugleich die Verantwortlichkeit des regierenden Rathes verringerte.

Aus den lateinischen Rathsstatuten von 1311, den Consuetudines et constituta laudabilis civitatis Mulhusen, geht hervor, daß auch damals noch in solchen Fällen nur zwei Räthe, d. h. zwei Rathsjahrgänge, „duo paria consulum" berufen wurden [1]. Es war also ein zweifacher Rathsturnus eingeführt. In der Mitte des 14. Jahrhunderts berathen, wie aus der deutschen damals aufgezeichneten Rathsgesetzgebung zu ersehen [2], bei bedeutenderen Anlässen drei Rathsjahrgänge, tria paria consulum, die alle drei Jahre zusammen gewählt werden, und von denen jeder ein Jahr lang der ordentliche, der sitzende Rath ist. (Endlich gegen das Ende des Jahrhunderts erblicken wir eine vierfache Rathsordnung, quatuor paria consulum [3], über welche man auch in der Folgezeit nicht hinausgegangen zu sein scheint.

Wir haben daher auch für Erfurt Grund, nicht eine so plötzliche, sprungweise erfolgte Vermehrung der Räthe sondern eine allmäligere, eine abgestufteste Steigerung zu statuiren. Und daß dies das Richtige sei, zeigen uns unsere älteren Quellen, auf die wir hier zurückgehen, und denen wir mehr Glauben beizumessen haben als dem späteren Friese, der sich nothwendig das Detail seiner Erzählung, soweit er in den Urkunden und alten Chroniken dafür nichts vorfand, nach den Anschauungen seiner Zeit und den ihm bekannten Institutionen zurecht machen mußte.

Das Chronicon S. Petri und der mit ihm übereinstimmende Erphordianus belehren uns unzweideutig darüber, daß 1255 in Erfurt die Zahlen 3 [4] und 14 für den Rath in Betracht kommen. Der Irrthum Friese's in dem nebensächlichen Umstande der Zahlbestimmung bei der Rathsordnung ist sehr erklärlich, wenn man bedenkt, daß der spätere fünffache Turnus längeren Bestand hatte als der dreifache und der Zeit Friese's näher lag, und daß die Erinnerung an den früheren Zustand dem Bewußtsein der späteren Erfurter leicht abhanden kommen konnte.

Wir werden uns somit schwerlich täuschen, indem wir annehmen, daß in der Einführung eines dreifachen Rathsturnus statt des einfachen Rathes das Wesentliche jener Verfassungsveränderung nach der formellen Seite hin zu suchen sei, während die materielle Aende-

---

1) Codex des Stadtarchivs: A. n. 98. p. 15a.

2) Codex des Stadtarchivs: A. n. 97. S. 191, 194 u. 166.

3) Ebenda S. 127, 128, 129, 188 u. 233. Zum ersten Mal wird der 4 Räthe gedacht im Jahre 1371 a. a. O. S. 233. Eine handschriftliche, 1634 verfaßte Chronik von V. Retscher (im Stadtarchiv) S. 225 erwähnt freilich 4 Räthe schon 1353.

4) ut singulis annis XII ex omni aetate: seniorum videlicet mediocrum et juvenum eligerentur. Die Zahl 3, die angeben sollte, ein wie vielfacher der Rathsturnus war, wird statt dessen hier irrthümlich auf das Lebensalter der Consuln bezogen.

rung nur in einer Stärkung der Patricierherrschaft und in dem Aufge-
ben früher besessener stadtherrlicher Rechte seitens des Erzbischofs gefunden werden kann.

Sollen wir nun den aus den vorliegenden Quellen resultirenden
historischen Gewinn zusammenfassen, so dürfte als gesichertes Ergebniß
in Bezug auf die Bedeutung des Jahres 1255 für die erfurter Verfassungsgeschichte Folgendes zu betrachten sein.

Es befand sich die Stadt um diese Zeit in unruhiger Bewegung,
sei es daß unter den Patriciern Mißhelligkeiten sich eingestellt, indem
eine Raths- und eine Schöffenpartei einander entgegen standen, oder
daß schon damals die niedere Bevölkerung, die Zünfte, die in den vorhergehenden gefährlichen Krisen ihre Kraft kennen gelernt, den Versuch zu einer Erhebung gegen die Aristokratie gewagt hatten, oder
daß man wieder die Rechte des Erzbischofs verletzende Schritte gethan
und deshalb Grund hatte, von Mainz aus Gegenmaßregeln zu erwarten.
Genug der herrschende Theil des Patriciats fühlte entschieden das Bedürfniß, die für die städtische Aristokratie gewonnene Position gegen künf-
tige Stürme zu sichern und zu befestigen. Das geschah aber am besten,
wenn man in der Art eine erweiterte Theilnahme am Regiment eintreten
ließ, daß eine größere Anzahl Mitglieder patricischer Familien daran
Theil nehmen konnten, wenn man also die das Ruder Führenden nume-
risch verstärkte, und zu gleicher Zeit der an der Spitze der Bürgerschaft
stehenden, schon längst dominirenden Behörde durch genauere Bestimmung resp. Erweiterung ihrer amtlichen Thätigkeit gegen die Schöffen
und erzbischöflichen Beamten eine noch stärkere und gebietendere Stellung
verlieh. Es waren insofern dieselben Ursachen und Motive, aber noch in
erhöhtem Maße, wirksam, welche im Beginn des Jahrhunderts die Gründung des Rathes veranlaßt hatten, und bedingten abermals eine Veränderung in der Form der Regimentsverfassung.

Der Erzbischof von Mainz aber, Gerhard I., der schon als Electus
1252 nach Erfurt gekommen und mit den dortigen Zuständen durch eigene
Anschauung sich vertraut gemacht, konnte sich in der Zeit des Interregnums, bei dem Gange, den bis dahin trotz der italienischen Edicte
Friedrichs II. die Entwickelung des deutschen Städtewesens im Allgemeinen wie die Erfurts im Besonderen genommen, nicht ferner der Ueberzeugung verschließen, daß es unmöglich sein würde, die frühere Abhängigkeit von Mainz noch aufrecht zu erhalten oder vielmehr wieder herzustellen und die städtischen Verhältnisse auf die Normen längst vergangener
und vergessener Zeiten gewaltsam zurückzuschrauben. Aus den Regierun-
gen seiner drei Vorgänger hatte er ersehen, daß selbst die energischeste
Handhabung geistlicher Waffen, daß Bann und Interdict nicht vermögend
seien, in dieser Hinsicht den Widerstand der Erfurter mit dauerndem
Erfolge zu überwinden. Hatte doch Siegfried III., dieser rüstige Kämpe
für das fürstliche Recht der Stadtherren, in seiner eigenen Metropole
ein Consilium der Cives anerkennen müssen, und walteten nicht schon
durch ganz Deutschland in den größeren Städten Consules an der Spitze
der aufstrebenden Communen! Es konnte sogar des Erzbischofs Vortheil
scheinen durch Anerkennung der nun factisch bestehenden, wie sich gezeigt

hatte lebensfähigen und mächtigen, Gestaltungen der einmal nicht zu ändernden Wirklichkeit gerecht zu werden, weil dies der einzig Weg blieb, auf dem er hoffen durfte, die weitere Entwickelung der Dinge noch zu beeinflussen und in seinem Interesse möglichst entsprechende Bahnen zu leiten. Zugleich erwarb er sich dadurch auch berechtigten Anspruch auf die thatsächliche Erkenntlichkeit seiner Erfurter, die in klingender Münze ausgedrückt, ihm besonders damals höchst willkommen sein mußte. Am 16. Januar 1256 war er, von den Leuten des Herzogs von Braunschweig überwältigt, in Gefangenschaft gerathen und wurde erst 1257 freigegeben [1].

Von triftigen Erwägungen bestimmt gab daher Gerhard I. einen Theil der Rechte, die ihm als Stadtherrn zukamen, deren Ausübung freilich, da die Bürger sie usurpirt, schon längere Zeit geruht hatte, nunmehr förmlich auf und übertrug sie der unter seiner Vermittelung, nach den politicis des großen Philosophen Aristoteles, d. h. auf die einsichtigste und zweckdienlichste Weise, neu geordneten Behörde des Rathes, die damals zuerst von Seiten eines mainzer Erzbischofs officiell und direct anerkannt worden sein mag.

So lassen sich auch die verschiedenen Zeitbestimmungen [2] für die Reform der Rathsverfassung füglich vereinigen. In das Jahr 1255 fallen die Unruhen. 1256 ist die vielleicht schon 1255 beschlossene Aenderung der Rathsverfassung ins Leben getreten, und 1258 erfolgte nach längeren Unterhandlungen die Einwilligung und Bestätigung des Erzbischofs. Daß am 17. April 1256 die Aenderung noch nicht ins Werk gesetzt war, beweist eine Urkunde dieses Datums, von der wir eine Copie im geheimen Staatsarchiv zu Weimar gefunden haben [3]. Darin bekunden der Vicedominus Berthold, der Schultheiß Günther v. Alstette, der Advocatus Friedrich v. Iserstett nebst 12 gleichfalls genannten Consules, daß sie einigen Bürgern eine Gasse in Erfurt verkauft haben ex commisso Domini nostri Gerhardi Archiepiscopi Moguntini et ex parte nostra nec non vniuersitatis Erphordensis. Vergleichen wir diese Urkunde mit der von 1251, worin uns 22 Cives de consilio et alii quam plures begegnen, so liegt die oben geäußerte Vermuthung nahe, daß unter den 22 auch die Schöffen (etwa 10) mit begriffen sind, die in dem Document von 1256 fehlen. Ganz anders als dieses lautet nun der Eingang einer Urkunde von 1261. Darin bezeugen die beiden hier zuerst erwähnten magistri consulum und 12 Consiliarii Erfordenses den Gebrauch, daß ein Verkauf von Dingen, in deren Besitz der Verkäufer persönlich nicht gesetzt wird, auch ohne Consens der Erben geschehen kann und rechtskräftig ist [4].

Wie bis dahin ein einfacher Rath bestanden, der jährlich von den Patriciern aus ihrer Mitte gewählt wurde, so ordnete man 1256 einen dreifachen Rathsturnus an, dergestalt, daß zu gleicher Zeit 42 (die

---

1) Chron. S. Petri ap. Meneken. III. p. 260.
2) v. Falckenstein a. a. O. S. 95 u. 96.
3) Urkunde XIII.
4) Urkunde XV.

magistri consulum oder civium mitgerechnet) Rathmänner gewählt wurden, von denen in einem Zeitraum von drei Jahres jedes Jahr ein
Drittel, 2 magistri consulum und 12 consules, den regierenden oder
fitzenden Rath bildete, der aber bei wichtigeren Angelegenheiten, und
überhaupt wenn es ihm zweckmäßig dünkte, die beiden anderen Drittel
einzeln oder zusammen zu sich auf das Rathhaus entbieten und mit sich
zu gemeinsamen Besprechungen vereinigen konnte. Zu gleicher Zeit wurden vielleicht den Schöffen, namentlich ihren Vorsitzenden, den Schultheißen, welche bis dahin sicher noch manche administrativen Befugnisse
besessen hatten, diese genommen und den Consules sowie deren Präsidenten, den magistris civium, überwiesen. Ob damals die magistri
civium erst eingesetzt worden seien, während ja früher die erzbischöflichen
Beamten, Vitzthum, Schultheiß und Vogt, an der Spitze des Rathes
gestanden, oder ob diese Magistratur zu gleicher Zeit mit dem Consilium
aufgekommen und jetzt nur größere Machtbefugnisse erhalten und in en-
gere Verbindung mit dem Rath gesetzt wurde, daher auch erst von jetzt
an in den Urkunden erwähnt wird, wollen wir nicht entscheiden. Für das
Erstere scheint die Vergleichung der oben erwähnten Urkunden von 1256
und 1261 zu sprechen, während man wegen des für die Bürgermeister
regelmäßig gebrauchten Namens magistri consulum dem Letzteren sich
zuneigen und meinen möchte, daß die magistri consulum doch wohl
gleichalterig mit den Consules sein müßten.

So war denn das vieljährige beharrliche Ringen des Patriciats,
von dem geistlichen Stadtherrn in Bezug auf die Regierung und Verwaltung des Stadtwesens unabhängig sich zu stellen, erfolgreich gewesen,
und in der feierlichen Bestätigung des lange angefochtenen Rathes die
erwünschte Krönung des Gebäudes vollendet, zugleich aber auch das damit Hand in Hand gehende Bestreben, den Schwerpunct der Regierung
endgültig in den Rath als das souveräne Haupt des ganzen Stadt-
staatsorganismus zu verlegen, an sein Ziel gelangt. Und es ist die
höchste Zeit. Denn schon liegt die Nothwendigkeit vor ebenso sehr wie nach
oben auch nach unten den Blick zu richten, sich zur Wehr zu setzen gegen
die Plebejer, die Gemeinde, die mit größerer Macht sich herandrängt,
die Stellung der Aristokratie bedroht und ernten will, was jene gesäet.

Die Zeit Werners v. Falckenstein 1260 — 1284.

Hatte Gerhard I. geglaubt, es sei unmöglich durch Nachgiebigkeit
den fortwährenden Mißhelligkeiten mit Erfurt ein Ende zu machen, so
täuschte er sich darin nicht minder als constitutionelle Fürsten späterer Zeiten, welche um sogenannte Conflicte zu beseitigen, sich verleiten lassen, Rechte, die sie besitzen, aufzugeben und ihre fürstliche Gewalt noch weiter zu beschränken. Ist der eine Conflict abgethan,
so wachsen statt seiner wie die Köpfe der Hydra andere empor, und so
wird es immer sein, aus dem einfachen Grunde, weil mit einander rivalisirende politische Gewalten naturgemäß in permanentem Conflict sein
müssen, bis die eine vollständig gesiegt hat.

Gerhard I. zwar beschloß sein Leben ruhig in Erfurt, da er bald nach der Einführung der aristotelischen Verfassung, schon 1259, in das Grab sank [1]), aber sein Nachfolger Werner v. Falckenstein hatte einen schlimmen Stand. Er befand sich noch öfter als sein Vorgänger mit den Erfurtern auf feindlichem Fuße und mußte stets vor ihren Uebergriffen auf seiner Hut sein.

Im Jahre 1261 hatten sie sich vom Landgrafen Dietrich als Oberrichter von Thüringen ein bemerkenswerthes Privilegium verschafft, indem dieser ihnen alle Freiheiten und Rechte, welche die Stadt von Alters her von seinen Vorfahren besessen, que ab antiquo a nostris predecessoribus Thuringie principibus habere consueuerit, erneuerte und bestätigte. Er gewährt ihnen, quod nullus aliquem ciuium erfordensium in nullo prouinciali placito uel alio quocunque iudicio in nostro districtu debeat conuenire, ni prius ei fuerit in Erfordia coram eorum iudicibus iusticia denegata [2]).

Daß Erzbischof Werner aber durchaus nicht gemeint war unter dem Titel sogenannter guter Gewohnheiten neue Eigenmächtigkeiten der Bürger aufkommen zu lassen, zeigen zwei Urkunden des Jahres 1262. Die Münzer oder Hausgenossen, die reichsten und mächtigsten der Geschlechter, hatten sich erlaubt nach Gutdünken Novizen in ihre Genossenschaft aufzunehmen, indem sie ihre herangewachsenen Söhne ohne Weiteres in die Corporation einführten, wodurch die Zahl der Monetarii ohne Genehmigung ihres Herrn vermehrt wurde. Da erließ Werner am 25. December 1262 von Mainz aus ein strenges Edict, was für's erste dieser Willkür ein Ende machte; eine Urkunde, die in mehrfacher Beziehung, auch deshalb, von Interesse ist, weil hier zuerst der Erzbischof und Stadtherr der magistri ciuium und consules Erwähnung thut [3]). Er entbietet darin seinen lieben Getreuen, den magistris ciuium Günther und Heinrich, sowie den Consules Erphordenses seinen Gruß und alles Gute, fährt aber dann fort: „Da [4]), wie Wir euch bereits einigemale geschrieben haben, es weder Uns und Unserer Kirche noch auch der Stadt von irgend welchem Nutzen ist, (diese Gründe pflegten die Cives bei Neuerungen stets hervorzuheben) daß die Münzer, welche Hausgenossen genannt werden, ohne Unsere Genehmigung, wen sie wollen zu Genossen und Gehülfen wählen, wodurch Unser Recht beeinträchtigt wird, so bestimmen wir, daß hinfort nur 12 Münzer sein sollen, die Geld zu prä-

---

1) Chron. S. Petri ap. Meucken. III. p. 267.

2) Urkunde XVI.

3) Vergl. das Privileg Philipps von Schwaben vom Jahre 1207 für die cölnischen Münzer bei Ennen und Eckertz: Quellen zur Geschichte der Stadt Cöln, S. 303 und das Statut, welches die Münzer zu Cöln im Jahre 1341 aus eigener Machtvollkommenheit erlassen, nachdem sie schon längst die Erblichkeit ihrer Officien und die gänzlich freie Wahl ihrer Genossen erlangt haben und sich deshalb Cirfhulsgenossen nennen. Jb so kunt alle den gienen. de nu sont inte herna komen solin, dat wir herren vde Cirfhulsgenoissen vp der Muhnzen in Colne u. s. w., l. c. p. 304 sq. Ueber die Hausgenossen überhaupt: Entwickelung der deutschen Städteverfassungen, II. S. 192—201.

4) Der lateinische Text des Rescripts bei v. Falckenstein, S. 100.

5

gen verstehen mit Hämmern und Zange, die auch am Wechsel sitzen mit
Geld und Wage. Um indeß die Münzer zu schonen, gestatten wir aus
besonderer Gunst, daß sie frei und mit Unserer Einwilligung 4 Genossen
annehmen dürfen, welche die Geldprägung noch nicht verstehen, so daß
im Ganzen 16 Hausgenossen sein sollen, also eine größere Zahl als die
der Mitglieder des Stadtrathes, der nur 14 zählt. Und da Wir euch
zum Vortheil der ganzen Gemeinde Unsere Münze überlassen haben, so
verlangen Wir und befehlen euch bei dem Treuschwur, mit dem ihr Uns
und dem h. Martin verpflichtet seid, daß ihr so viele und solche Münz-
genossen, als Wir euch genannt, und nicht mehrere oder andere zulasset,
wenn ihr Unsere Ungnade vermeiden wollt, weil wir so und nicht anders die Sache unverbrüchlich gehalten wissen wollen. Wenn aber ein
Hausgenosse mehrere Söhne hat, so darf er mit Einwilligung seiner Genossen nur einen und nicht mehrere der Corporation der Hausgenossen
beifügen, so jedoch, daß die Zahl von 16 Hausgenossen nicht überschrit-
ten wird. Uebrigens wollen Wir, daß ihr euch im Namen der Stadt
Erfurt gegen Uns, Unsere Kirche und Unser Capitel verpflichtet diese
Anordnung hinfort stets zu beobachten.“

Als dies Schreiben Werners, von einer entsprechenden Weisung des
Capitels begleitet, in Erfurt ankam, mußten sich die Patricier gestehen,
daß sich gegen den so bestimmt und deutlich ausgesprochenen Willen ihres
Fürsten vernünftigerweise nichts einwenden ließ; sie beschlossen demnach
sich zu fügen, und am 11. Januar 1263 stellten Consilium et universitas civium Erphordensium dem Erzbischof den verlangten Revers aus,
indem sie geloben die Festsetzung Werners in Betreff der Hausgenossen
stetig aufrecht zu erhalten, quia expedit matri nostrae Ecclesiae Moguntinae et etiam Civitati Vestrae quam beati Martini et Vestra
gratia possidemus [1]).

Daß sie doch in anderen Stücken ihren Willen durchzusetzen mußten und die eigentlichen Regenten der Stadt waren, bot sich ihnen gleich
im folgenden Jahre (1264) Gelegenheit zu beweisen.

Ein neuer Geist der Unzufriedenheit und Widersetzlichkeit ging damals durch die zünftische Bevölkerung Erfurts. Ihres niedrigen Ursprungs
vergessend, betrachteten die Handwerker die historisch berechtigte Stellung
der Geschlechter mit bitterem Neide. Gehörten sie doch auch zu der „Gemeinde“, welche die Patricier ja stets in ihren Erlassen anführten, und
in deren Namen und Auftrag, zu deren Besten sie zu schalten erklärten,
bildeten sie ja doch der Kopfzahl nach sogar den bedeutendsten Theil
der Communitas, mußten sie doch auch die Lasten des Gemeinwesens
tragen, und schien es nicht Unrecht, daß man sie trotz dessen von den
Ehren und Vortheilen des Regiments ausgeschlossen hielt?! Vor Allen
thaten sich hervor an Rührigkeit die Zünfte der Bäcker und Fleischer, die
in der üppigen und wohllebigen Stadt, in der man damals wie heute
den Werth materieller Genüsse wohl zu schätzen verstand und namentlich
viel auf einen guten Tisch hielt, zu großem Reichthum gelangt waren

---

1) Urkunde bei v. Falckenstein, S. 101.

und vom Kitzel des Uebermuths getrieben dem Rathe sich unfügsam zeigten [1]).

Ursprünglich standen die Zunftleute, die nach ihrer Handthierung in Officien getheilt, also niedere Officialen waren, lediglich unter den bischöflichen Beamten, insonderheit dem Vitzthum, dem Schultheißen, dem Marktmeister und, bei Rechtsangelegenheiten, den Schöffen. Als daher die städtische Aristokratie mit Hülfe ihres Beamtenthums die Stadtregierung an sich zog, mußten sie zu ihr in derselben Abhängigkeit bleiben, ohne daß an ihrem Verhältniß etwas geändert schien, und nachdem die Consules in Bezug auf die Verwaltung Erben der Schöffen und die eigentlichen Stadtherren geworden, übten sie wie über das ganze Gemeinwesen, so auch über die Officien unbestritten ihre Herrschaft aus. Nun aber begann dagegen eine Opposition sich zu erheben. Die Bäcker und Fleischer mögen die Preise ihrer Lebensmittel ohne Erlaubniß des Raths erhöht haben, das war ein willkommener Anlaß gegen sie einzuschreiten; sie erwiesen sich aber gewiß auch überhaupt renitent gegen den im patricischen Rath verkörperten Willen der „Gemeinde.“ Das durfte nicht so hingehen und ungerochen bleiben. Jedenfalls verbanden sich mit den äußeren Gründen politische Erwägungen und Motive. Die Aristokratie glaubte ernstlich gegen sie verfahren und durch Statuirung eines Exempels einer allgemeineren Auflehnung der Communitas vorbeugen zu müssen.

Plötzlich erschien ein Rathsdecret, welches die Zünfte der Bäcker und Fleischer cassirte und männiglich in der guten Stadt Erfurt erlaubte, auf dem Markte Brod und Fleisch zu verkaufen. Den eindringlichen Vorstellungen des Raths von den bedenklichen Ausschreitungen und demagogischen Umtrieben der aufgehobenen Innungen lieh dann Werner von Mainz ein williges Ohr und bestätigte am 24. Mai 1264 die vom Rathe angeblich zu seiner (des Erzbischofs) Ehre, „ad honorem nostrum“, getroffene Maßregel, indem er zugleich verordnete, daß zwei jährlich vom sitzenden Rathe dazu ernannte Bäcker und zwei von derselben Behörde bestimmte Fleischer Brod und Fleisch sorgfältig beschauen und die etwa sich ergebenden Contraventionen zur Anzeige bringen sollten [2]). Diese Anordnung der beiden zur Untersuchung der gedachten Lebensmittel bestellten Männer scheint gleichfalls auf den Vorschlag und Antrag des Raths getroffen zu sein, denn in einem am nämlichen Tage, am 24. Mai, ergangenen Decrete der Consules et universi cives erklären dieselben gleichlautend mit den Worten des Erzbischofs: Vt autem de excessibus tam carnificum quam pistorum plenius perquiratur de Vestra licencia ordinamus [3]), ut duo viri inter pistores et duo inter carnifices fide digni per consules, qui pro tempore anni illius fuerint, eligantur, ut ipsi jurati panem et carnes inspiciant [4]). Eine dritte Urkunde über dieselbe Angelegenheit ist ausgestellt von dem Vicedominus Bertold und

---

1) Friese, Chronica, p. 61 a.
2) Urkunde bei v. Falckenstein, S. 103.
3) Der Erzbischof sagt statt dessen: placet nobis quod duo viri etc.
4) l. c. p. 104.

Heinrich dem Mundschenk von Apolda [1]). Sie bezeugen darin, daß die Cives Erphordenses ad commodum tam pauperum quam divitum ac utilitatem terrae soluere curaverint societatem carnificum et pistorum Erphordensium, quae Innunge vulgariter appellatur, und daß sie zur Schadloshaltung (indemnitati) des Erzbischofs cum pecunia sua redemerunt episcopo iam diu obligatos et quasi deperditos duodecim marcarum redditus infra muros erfordenses et sedecim maldra siliginis.

Diese Schadloshaltung, welche ebenso in den Urkunden des Erzbischofs und der Bürger erwähnt wird, ist also der Preis und die Bedingung, wofür Werner in die Aufhebung der beiden Innungen willigte.

1265 erhob sich wieder ein Conflict zwischen dem Prälaten und den Bürgern, da diese auf dem Platze der erzbischöflichen Kammer, an dem Orte, wo die erzbischöflichen Monetarii von Alters her ihren Sitz gehabt, ohne seine Genehmigung Bauten errichtet hatten. Dieser Zwist wurde jedoch bald beigelegt, und wir erfahren davon nur durch den uns erhaltenen Gnadenbrief des Erzbischofs, worin er erklärt, daß er, nachdem die Cives Genugthuung geleistet, ihnen den Eingriff in seine Rechte verzeihe [2]).

Aus demselben Jahre 1265 haben wir noch eine Urkunde des Abtes Andreas vom Peterskloster [3]). Derselbe sieht sich genöthigt, die dem Kloster gehörigen Brodbänke auf dem Wenigenmarkt (in parno foro), welche, nachdem die Consuln iuxta cameras mercatorum ein neues Brodhaus erbaut, von den Bäckern verlassen und werthlos geworden waren, den beiden magistris Consulum und den anderen Consuln zu verkaufen. So verstand es der Rath, die Rechte und Nutzungen der geistlichen Stiftungen in der Stadt, die seiner unumschränkten Herrschaft noch im Wege standen, trocken zu legen und das Eigenthum der Stiftungen auch ohne Anwendung directer Gewalt im Wege friedlichen Zwanges vertragsmäßig an sich zu bringen.

Im Jahre darauf 1266 ließen sich die Erfurter von Neuem Ungebühr gegen den Erzbischof zu Schulden kommen. Sie vergriffen sich an den erzbischöflichen Juden, welche sie zum Besten der Gemeinde beschatzten. Ganz dieselbe Erscheinung, daß der mächtiger gewordene Rath in dem Streben nach völliger Souveränetät sich die Gewalt über die nur dem Stadtherrn unterstehenden Juden anmaßt, sehen wir auch in anderen Städten geistlicher Fürsten, in Cöln, in Magdeburg, in Merseburg, in Halle [4]). Der Erzbischof von Mainz aber nahm schon als Erzkanzler des Reichs eine eigenthümliche Schutzherrnstellung zu den Juden von ganz Deutschland ein [5]), die ihm auch im Schwabenspiegel zugeschrieben wird, und 1212 hatte König Otto noch ausdrücklich dem Erzbischof Sigfrid petitiones ad Judeos in civitate Maguntina et Erfurt et in aliis civitatibus suis, que sub jurisdictione (sua) sunt, als Lehen überlassen [6]).

---

1) l. c. p. 105. Urkunde XVII.
2) v. Falckenstein, S. 106.
3) Urkunde XVIII.
4) Das hallische Patriciat, S. 73.
5) D. Stobbe, die Juden in Deutschland während des Mittelalters. Braunschweig. 1866. S. 46 ff.
6) Guden. Cod. diplom. l. p. 419.

Werner suspendirte in Folge dieses unzweifelhaften Uebergriffes in seine Gerechtsame die Divina, wodurch der Rath noch einmal zum Nachgeben gezwungen wurde [1].

Während des Interregnums, in dem, wie die Reichsstädte, auch die meisten bischöflichen Städte Gelegenheit fanden, in kluger Benutzung der Zeitumstände nach verschiedenen Richtungen um sich zu greifen [2]) und ihre Selbständigkeit zu erweitern, gelang es den Erfurtern das Dorf Stutternheim an sich zu bringen und damit den Grund zu einem eigenen außerstädtischen Territorium zu legen. Die auf dem Schlosse von Stutternheim residirenden Ritter lagen mit den Bürgern oft in Fehde und thaten ihnen vielen Schaden an [3]). Da zogen im Jahre 1269 die Erfurter mit ihrer ganzen Macht vor die Burg, eroberten und schleiften sie und nahmen das Dorf für sich in Besitz [4]).

1267 verkauften die Brüder Beringer und Ludwig, die Söhne des verstorbenen Cämmerers Ludwig v. Meldingen, dem Kloster der weißen Frauen zu Erfurt acht Hufen Landes. Der Rath zu Erfurt leistet dafür Gewähr und bezeugt es. Dabei ist bemerkenswerth, daß die 14 Rathsherren des sitzenden Raths alle zusammen Consilii anni illius rectores genannt werden [5]).

Für 1268 besitzen wir eine Urkunde des Probstes Dietrich und des Convents S. Augustini, wodurch dieselben eine pensio, die ihnen von den auf der Kaufmannsbrücke gelegenen apotecis zukam, auf Andringen der Rathsmeister und der anderen Consuln in der Art verkaufen, daß ihnen der Betrag der pensio hinfort vom Camerarius consulum ausgezahlt werden solle [6]).

Man erkennt deutlich das Bestreben des Raths, alle derartigen Abhängigkeitsverhältnisse der Einwohner, ihre Verbindlichkeiten gegen und ihre Verbindungen mit den Stiftungen abzuschneiden und sich selbst als einzigen Inhaber aller Gewalten hinzustellen.

Daß indeß der Vizthum und der Vogt noch bedeutende Rechte besitzen, sehen wir aus zwei Documenten des Jahres 1269. In dem einen [7]) thut Heinrich v. Gleichenstein kund, daß er die Straße inter fratres Praedicatores et quandam Reinbotonis Albi domum sitam Erffurdiae, quae duplici jure scilicet Advocatiae et jure quod dicitur

---

1) Urkunde XX.

2) Unter den norddeutschen Reichsstädten tritt nach dieser Seite besonders Mühlhausen hervor, dessen Bürger 1256 gleich nach dem Tode Wilhelms von Holland das dicht bei ihrer Stadt gelegene castrum imperiale aus Grund aus zerstörten und die auf demselben wohnenden Ministerialen vertrieben. Pauli Retscher. Chron. Manuscr. im Stadtarchiv zu Mühlhausen. S. 164. B. Chr. Grasshof. Commentatio de Originibus atque Antiquitatibus. S. R. I. Liberae Civitatis Mvlhvsae. Leipzig 1749. S. 29.

3) Chron. S. Petri ap. Mencken. III. p. 275.

4) Zeitschrift des Vereins für thüring. Geschichte u. Alterthumskunde. Jena. 4. S. 492: Fehde und Einigung der von Stuternheim mit der Stadt Erfurt, 1269—1286.

5) Urkunde XXI.

6) Urkunde XXII.

7) Urkunde XXIII.

vri ad nos spectabat, praedictis fratribus ordinis Praedicatorum et eorum domui pure et simpliciter übertragen habe propter deum. In dem anderen schenkt auch Bertold, der Vißthum von Apolda, seinerseits alles Recht, was er an der Straße zwischen dem Besiß der Predigerbrüder und dem Hofe Conrad Reynbotens, des Weißen, hat, auf ewige Zeiten dem Dominicanerorden.

Neuen Stoff zu Zwistigkeiten der Bürger mit dem·Stadtherrn gab bald die besondere Stellung der erzbischöflichen Beamten in der Stadt. Dieselben erfreuten sich von jeher eben als Officialen und Ministerialen des Stadtherrn, weil sie diesem mit ihren Personen dienten, vollkommener Steuerfreiheit. Nachdem sich aber ein vom Erzbischof unabhängiges Gemeinwesen ausgebildet hatte und der Rath im Namen der Gemeinde Steuern einzog, zeigte dieser, in unausgesetzter Verfolgung der ihm innewohnenden Tendenz, die Herrschaft des Patriciats in sich zu concentriren, immer deutlicher den Wunsch und das Bestreben, die erzbischöflichen Beamten, seine Standesgenossen, sich in jeder Beziehung zu unterwerfen. Er wollte nunmehr ihre exceptionelle Stellung auch h i e r i n nicht weiter gelten lassen, sondern beschloß, sie gleich den anderen Bürgern zu besteuern.

Demgemäß verkündet der sißende Rath: die beiden Consulnmeister Guntherus Vicedominus, der Ritter, und Guntherus Alboldi mit den 12 übrigen Consuln am 22. Juni 1271 ein Gesetz, wonach Jeder, der irgend ein Officium in der Stadt bekleiden will, ad operas civitatis facere debeat servitia debita et consueta de omnibus bonis suis tamquam alii nostri cives [1]). Das war eine kühne Neuerung, tief einschneidend in das alte Verhältniß zu Mainz. Mit einem Male wurde dadurch die ganze Stellung der Beamten wesentlich verändert. Nach dem Zeugniß Friese's [2]), der das Gesetz aber bloß auszugsweise anführt, war es das älteste Statutum des Raths; jedenfalls erscheint es als das wichtigste, was bis dahin die Consuln aufgestellt, und worin sie ihren Willen dem Erzbischof gegenüber durchgesetzt hatten.

Werner übersah die Sache in ihrer ganzen Tragweite. Er sträubte sich daher lange, seine Genehmigung zu ertheilen. Gab er nach, so ging, das wußte er wohl, abermals ein bedeutendes Stück der erzbischöflichen Autorität unrettbar verloren. Seine Beamten, die bis jetzt noch manchmal die Rechte ihres Herrn auch gegen den Rath vertreten, bei vorkommenden Streitigkeiten nach der Seite des Erzbischofs hin gravitirt hatten, mußten mit ihrer Ausnahmestellung, mit ihren Privilegien bald auch das Bewußtsein ihrer mainzischen Beamtenschaft in noch höherem Grade verlieren, als es schon der Fall war; sie mußten sich dann bald ganz als Cives und Patricier fühlen, nicht mehr als Officialen und Ministerialen.

Aber dennoch sah sich Werner endlich, nach drei Jahren, genöthigt, den folgenschweren Schritt zu thun, das vom Rathe einseitig erlassene Edict durch seine Genehmigung anzuerkennen und gut zu heißen.

---

1) Urkunde XXIV.
2) a. a. O. S. 63 a.

Am 15. October 1274 erklärt er, daß wenn auch seine erfurter Officiati bis dahin von allen und jeden Servitien ad operas civitatis von Rechts wegen frei gewesen, er doch von nun an gestatten wolle, daß sie gleich den anderen Bürgern zu den städtischen Lasten herangezogen würden [1].

Wenige Tage vorher, am 12. October 1274, war durch eine andere Urkunde des Erzbischofs [2] ein anderer, nicht so alter aber noch bedenklicherer Zwist beigelegt worden. Beim Jahre 1273 lesen wir im Chronicon S. Petri [3]: Consules et Judices Erfordiae cum Universitate confregerunt domum fratrum Augustinensium, non permittentes ipsos in Erfordia habitare. Der Rath hatte die Augustiner-Eremiten, welche in irgend einer Weise das Mißfallen der gestrengen Herren sich zugezogen, aus der Stadt getrieben, so daß der Erzbischof ernstlich einschreiten mußte. In der erwähnten Urkunde bezeugt er dann aber, daß er allen Unmuth und Unwillen, den er wegen dieser Sache et super omnibus causis alias gegen die Bürger gehegt, vollständig abgethan und ihnen seine Gunst und Gnade wieder zugewendet habe.

Daß der Rath inzwischen die Disposition über die bischöflichen Juden an sich gebracht hatte und über dieselben nach seinem Ermessen verfügte, zeigt eine Urkunde vom 19. Februar 1274, wodurch die Rathsmeister und die 12 Consuln den Pleban von St. Benedict mit den in seiner Pfarrei wohnenden Juden über ihre Abgaben an den Pleban vergleichen. Wenn fernerhin Meinungsverschiedenheit sich herausstellt, so sollen zwei vom Pleban dazu erwählte Cleriker und die magistri consulum, qui pro tempore fuerint, die Entscheidung treffen [4].

Gar bald fand der Erzbischof Gelegenheit, die Bürger von der Aufrichtigkeit seiner Verzeihung zu überzeugen und seine wohlwollende Gesinnung gegen die Stadt zu bethätigen. Im Jahre 1275 brach nämlich eine für die Erfurter ebenso lästige als gefährliche Fehde aus mit dem Grafen Albrecht von Gleichen, ihrem Vogte, der noch 1272 mit seinen dilectis fidelibus Consulibus et civibus ein Schutzbündniß geschlossen hatte [5]. Nun stand er ihnen nicht ohne gerechten Grund feindlich entgegen. Denn seine dilecti fideles von Erfurt gedachten es mit ihm zu halten wie mit dem Erzbischof und seinen geistlichen Stiftungen, ihn mit seinen Gerechtsamen allmälig ganz bei Seite zu schieben und zu verdrängen, wogegen er durchaus nicht gewillt sein konnte, ihre kecken Usurpationen (als solche müßten sie ja in der That von ihm und vom Standpuncte des historischen Rechtes aus betrachtet werden) ohne Versuch zum Widerstande über sich ergehen zu lassen. Er setzte mit seinen Verbündeten: den Grafen und Herren von Schwarzburg, Kefernburg, Heldrungen und Kranichfeld den Bürgern dermaßen zu, daß dieselben trotz ihrer 300 Söldner, die sie angenommen, in die äußerste Bedrängniß geriethen.

---

1) Urkunde XXV.
2) v. Falckenstein a. a. O. S. 111.
3) ap. Mencken. III. p. 278. Erphurd. Ant. Var. ap. Mencken. II. p. 488.
4) Urkunde XXVI.
5) C. Sagittar: Historia der Graffchaft Gleichen, S. 66.

Da erinnerten sie sich plötzlich daran, daß ja auf ihrem Stadtsiegel, dem großen Martin, Erfordia fidelis Filia Moguntinae sedis
sei [1]), daß also dem Erzbischof von Mainz als ihrem Herrn von Rechts wegen ihr Wohlergehen zumeist am Herzen liegen müsse. Sie gingen daher
den Erzbischof um seinen Beistand an und baten ihn dringend in eigner
Person nach Erfurt zu kommen, um ihnen wirksamen Schutz angedeihen
zu lassen. Werner zeigte sich willfährig, er erschien selbst in Erfurt, wo
er mit feierlichem Pomp und unter vielen Freudenbezeugungen eingeholt
ward, und nahm seine Residenz im Peterkloster. Fast vier Wochen verweilte er dort und vermittelte zwischen den Streitenden einen Vertrag,
wonach die Bürger sich nur zur Zahlung eines mäßigen Reugeldes zu
bequemen brauchten [2]). 1277 ward dann das gute Vernehmen zwischen
dem Grafen von Gleichen und der Stadt völlig wieder hergestellt und ein
neues Bündniß abgeschlossen [3]).

Wenn aber Werner von Seiten der Erfurter für seine Hülfe in der
Noth Dank und künftigen Gehorsam erwartet hatte, so sah er sich bald bitter
enttäuscht. 1277 bereits gab es wieder ernstliche Differenzen und offene
Auflehnung; nur die Anwendung des Bannes, das einzige Mittel, was
dem Stadtherrn noch zu Gebote stand und fruchtete, vermochte die Hart-
näckigkeit des Rathes zu beugen [4]).

Desto unumschränkter walteten die Consuln im Innern in allen
Angelegenheiten, wo die Rechte des Fürsten nicht mehr direct in Frage
kamen. Davon giebt unter anderen eine merkwürdige Rathsurkunde des
Jahres 1278 Zeugniß, worin die Consulmeister und die übrigen mit
Namen aufgeführten 12 Consuln multa deliberatione prehabita et prudentum virorum, omnium videlicet, qui ad Erfordense Consilium eliguntur, consilio requisito drei Beschlüsse festsetzen:

1) Wenn in Zukunft die abgetretenen Consuln wegen irgend einer
während ihrer Amtsführung vollzogenen Handlung angeschuldigt werden,
so sollen die betreffenden Consulmeister, welche damals regiert haben,
oder, wenn sie inzwischen gestorben sind, zwei andere der damaligen Consuln, die der sitzende Rath zu bezeichnen hat, einen Eid leisten, daß
jener Beschluß oder jenes Verfahren nothwendig gewesen sei, und dann
soll der sitzende Rath die Sache mit allen Kräften vertreten.

Dies Gesetz gab der Solidarität der patricischen Interessen einen
zweckentsprechenden Ausdruck und trug dazu bei die Autorität des Rathes
zu stärken, welche sehr gefährdet war, wenn die abtretenden Consuln
wegen ihrer Amtshandlungen willkürlich, und ohne daß sie Aussicht hatten bei ihren Nachfolgern Schutz zu finden, zur Verantwortung gezogen
werden konnten.

---

1) K. Herrmann: Die Siegel der Stadt Erfurt in den Mittheilungen des Vereins für die Geschichte und Alterthumskunde von Erfurt. I. Heft. Erfurt 1865.
S. 81 u. 88.

2) Chron. S. Petri ap. Mencken. III. p. 284. Gudenus, histor. Erf. p. 63.
Sagittar, Historia der Grafschaft Gleichen, S. 62 u. 63.

3) Urkunde bei Sagittar, a. a. O. S. 60.

4) Friese, a. a. O. S. 67 u. 68.

2) Darf künftighin der Saucrockenkorph genannte Kauf nicht mehr durch Unterkäufer betrieben werden, die, wenn sie dem Gesetz zuwider handeln, aus der Stadt verbannt werden sollen; sondern wer einen solchen Kauf abschließen will, muß es persönlich thun.

3) Sollen hinfort die Consuln Niemandem in der Stadt anders Geleit gewähren als mit Genehmigung seines Gläubigers [1].

Unter den omnes prudentes viri, qui ad Erfordense consilium eliguntur, scheinen die Patricier insgesammt zu verstehen zu sein.

Größere, gefährlichere Dimensionen als die früheren Irrungen nahm der 1279 ausgebrochene Streit zwischen den Bürgern und dem Erzbischof an; eine mehrjährige, erbitterte Feindschaft trat ein, die Parteien bekämpften sich mit rücksichtsloser Heftigkeit.

Cives Erfordenses incurrerunt ingratitudinem Domini Archiepiscopi Maguntini Wernheri, qui directo mandato clero civitatis praecepit ibidem suspendi divina, quod per duos annos et dimidium a sibi astantibus et obedientibus inviolabiliter observatum est [2].

Die Stadt verschaffte sich dagegen, ihre alte Politik auch jetzt wahrnehmend, noch 1279 einen Schutzbrief vom Könige Rudolf, und schloß am 30. Juli 1280 einen Vertrag mit dem Grafen Otto von Orlamünde und Weimar, der ihr seinen Beistand zusicherte [3]. Während der Streit fortdauerte, erließ der sitzende Rath 1281 ein Statut, wodurch den Geistlichen jede Erwerbung von Gütern in Stadt und Weichbild unmöglich gemacht wurde [4].

„Ob reverentiam pariter et honorem reverendi patris Domini nostri Archiepiscopi Moguntini et Moguntinae ecclesiae (so heißt es in dem Edict zum Hohn für den Erzbischof) bestimmen und wollen wir, daß künftig kein Bürger oder Einwohner von Erfurt in der Stadt oder im Weichbild liegende Güter an Kirchen und geistliche Personen verkaufen, testamentlich vermachen oder verschenken soll“ [5]. In dem nämlichen Jahre auf S. Pankratius Tag zerstörten die Erfurter auch den neuen Markt [6].

Erst 1282 wird die Sühne geschlossen, der Clerus kehrt in die Mauern der Stadt zurück, von den Rathsherren feierlich eingeholt und von der ganzen Bevölkerung freudig begrüßt. Compositione facta inter Dominum Archiepiscopum Moguntinum et cives Erphordenses dominus Abbas Montis S. Petri cum clero civitatis Erphordiae feria IV post Palmas honorifice revocatus est a consulibus et potioribus eiusdem civitatis, qui etiam pro emenda Domino Archiepiscopo circa mille marcas et clero civitatis pro eorum damno, quod pene per biennium pertulerunt, 300 marcas dederunt [7].

---

1) Urkunde XXVIII.

2) Chron. S. Petri ap. Mencken. III. p. 291. Ebenso der Erphordian. ap. Mencken. II. p. 490.

3) v. Falckenstein, S. 119.

4) Ebend. S. 114.

5) Vergl. Friese S. 70a. u. 70b.

6) Chron. S. Petri ap. Mencken. III. p. 92. Eodem anno Erfordenses destruxerunt Novum forum in die B. Pancracii.

7) Chron. S. Petri l. c. III. p. 292. Erphord. A. V. l. c. II. p. 490.

Aus dem vom Erzbischof ihnen damals gegebenen Sühnbrief, in dem er sie wieder zu Gnaden annimmt[1]), sowie aus dem Vergleichungs= instrument, der festgestellten forma compositionis [2]), erhellt deutlich, weßhalb der Streit ausgebrochen war, um welche Puncte es sich vor= nehmlich gehandelt hatte, und wie weit bereits die Bürger in den 21 Jahren von 1258 — 1279 in ihren Emancipationsbestrebungen fortgeschritten waren. Mit Beharrlichkeit sein Ziel: die thatsächliche Loßreißung von Mainz, die vollkommene Selbständigkeit des Stadtwesens, verfolgend, hatte der Rath sich sogar Gewaltmaßregeln in der erzbischöflichen Curie zu Erfurt erlaubt; er hatte die bischöflichen Officialen, den Marktmeister, den Münzmeister und die Schultheißen, die im Interesse ihrer Aemter an Mainz festhalten wollten, seiner Willkür zu unterwerfen versucht, er hatte die Buden (apothecas) vor den Graben, (ante gradus: den Stu= fen vor der hohen Domtreppe[3]), wo die Leinwandhändler ihre Waare' feil hielten, und welche dem Erzbischof gehörten, in Beschlag genommen, überhaupt in mannigfaltiger Art die so oft feierlich verbürgten Rechte des Stadtherrn angetastet und mißachtet.

In dem ersten Artikel der compositio müssen nun die Bürger anerken= nen, daß das Recht, quod vri vulgariter appellatur, dem Erzbischof und der mainzer Kirche ab antiquo rechtmäßig zustehe, und daß dieses Recht durch Verkauf, Verpfändung, Verschenkung oder durch irgend welchen Vertrag der Nutznießer der betreffenden Güter unter sich weder beein= trächtigt werden noch erlöschen könne.

Sie hatten demnach begonnen sich den sachlichen Leistungen zu ent= ziehen, welche von den im Gegensatz zu den bonis feudalibus „soge= nannten freien" (d. i. censualischen) Gütern (fribona), Häusern, Aeckern, Gärten dem Erzbischof als Stadtherrn und eigentlichen possessor ge= bührten.

---

1) Urkunde XXIX.
2) Urkunde XXX. In dem wichtigen Documente ist kein Datum angegeben. Das Original scheint verloren gegangen. Eine Copie desselben befindet sich nach einer gütigen Mittheilung des Herrn Archivraths Beyer im erfurter Stadtarchiv in dem sogenannten Grünbuch, einem sehr gemischten Diplomatar auf Pergament, das viele schon bekannte Urkunden in correcter Form enthält und bis zum Jahre 1520 hinab= geht. Desgleichen finden sich Copien der Punctation in zwei Copialbüchern des Pro= vinzialarchivs zu Magdeburg, Nr. CL. und Nr. CLIV. Der Schluß der Urkunde lautet in denselben verschieden. In dem älteren Nr. CL. heißt es: In cuius rei testi= monium sigillum praefati domini nostri archiepiscopi praesentibus est appen= sum. In dem jüngeren, von Beyer zusammengetragenen dagegen gleichlautend mit dem erfurter Grünbuch: In cuius rei testimonium sigillum Gotschalci dicti Ker- linger civis Erfordensis procuratoris civium Erfordensium, quo inquam sigillo Henricus Vicedominus et Rudolphus dictus Raspo comprocuratores dicti Got- schalci sunt contenti, praesentibus est appensum. Es sind demnach zwei ver= schiedene Ausfertigungen, eine für den Bischof, die andere für die Bürger bestimmt, was auch bereits bei v. Falckenstein S. 116 bemerkt wird. Was die Zeit anlangt, so setzt derselbe S. 112 die Abfassung ins Jahr 1277, drei Seiten weiter aber S. 115 scheint er 1282 annehmen zu wollen. Letztere Annahme dürfte richtiger sein. Die Compositio bezieht sich auf den 1279 ausgebrochenen Streit, in welchem der von 1277 in verschärftem Maße sich wiederholte. Der dritte Artikel aber der Compositio zielt, wie ich meine, zunächst auf das Rathsedict von 1281; sie kann daher erst nach dieser Zeit aufgezeichnet sein.
3) Also auf dem südlichen Theil des jetzigen Friedrich = Wilhelmsplatzes.

Ferner müssen sie geloben den magister fori, den Münzmeister, die Schultheißen und die officiati des Erzbischofs überhaupt in eo honore et jure, welche ihnen von Alters her zukämen, belassen zu wollen, worin das Eingeständniß liegt, daß sie diese Beamten in ihren Functionen beeinträchtigt und in die Gerichtsbarkeit des Erzbischofs eingegriffen hatten.

Drittens versprachen sie ohne Genehmigung des Erzbischofs hinfüro keine Statuten zu errichten, wodurch dessen oder des Clerus Rechte geschmälert würden, sowie daß diejenigen, die sie etwa solcher Art gemacht hätten, cassirt und aufgehoben sein sollten. Dieser Artikel bezog sich namentlich auf das famose Edict von 1281, in welchem die Consuln ob reverentiam pariter et honorem ihres verehrungswürdigen Herrn, des Erzbischofs, und ihrer Mutter, der mainzer Kirche, wie sie ironisch sagen, der Geistlichkeit die Erwerbung von liegenden Gütern abgeschnitten hatten.

Werner dagegen erklärt seinerseits in der Compositio, daß er die Bürger bei allen ihren Rechten, die ihnen wirklich von Alters her zuständig seien, lassen und ihnen die mannigfache Ungebühr, die sie sich gegen ihn herausgenommen, verzeihen wolle. Von der letzteren werden vier specielle Fälle angeführt. Der Rath hatte den Münzmeister Rupert, der für den Erzbischof gegen seine Standesgenossen Partei ergriffen, aus der Stadt getrieben, den Officiaten des Vißthums Berthold eigenmächtig abgesetzt und zwei geraubte Pferde, die vor der Stadt auf Befehl der Richter (der Schultheißen oder Schöffen) mit Beschlag belegt waren, gewaltsam an sich genommen und den Räubern wieder zustellen lassen, doch wohl aus keinem anderen Grunde als um seine Gewalt auch den Schultheißen fühlbar, seine Superiorität über das Schöffengericht geltend zu machen. Endlich hatte ein Patricier einen erzbischöflichen Beamten und einen anderen Unterthan des Erzbischofs mißhandelt und dabei diesen gröblich beleidigt.

So war nun wieder Friede geworden oder vielmehr voraussichtlich nur Waffenstillstand zwischen den beiden einander entgegenstehenden Gewalten, der des Stadtherrn und der der Stadt. Der Erzbischof mußte natürlich sein historisches Recht, seine alte, hergebrachte Stellung zu vertheidigen, der Rath das neue Recht der thatsächlichen Gestaltungen, das Recht der veränderten Machtverhältnisse, durchzuführen bemüht sein. Ein dauernder Friedenszustand zwischen den beiden rivalisirenden Mächten war daher unmöglich, so lange sie eben rivalisirende blieben, so lange nicht die eine die andere vollständig verdrängt, aus dem gemeinsamen Bereiche, wo beide ihre Thätigkeit entfalten wollten, eliminirt hatte [1]. Der schließliche Sieg der patricischen Erbaristokratie über den geistlichen Wahlmonarchen war nicht zweifelhaft.

Die letzterwähnte Auflehnung aber gegen den Stadtherrn mit den sich nothwendig daran knüpfenden Ereignissen blieb für die Patricierherrschaft nicht ohne nachtheilige Folgen. Der Rath hatte freilich während des Interdicts, während des langwierigen Fehdezustandes sein Ansehen aufrecht zu erhalten vermocht, ja nach einer Seite hin an Macht noch gewonnen.

---

1) Vergl. Entwickelung der deutschen Städteverfassungen, II. S. 350 u. 351.

Am 21. Juli 1283 verkaufte Graf Albrecht von Gleichen den Consuln seine Vogtei sammt allen dazu gehörigen Nutzungen und Gerechtsamen. Advocatiam nostram Erffordiae cum eo iure, quod Vogtis-
dingen vulgariter appellatur, et cum omni iure, utilitate pariter et
honore habitis ex antiquo [1]). Allein dagegen waren die Ansprüche der
niederen Volksklassen hoch gestiegen. Vielleicht hatte man ihnen auch in
der Zeit der Gefahr um ihre thätigere Hülfe zu erlangen Verheißungen
gemacht, durch die sie sich nun zu weitgreifenden Forderungen berechtigt
glaubten. Sie so leicht zurückzudrängen und zu züchtigen, wie 1264 den
Ungehorsam der Bäcker und Fleischer, konnte nicht mehr gelingen, nun
so weniger, als jetzt die Zünfte einen demagogischen Führer und Leiter
ihrer Bestrebungen in den Reihen der Aristokratie selbst gefunden hatten.
(Es war Volrad von Gotha, der 1283 einen gefährlichen Aufruhr in
der Stadt erregte [2]), und es steht der Annahme nichts entgegen, daß er
dieselbe Person sei mit dem Volrad von Gotha, welcher in der erwähnten Urkunde Albrechts von Gleichen als erster der Consuln genannt wird.
Welche Ursachen ihn mit seinen Standesgenossen entzweit, als Dema-
gogen an die Spitze der meuterischen Zünfte geführt, was das letzte Ziel
seiner Bestrebungen gewesen, welche Mittel er angewendet, um seine
Zwecke zu erreichen, darüber ist uns leider nichts Genaueres überliefert.
Möglich wäre es, daß Volrad, zu der dem Absolutismus des Raths widerstrebenden Schöffenpartei gehörig, die für Mainz noch vorhandenen
Sympathien der Menge zu benutzen gewußt und auf spätere Unterstützung
von Seiten des Erzbischofs gerechnet hätte. Der Aufstand aber scheint, so ge-
fährlich er sich anließ, doch nur kurze Zeit gewährt zu haben und durch
rechtzeitiges, energisches Einschreiten der Patricier noch im Entstehen un-
terdrückt worden zu sein. Quidam civis Erphordensis nomine Volradus
de Gota spiritu diabolico inflammatus seditionem maximam excitavit
inter cives Erphordenses. Si enim maxima bonitas divinae pietatis
non affuisset idem Volradus cum infinita populi multitudine,
quam sibi allexerat, tantam caedem in divites et nobi-
liores quosque civitatis exercuisset ut vix hoc effari quisquam va-
luisset [3]).

Das Jahr darauf 1284 beschoß Erzbischof Werner sein vielbewegtes
Leben. Und wenn er am Ende seiner 24jährigen Regierung seine Thätigkeit, sein Wirken überblickte, mußte er sich gestehen, daß es ihm trotz
aller Anstrengungen und einzelner Erfolge ebenso wenig wie seinen Vorgängern gelungen sei, die aufstrebenden Bürger der Städte Mainz und
Erfurt in feste Schranken zu bannen und erfolgreich zu zügeln, daß er
seine Stadtherrlichkeit kaum noch in dem Umfange zu behaupten vermocht
habe, wie er selbst sie überkommen hatte.

---

1) Urkunde XXXI.
2) Friese S. 69 giebt abweichend vom Chron. S. Petri das Jahr 1280 an.
3) Chron. S. Petri ap. Mencken. III. p. 292. Erphord. A. V. l. c. II. p. 400.

Die Zahl der Consuln im 13. Jahrhundert.

Haben wir im Vorstehenden gesehen, wie die Patricier durch ihren die Stadt, „die Gemeinde" repräsentirenden Rath ihre Macht unablässig zu erweitern strebten, so müssen wir jetzt noch einmal unsern Blick auf die Form, auf die Mitgliederzahl dieser dominirenden Behörde richten.

Wenn auch unsere Vorfahren, die alten Bürger in den Städten des Mittelalters, nicht ganz so neuerungssüchtig, verfassungstreu und revolutionär waren, wie ihre gegenwärtig lebenden Nachkommen, wenn auch die Fabrication von Gesetzen noch nicht so schwung- und schwindelhaft betrieben wurde, als in unseren, unendlich vorgeschrittenen parlamentarischen Zeiten, so würde man doch jenen alten Bürgern gewaltig Unrecht thun, wenn man ihnen eine übergroße Stabilität, ein allzu starres Festhalten an den hergebrachten Formen ihrer politischen Einrichtungen vorwerfen wollte. Man darf vielmehr mit Bestimmtheit behaupten, daß in den meisten Städten des Mittelalters die Formen der Verfassungen nicht über ein Menschenalter ohne wesentliche Aenderungen sich erhielten, daß auch damals der Wechsel der Generationen, daß umstürzende Zeitströmungen in den Gesetzen und Verfassungen wie in den Sitten sich bemerklich machten, ihren adäquaten Ausdruck suchten und fanden. Einen Beleg dafür bietet auch die Geschichte Erfurts im 13. Jahrhundert.

Vergleichen wir die vorliegenden Rathsurkunden, so erkennen wir leicht, wie nicht nur die Stellung des Rathes eine andere wird, sondern auch seine F o r m sich verändert.

Er war, nach unserer Annahme, in den Jahren 1200 bis 1209 aufgekommen, während bis dahin die mainzischen Administrativbeamten mit den Schöffen die Leitung der Stadt in Händen hatten.

1212 sahen wir den Vogt, den Vizthum, den Cämmerer und 23 [*] Burgenses, quibus dispensatio Reipublicae eiusdem Erffordensis civitatis credita est, einen Vergleich mit dem Kloster Pforta schließen. In diesen 23 Burgenses, unter denen sich der Marktmeister Heinrich und der Münzmeister Hermann befinden, haben wir jedenfalls a u c h die Schöffen, aber nicht sie allein, sondern außerdem noch andere an der Regierung Theil nehmende Optimaten.

Die Zahl von 23 oder 22 Mitgliedern für das Schöffencolleg wäre ungewöhnlich und speciell für Erfurt zu groß.

Das Minimum der Schöffen war seit alter Zeit 7. So viel mußten stets bei Hegung des Gerichts anwesend sein [1]. Die größte Zahl, die ich gefunden habe, ist 28, die Normalzahl der cölnischen Schöffen [2], die in den Jahren 1142 und 1180 erscheint. In Magdeburg [3] waren

---

[*] Wenn anders „Saxo" hinter Hartlievus Gensevuz eine besondere Person ist.

1) Pertz, leges I. p. 115. Vergl.: das ballische Patriciat, S. 45 ff.

2) Entwickelung der deutschen Städteverfassungen. II. S. 181.

3) Tschoppe u. Stenzel, Urkundenbuch zur Geschichte der Städte in Schlesien, S. 351.

es 1261 nur 8, in der Bergstadt Halle a/S. [1]) 1235 ebenfalls 8, seit der Mitte des Jahrhunderts [2]) aber 11, in der Thalstadt Halle auch später regelmäßig nur 8 [3]). Zwölf war schon eine ziemlich hohe Zahl. Auch würde wohl, wenn jene 23 Männer sämmtlich Schöffen gewesen, in dem Documente einfach für sie die Bezeichnung scabini oder iudices gebraucht sein, nicht aber der lange Titel: Burgenses, quibus dispensatio Reipublicae Erffordensis civitatis credita est, der vielmehr auf ein Zusammengesetztsein einer neuen Behörde aus verschiedenen Bestandtheilen deutet, für welche noch kein Gesammtname allgemein üblich war.

Veranschlagen wir nun einmal die Zahl der Schöffen auf 9, so bleiben noch 14 am Regiment, an der dispensatio Reipublicae theilnehmende Patricier übrig, welche nicht Schöffen sind. Nehmen wir 10 Schöffen, so restiren 13 Nichtschöffen. Oder statuiren wir 11 Schöffen, so behalten wir immer noch 12 Nichtschöffen.

Fünf Jahre später 1217 stellen die Beamten, d. i. Graf, Bißthum, Schultheiß und die Schöffen **unter Zustimmung der Consiliarii** eine Urkunde aus, und wir haben also in den 23 als testes genannten Patriciern die Schöffen und die Consiliarii. Wir können wieder 9 Schöffen (der Schultheiß Friedrich ist dann der 10te) und 14 Consiliarii oder 10 Schöffen und 13 Consiliarii oder 11 Schöffen und 12 Consiliarii annehmen. Auch hier sind in der Zahl der 23 der Marktmeister und der Münzmeister.

In der Rathsurkunde von 1251 werden 22 Cives de Consilio genannt, von denen wir 10 für Schöffen und 12 für die eigentlichen Consules zu halten geneigt sind.

1256 schließen der Bißthum, der Schultheiß, der Schultheiß in plurali, der Subadvocat und die 12 Consules civitatis Erphordensis einen Vertrag ab.

Es haben sich also die Consules vollständig von den Schöffen abgelöst und bilden jetzt eine eigene besondere Behörde, vielleicht noch unter dem Vorsitz und den Auspicien der genannten Beamten.

1261 erscheinen zuerst zwei magistri consulum und dann noch 12 Consules. Es hat sich in den Jahren 1255 bis 1258 jene bedeutsame Veränderung vollzogen, durch welche die Rathsverfassung größere Festigkeit gewann, das Heft der Regierung ganz in die Hände der Patricier überging. Ein dreifacher Rathsturnus ist eingeführt, jedes Jahr ein sitzender, regierender und zwei quiescirende (Hülfs-) Räthe; zwei magistri consulum sind statt der erzbischöflichen Beamten an die Spitze des Collegiums getreten.

In den Urkunden von 1267, von 1271, von 1274, von 1278, von 1281 finden sich dann gleichfalls regelmäßig die beiden magistri consulum und die 12 Consules vor.

---

1) Tzschoppe und Stenzel, S. 290. Das hallische Patriciat, S. 50.

2) Dreyhaupt. II. S. 452 ff.

3) Das älteste Thalrecht von Halle in den Neuen Mittheilungen aus dem Gebiet historisch-antiquar. Forschungen, XI. Band. Halle 1867. S. 436.

Auch Friese giebt [1] beim Jahre 1281 die Namen der beiden Rathsmeister und der 13 Rathsherren an. Aber drei Jahre weiter (1284) heißt es auf einmal bei ihm: „Der Stadt Regiment verwalteten Herr Berthold Springel und Berthold v. Bilterslebeu, Rathsmeister, Herr Richard Fermin, Herr Heinrich Meldenbroch, Herr Dietrich von Schmira, Herr Cunrad von Creußburg, Herr Heinrich Vitzthum, Herr Heinrich von Herwersleben, Herr Dietrich Holtermann, Herr Hermann von Madel, Herr Thilo von der Sachsen, Herr Dietrich von Sande, Herr Heinrich von Zimmern, Herr Dietrich Muco, Herr Dietrich Vitzthum, der Jüngere, Herr Dietrich von Vargula, Herr Dietrich von Guttern, Herr Hartung Holtermann, Herr Heinrich Kayser, Herr Heinrich von Eyra, Herr Dietrich von Stein, Herr Heinrich Leindorn und Herr Thilo von Cappelndorff" [2].

Da haben wir also zwei Rathsmeister und 21 Rathsherren.

Ebenso giebt Friese für die Jahre 1285 und 1287 die Namen der beiden Rathsmeister und der 21 Consuln an, auch die Urkunde von 1288 weist zwei magistri und 21 Consules auf [3].

1297 bekunden die beiden Magistri, 16 namentlich genannte Consuln „und die übrigen Consuln", ceterique consules Erfordenses, einen Vergleich [4]. Auch in zwei Urkunden des Jahres 1306 werden die beiden Meister und die 21 Rathsherren genannt [5], und endlich, zum letzten Mal, erscheinen diese Zahlen 1310 in den sogenannten vier Briefen [6].

Es ist sonach klar, daß innerhalb der Jahre 1281 und 1284 wieder eine Veränderung in der Form des Rathes eintrat, daß die Zahl der Consuln vermehrt wurde, und diese Veränderung muß meines Erachtens mit dem Aufruhr Volrads in Verbindung gebracht werden und bald nach demselben erfolgt sein.

Da ferner 1310 ein fünffacher Rathsturnus besteht, es wird dies in den vier Briefen, in der Petition der Zünfte von diesem Jahre erwähnt [7], 1258 aber, wie wir sahen, erst ein dreifacher eingeführt wurde, und da zwischen 1258 und 1283 keine Veranlassung oder Gelegenheit zu einer solchen Aenderung der Rathsverfassung wahrnehmbar ist, so muß der erwähnte fünffache Turnus entweder auch 1283 oder etwas später, zwischen 1283 und 1310 seinen Anfang genommen haben. Im letzteren Falle würde besonders das für Erfurt so wichtige Jahr der Anwesenheit König Rudolfs 1290 in Betracht kommen.

Erzbischof Heinrich II. 1286 — 1288.

Während der langen Sedisvacanz, die auf den Tod Werners folgte, versäumten die Bürger nicht, ihre Rechte und „guten Gewohnheiten" nach allen Richtungen auszudehnen, so daß, als der Bischof Heinrich von

---

1) a. a. O. S. 70 a.
2) a. a. O. S. 73 a.
3) Urkunde XXXII.
4) Urkunde XXXIII.
5) H. Beyers handschriftliche Urkundensammlung zur Geschichte Erfurts.
6) v. Falckenstein, S. 180 u. 181.
7) a. a. O. S. 181.

Basel 1286 zum Erzbischof von Mainz befördert wurde, er seinen Erfurtern bald entgegen treten mußte. Solche Zeiten, in denen der Erzstuhl erledigt war, wo ein Interregnum stattfand, waren stets dem Auf-
streben der Bürger, der Erweiterung ihrer Macht, am günstigsten. Die
ganze Gewalt über das Stadtwesen lag dann thatsächlich in der Hand
des Rathes, der sich in inneren Angelegenheiten um Vogt und Vißthum
längst nicht mehr kümmerte und das Capitel in Mainz völlig ignorirte.

Wie in den Wahlmonarchien das Wesen der Monarchie und die
wahren monarchischen Attribute allmälig verschwinden, während der bloße
Name, der äußere Schein noch lange sich erhält, das zeigt sich recht
augenfällig bei den geistlichen Fürstenherrschaften Deutschlands im Mittelalter. Die großen Bischofsstädte wurden zuerst „freie" und „Reichsstädte", republicanische, König und Fürsten wenig beachtende Gemeinwesen. Nur eine strenge und consequente Politik erblicher Herren
hätte die Ausschreitungen der Städte niederhalten, nur ein mächtiges
Erbkönigthum die reichen Kräfte vor Zersplitterung bewahren und für das
Wohl des Ganzen nutzbar machen können.

Kaum hatte Heinrich, „der Gürtelknopf", im Anfange des Jahres
1257 seinen feierlichen Eintritt in Erfurt gehalten [1]), als seine Beamten
den Rath bei ihm verklagten, „daß derselbe Dörfer an sich kauffte, der
Clerisey keine Güther mehr wollte zukommen lassen und sogar die glei-
chischen Gerichte und hohe jura an sich gebracht und desgleichen auch
den Vißthum von Apolde mit allen seinen rechten und Hoheiten in der
Stadt ausgehoben hätte, daß man daher befürchten müsse, er möchte
endlich nach denen Mainßischen Gerechtigkeiten auch trachten, wie er
denn allbereit das alte Mainßische Münßhauß neben den Graben, die
dabey stehenden Häußer, das recht der freimbden Fleischhauer und Bäcker
auf dem Markt, item von einem Thumherrn zu U. L. Frauen den An-
griff der Geistlichen kaufflich an sich gebracht hätte" [2]).

Aber es gab noch manche andere Dinge, die ein Einschreiten des
Stadtherrn erheischten, als die übergroße Kauflust des Rathes. Dieser
suchte sich indeß gegen die Anschuldigungen der Beamten zu vertheidigen
und machte allerlei Einwendungen gegen die Anordnungen des neuen
Erzbischofs, der namentlich einige Personalveränderungen unter seinen
Beamten traf, was ihm unzweifelhaft zustand, den betreffenden Bürgern
aber und dem Rathe freilich unerwünscht war. Der Rath wollte „damit
gar nicht zufrieden seyn, daß der Erzbischof, Bruder Heinrich, seiner
Vorfahren Acta nicht halten wolte, sondern über den Hauffen stieß und
die Aemter und Einkünfte, die er etlichen Bürgern verliehen hatte, anderen gegeben, wie im vorigen Jahre mit Raspen geschehen war. Er
nahm dannenhero die alten wieder die neuen Beamten in Schuß, aus
Furcht, wenn dieses angehen solte, so könnten auch der Stadt Ver-

---

1) Chron. S. Petri l. c. III. p. 294: Anno Domini MCCLXXXVII Dominus
Archiepiscopus Moguntinus frater Heinricus veniens in Thuringiam honorifice
susceptus est ab omni clero et populo totius civitatis Erphordensis.
2) Friese, S. 76 a.

gleiche mit dem Erzbischoff eben auch casſirt werden. Es verurſachte aber dieſe Sache und die Juden gar viele Streitigkeiten in der Stadt"[1].

Die Privilegien der Bürger mindern zu wollen lag Heinrich fern; er wäre zufrieden geweſen, wenn die Erfurter nur auch die ſeinigen reſpectirt hätten. Da dies aber jedem mit der bisherigen Entwickelung der Dinge Vertrauten als eine vergebliche Hoffnung erſcheinen mußte, ſo griff er, vielleicht auf den Vorſchlag und das Andringen der Bürger, zu der bedenklichen Maßregel, ſeine Rechte, die er noch in Erfurt hatte, aufzählen und ſich dieſe wenigſtens von den Bürgern garantiren zu laſſen; ein Schritt, der die Umkehrung des früheren Verhältniſſes bezeichnete. Denn während bis dahin noch eine unbeſtimmte Fülle von Rechten dem Stadtherrn zuſtand, da die Bürger doch rechtmäßig nur diejenigen Befugniſſe ſich zuſchreiben konnten, die ihnen der Stadtherr förmlich abgetreten, die übrigen aber nach wie vor als Jenem gehörig und mit der Stadtherrlichkeit verbunden anerkennen mußten, trat nun die Vorſtellung ein, daß der Erzbiſchof gerade nur dieſe beſtimmten, aufgezeichneten Rechte beſitze, während die ganze übrige Gewalt den Bürgern, d. h. dem Rathe, zuſtehe.

Heinrich II. ließ ſich alſo zur Ausgleichung bereit finden und ertheilte am 4. März 1287 der Stadt einen deutſchen Begnadigungsbrief, worin er zu wiſſen thut, daß er „alle den Unwillen von allerhand Brüchen heimlichen und öffentlichen gegen dem Rathe und den Bürgern allen gemeine von Erfurt luterliche vergeben" habe. Nachdem er ſodann erklärt, daß er auch den Juden verziehen habe und ſowohl ihnen den Brief, welchen ſie von ſeinem Vorgänger Werner erhalten, als auch den Bürgern die Privilegien, die ſie von demſelben in Betreff der Bäcker und Fleiſchhauer und der Zahl der Hausgenoſſen beſäßen, beſtätige, fährt er fort: „An allen den Stücken, die da vorgeſchrieben ſind, ſo behalten wir uns ſelben und dem Stifft von Mainz alles unſer Recht an unſern Ampten und an des Gottes-Hauſes Eigenen von Mainz und alles des, das unſer Recht anhöret. Auch ſollen die Bürger von Erffurdt von des nechſten Sanct Martins Tage alle unſer Recht, als ſie von Alters her ſind kommen, uorichten und unter irem Inſiegel uns und unſern Stifft geſchrieben geben, als unſer Bothen, die wir mit unſern Brieven darzu ſenden ſollen, und ſie überein kommend, und daſſelbe Recht ſollen wir in wieder geben beſiegelt mit unſern und unſers Capitels Inſigel ohne Fahr"[2].

Allein ehe noch die projectirte Feſtſtellung der ſtadtherrlichen Rechte erfolgen konnte, ſtarb am 18. März 1287 Erzbiſchof Heinrich, und die Sache blieb vorerſt liegen. Erſt nach fünf Vierteljahren erlangte Heinrichs Nachfolger, Gerhard II. von Epſtein, ſeine Beſtätigung. Längere Zeit hindurch war alſo der Rath wieder alleiniger Regent in Erfurt und wußte die Situation auf's Beſte zu benutzen. Vor Allem ließ er es ſich angelegen ſein, die noch ſchwebende Beamtenfrage ſeinem Intereſſe gemäß definitiv zu entſcheiden.

1) Frieſe, S. 75 d.
2) v. Falckenſtein a. a. O. S. 123. Frieſe, S. 77 u. 78.

6

Werner v. Falckenstein hatte in den letzten Jahren seiner Regierung „etlichen Bürgern mit Consens des Erz-Stifts einige Rechte, Aembter und beneficia" verliehen, der Erzbischof Heinrich aber diese Verleihungen widerrufen und die Aemter „einem Mainzischen Bedienten, Raspe genannt, welcher die Bürger geschwärtzet* und sich dargegen insinuiret hatte" [1]), gegeben. Gewiß hatte Heinrich nicht ohne zureichende Ursache so gehandelt. Die Art, wie mehrere der gedachten Patricier durch Werner zu ihren Stellen gekommen, mochte erheblichen Bedenken unterliegen, auch konnte in den tumultuarischen Zeiten, wo die Gegensätze sich bereits mit solcher Schärfe ausgebildet hatten, der Erzbischof, wenn er nicht seine Sache selbst verloren geben wollte, in Erfurt nur solche Beamten gebrauchen, welche noch einigermaßen das mainzische Interesse vertraten und den Willen zeigten, nöthigenfalls auch gegen den Rath entschieden Front zu machen. Hätte nun Heinrich länger gelebt, so würde er wohl die ihm in dieser Angelegenheit bereiteten Schwierigkeiten überwunden und seine Beamten geschützt haben, als er aber nach kurzer Regierung starb, verspürten die Inhaber der betreffenden Stellen, die dieselben zum Theil vielleicht noch gar nicht aufgegeben, keine Neigung, ihren von Heinrich ernannten Nachfolgern zu weichen, da diesen der todte Erzbischof keinen Rückhalt mehr gewähren konnte. Die Beamten Werners wußten sich die Unterstützung des Rathes gesichert, dem selbstverständlich der mainzisch gesinnte Raspo und dessen Genossen höchst mißliebige Persönlichkeiten waren. Und davon, von allen Sympathien und Antipathien, ganz abgesehen, Nichts konnte dem Rath und den Patriciern willkommener sein, als im Princip dem Grundsatz Geltung zu verschaffen, daß beim Tode eines Stadtherrn die von diesem ernannten Beamten im Besitze ihrer Aemter blieben, wodurch das Recht der Erzbischöfe, ihre Officialen nach Gutdünken frei zu ernennen, größtentheils illusorisch gemacht wurde. Drang er damit nicht durch, immerhin schuf er sich durch sein Verfahren, wovon die schon einmal angezogene Urkunde des Jahres 1288 Kunde giebt, einen wichtigen Präcedenzfall. Die Rathsmeister Siegfried von Mühlhausen und Siegfried von Keselborn und die 21 Consuln des Jahres (der sitzende Rath) erklären darin, wie Erzbischof Werner seligen Angedenkens einigen ihrer Mitbürger ihre Officien in Erfurt bis zu einem bestimmten Termine übertragen, sein nun auch schon verstorbener Nachfolger aber unrechtmäßig abgesprochen habe, wie nun Raspo und Andere die Aemter in Folge der Verleihung Heinrichs beanspruchten, und wie Jene, die früheren Inhaber, sich an den Rath gewandt, um dessen Entscheidung zu erwirken. Deshalb hätten sie, die Rathsmeister und Consuln, ihre vornehmeren Mitbürger, *poreiores nostros concives*, zum *pomerium S. Augustini* zu einer Versammlung zusammen berufen, um ihnen die Sache zu unterbreiten. Darauf werden die *pociores concives*, 220 an der Zahl, mit Namen aufgeführt. Diese alle hätten sich einmüthig zu Gunsten der alten Beamten, der Beamten Werners, ausgesprochen und entschieden [2]).

---

1) Friese, S. 74.
2) Urkunde XXXII.

Gerhard II. 1289 — 1304.

Sobald der neue Erzbischof seine Würde angetreten, erkannte er es als seine nächste und wichtigste Aufgabe, die schwankenden Verhältnisse in Erfurt zu ordnen. Er sandte demnach, um die bereits von seinem Vorgänger angebahnte Auskunft zu treffen, die endgültige Feststellung der erzbischöflichen Rechte mit den Bürgern zu vereinbaren, seinen Bruder, den edlen Herrn Gottfried von Epstein, und Gebhard, den Decan des Domcapitels zu Mainz, Anfangs October 1289 mit ausgedehnten Vollmachten nach Thüringen. Wie zuletzt sein Vorgänger, der ihm diese Erbschaft hinterlassen, befand er sich zu den Erfurtern in gespanntem Verhältniß, auf feindlichem Fuße. Das sieht man deutlich aus seiner Urkunde vom 24. November 1289, worin er sagt, daß ihn jene beiden Bevollmächtigten cum magistris, consulibus et universitate opidi nostri Erphordensis univerint et nos reduxerint ad concordiam unionis solidae cum eisdem. Er verheißt denn auch von allen injuriis, excessibus, offensis perpetratis et commissis gegen die mainzer Kirche absehen zu wollen, wofür die Bürger ihm 800 Mark Silber versprochen haben.

Der Vertrag nun, welchen der Decan Gebhard und Gottfried von Epstein mit den Erfurtern zu Stande brachten, und der nicht eben günstig für den Erzbischof genannt werden kann, sind die sogenannten Concordata Gerhardi [1]), bestätigt von ihm zu Mainz am Sonnabend nach S. Catharinentag, von welchen einzelne Bestimmungen schon angeführt wurden. Es ist darin der Versuch gemacht, in 55 Artikeln die wichtigeren und am meisten bedroht scheinenden Rechte des Erzbischofs in Bezug auf Gericht, Grundbesitz, Zölle, Münze und Befugnisse der Beamten bestimmt zu formuliren. Ein Doppeltes läßt sich aus dem Document erkennen, sowohl die Beschaffenheit des ursprünglichen Verhältnisses zwischen dem Stadtherrn und der Stadt, als auch die beträchtlichen Fortschritte, welche die Bürger zur Autonomie gemacht haben. Wir wollen hier nur noch auf einen Punct hinweisen, auf den ersten Artikel, welcher zeigt, wie der Rath auch den unzweifelhaftesten Rechten des Erzbischofs beizukommen, sie zu beschränken und seine Autorität in dieselben einzuschieben verstand. Unbestritten gehörte das Gebiet der gesammten Gerichtsbarkeit ausschließlich dem Stadtherrn, der Rath hatte ursprünglich gar keine Gerichtsgewalt; die erzbischöflichen Richter waren von jeher, lange ehe an einen Rath gedacht wurde, die Schultheißen und die Schöffen. Aber 1289 üben der Rath und seine Executivbeamten, die Rathsmeister, eine sehr wichtige Jurisdiction. Es gab auch eine Weise, in der man diese Gerichtsbarkeit, die anfangs wohl nur polizeilicher Natur gewesen, später sogar zu einer Appellationsinstanz über den Schöffen sich erhob, in die Concordate hineinbringen und so indirect anerkennen lassen konnte. Wie, wenn nun der Rath, das Stadtregiment, zur Unterstützung

---

1) v. Falckenstein a. a. O. S. 129 — 135.

6 *

84

der erzbischöflichen Richter und auf ihre Aufforderung in Fällen, wo ihre Mandate keinen Gehorsam fanden, einschritt, das mochte ihm Niemand wehren, damit durfte der Erzbischof wohl einverstanden sein! Deshalb heißt es im ersten Artikel des Vertrages: „Man bekennet vnserm Herrn dem Bischoff an syme gericht zu Erffurt kampffs, Gottes-Friedes und Burg-Friedes und seiner Achte, und auch der notnumpfft und alles des Rechtes, das er von Alters her an seinem Gerichte gehabt, und wo sein Schultheis oder sein Richter nicht viel frwol zu Erffurt gerichten mag, da soll der Rath zu helffen endeliche, der des Jares ist, das dem Erz-Bischoue Recht geschehe und auch dem Kläger, wann der Rath des gemant wird von dem Richter des Erz-Bischoues."

König Rudolf in Erfurt [1]). Sein Strafgericht daselbst.

Der Wunsch das letzterwähnte Zerwürfniß der Stadt mit ihrem Herrn oder die sich daran anschließenden inneren Unruhen dauernd beizulegen, war einer von den Gründen, welche König Rudolf bestimmten, zu Ende des Jahres 1289 nach Erfurt zu kommen und einen längeren Aufenthalt dort zu nehmen. Obgleich der Erzbischof den Bürgern ihr auffäßiges Verhalten verziehen hatte, mochte es dem Könige wegen ihres so oft bethätigten rebellischen Sinnes nöthig scheinen, seinerseits noch ein strenges Exempel zu statuiren.

Wir vernehmen darüber aus dem Chronicon Coenobii Montis Francorum Goslariae [1]): Rudolphus I. Imperator comitia Erfurti celebravit. Causa erat tumultus popularis hac occasione suscitatus. Vacante sede Moguntina Erfurtum per triennium fere motibus intestinis agitabatur, et turbatores blandis quamvis verbis compellati sedari haud poterant. Cum vero Henricus II. ad archiepiscopatum veniret et urbem ingrederetur, omni obsequii genere a civibus excipiebatur. Vix autem ab urbe recesserat, cum plebs in magistratum insurgens omnia susque deque haberet non solum in urbe tumultans sed etiam hinc inde per Thuringiam excurrens. Hoc motus Gerhardus II. Henrici successor querelas de seditiosis ad Imperatorem defert, qui armata manu ad urbem accedens submisse a populo recipitur. Ast strenuus scelerum vindex in auctores turbarum sedulo inquirit et legitime convictos, quos inter octo ex ordine senatorio erant, hoc anno capitis supplicio afficit.

Aehnlich lautet die Erzählung bei Gudenus [2]), der jedoch Nichts von einer Erhebung der Plebs gegen den Rath sondern nur von der

---

1) Chron. S. Petri ap. Mencken. III. p. 295 sq. Chron. Coenobii Montis Francorum Goslariae ap. Leibnit. Accessiones historicae. Franckfurt 1698. p. 45. Chron. picturatum ap. Leibnit. scr. rerum Br. III. p. 371. Joh. Rothe, Düringische Chronik in den Thüring. Geschichtsquellen. Band III. ed. R. v. Liliencron. Jena 1859. S. 464. J. E. Kopp: Der Geschichten von der Wiederherstellung und dem Verfalle des h. röm. Reiches erstes und zweites Buch: König Rudolf und seine Zeit. Leipzig 1845. S. 446—468.

2) a. a. O. S. 68.

Widersetzlichkeit der Stadt gegen den Erzbischof weiß. „Da Erfurt", sagt er etwa, „zu mächtig war, um mit geringer Macht zu seiner Pflicht zurückgeführt zu werden, bringt Gerhard das frevelhafte Gebahren vor König Rudolf und bittet ihn, die Stadt zum schuldigen Gehorsam zu zwingen. Der König zieht mit kriegerischem Gefolge heran; schon seine Majestät allein schreckte die Stadt; er wird mit tiefer Unterwürfigkeit empfangen. Aber die späte Reue milderte nicht seinen Zorn, öffentlich zu Gericht sitzend verfuhr er gegen die Urheber der Unruhen und ließ die Verurtheilten vor dem Krämpferthore hinrichten, acht Senatoren aber ersten Ranges wurden auf dem Markte am Rathhause geköpft, ihre Leichen dort begraben und ihre Köpfe am Rathhause angeheftet. Darauf söhnt Rudolf die Stadt mit dem Erzbischof aus, der Gesandte mit weitgehenden Vollmachten schickt. Die Bedingungen der Unterwerfung, welche wir noch heute unter dem Namen der Concordate Gerhardi besitzen, werden schriftlich abgefaßt, und die Stadt muß 800 Mark Silber zahlen." Diese Darstellung von Gudenus ist ungenau. Er faßt nur den Zwist zwischen Erzbischof und Stadt ins Auge, welcher durch die erwähnten Concordate sein Ende fand, nicht aber die offenbar auch eingetretenen Parteiungen und Streitigkeiten inmitten der Bürgerschaft selbst. Der oben angeführte Sühnbrief, in welchem Gerhard II., da seine Procuratoren ihn mit den Bürgern ausgesöhnt und die bischöflichen Rechte mit denselben (in den Concordaten) vereinbart haben, erklärt, daß er ihnen alle Excesse verzeihe, wofür sie 800 Mark versprochen hätten, ist ausgestellt schon am 24. November 1289, und es wird darin des Königs mit keiner Silbe gedacht, was ohnfehlbar hätte geschehen müssen, wenn Rudolf den Vertrag vermittelt hätte. Der König hielt auch erst am 14. December seinen Einzug in Erfurt, und es dürfte befremden, daß er die Bürger wegen ihrer Renitenz gegen Gerhard, welche dieser selbst ihnen schon verziehen, noch nachträglich zur Verantwortung gezogen und strenge bestraft habe. Hatten die Bürger vielleicht abermals, nach dem Erlaß des Verzeihungsbriefes, rebellirt, gab es in der Stadt eine Partei, welche den Vertrag nicht anerkennen wollte?! Dafür könnte, freilich nicht als ein wesentliches Moment, zu sprechen scheinen, daß der Erzbischof in Erfurt später eintrifft als der König, nicht vor diesem oder mit ihm zusammen. Wollte er ihm Zeit lassen, von den Schuldigen Rechenschaft zu fordern und der Stadt einen heilsamen Schrecken einzuflößen?

Man wird unbedingt festzuhalten haben, daß in der mitgetheilten Relation des Chronicon montis Fr. G. von einem tumultus popularis, von einer Auflehnung der Plebs gegen den Magistrat, also von Parteiungen in der Bürgerschaft, die Rede ist. Damit überein stimmt das Chronicon picturatum [1]): „dar sat de Keyser Roloff ein richte over itliche Borger, de in der Stat hadden twydracht gemaket twischen dem Rade unde den Amechten, de leyt he gripen unde leyt se openbar koppen upp dem Marckede unde mackede Frede mit deme Rade und den Borgeren."

_____

1) ap. Leibnit. script. rer. Br. III. p. 371.

Darnach geht Dresser [1]), wenn er sagt: „Da saß Keyser Rudolph gerichte vber etliche Bürger, so in der Stadt zwytracht zwischen dem Raht vnd den Amptsverwaltern gemacht, die ließ er greiffen vnd öffentlich auf dem Marckt köpffen vnd machte friede zwischen dem Raht vnd Bürgern." Es spielten also die Zünfte eine große Rolle bei den Verwickelungen.

Davon berichtet auch Friese [2]). „Es erhub sich (erzählt er) in Erffurth abermahl eine empörung des Pöbels, da der verderbliche Krieg zwischen Marggraff Albrechten und seinen Söhnen noch währete und die Straßen- räuber sich sehr mehreten. Drauf kahm Keyßer Rudolph I. den 14. De- cember nach Erffurth und kehrete ins Peter Kloster ein, seine Völcker aber legte er in die Stadt ümb den Berg herümb. Er setzte sich selbst öffent- lich zu Gerichte, citirte den Raht und Gemeine und hörete beyde Theile und vertrug sie gütlich, jedoch so, daß man auch auf dem Fischmarkte eine Bühne aufschlug und eine Thür auf dem Raht- hauße machte, dadurch man auf.die Bühne herunter gehen konte. Da ließ er acht der obersten und vornehmsten Meuthmacher enthaupten. Die Köpfe wurden vier oben über der Cämmerey und vier gegen den Stößel über an der Rahthauß Mauer auf eiserne Nägel gestecket, die Körper aber auf demselben Platz begraben. Denselben ließ der Raht zum Ge- dächtnuß gleich einem Kirchhoffe umbmauern, welches fischmäuerlein (wie mans von den Fischen, so daselbst verkauft wurden, imgleichen auch Ler- chen und andere Vögel, genennet) 370 Jahr bis a. 1662 noch gestanden hat. So jemand derer justificirten ihren Nahmen, Geschlechte und Ver- brechen wissen wolte, so dürffte man daselbst nur aufgraben, da sollen kupfferne Platten, darauf dieses alles beschrieben worden, zu finden seyn. Man saget, es wären die Vornehmsten des Rahts gewesen. Noch andere ließ der Keyßer viertheilen, damit sich die übrigen daran spiegeln und nicht wieder ihre Obrigkeit rebelliren möchten."

Der Zusammenhang des von dem Könige abgehaltenen Strafgerichts mit der Auflehnung gegen Mainz braucht durchaus nicht in Abrede ge- stellt zu werden, nur wird man eine doppelte Bewegung zu unterscheiden haben: eine gegen die Autorität des Stadtherrn gerichtete, von den Interessen der Aristokratie ausgehende, und eine entgegengesetzte, welche einen demokratischen Charakter annahm und sich gegen die bestehende Rathsverfassung wendete.

Vergleicht man die verschiedenen Nachrichten, so möchte folgende Vor- stellung der Sachlage am nächsten kommen. Es standen in der Stadt zwei Parteien einander entgegen. Die eine, damals noch die eigentliche Bewegungs- und Actionspartei, vertrat auf's entschiedenste nach Innen die Omnipotenz des Rathes, nach Außen die Stadtfreiheit, d. h. die möglichste Losreißung von Mainz. Zu ihr gehörte der größte Theil des Patriciats, sie hatte ihren Mittelpunct im Rathe, wo sie ganz dominirte. Dieser Rathspartei gegenüber stand eine andere, welche sich an die mainzischen Beamten und an die Schöffen anschloß. Die Letzteren neigten

---

1) Sächsisches Chronicon. Wittemberg, 1596. S. 307.
2) a. a. O. S. 83a. u. 84.

sich schon aus Eifersucht und Feindschaft gegen den auch sie schroff be-
handelnden, alle anderen Rechte unterdrückenden Rath, und weil sie
schwächer waren, auf die Seite des Erzbischofs, zu dem sie ja in einem
alten, fest begründeten historischen Verhältniß standen. Mit dieser
Schöffenpartei hatten die Zünfte gemeinschaftliche Sache gemacht gegen
den Rath, in welchem sie die exclusive Patricierherrschaft bekämpften.
Dieselben Parteigruppirungen, dieselben Erscheinungen zeigen sich in anderen bischöflichen Städten, besonders deutlich z. B. in Cöln [1]). Auch
dort suchten die Erzbischöfe nicht ohne günstigen Erfolg, nachdem sie bereits den größten Theil ihrer Rechte an die Stadtaristokratie verloren,
sowohl die Uneinigkeit der Patricier unter einander als den Neid und
die Eifersucht der Plebejer gegen dieselben für sich zu benutzen; mit Hülfe
der Zünfte gelang es Conrad von Hochstaden 1259 das Patricierregi-
ment zu stürzen und für eine kurze Zeit die erzbischöfliche Herrschaft in
der Stadt noch einmal herzustellen [2]).

In Erfurt scheint die Rathspartei auch nach dem Abschluß der Concordate noch mächtig geblieben; sie arbeitete unermüdlich auf die Schwächung der mainzischen Einflüsse wie auf die Niederhaltung der wieder
aufgetauchten, mit jenen Einflüssen in Verbindung sich setzenden demokratischen Bestrebungen hin; sie wollte vielleicht die Gegner, auf deren
Andringen der Vertrag vornehmlich geschlossen war, nun ihre Rache fühlen lassen, so daß das kräftige Einschreiten des Königs seinen guten
Grund hatte. So wird uns auch die Nachricht sehr erklärlich und ver-
ständlich, daß die acht auf dem Fischmarkt vor dem Rathhause Hinge-
richteten „die Vornehmsten des Rathes" gewesen seien. Das waren sie wirklich: die Häupter der Rathspartei, welche, sowohl dem Erzbischof als der Gemeinde, d. h. den Zünften, feindlich, von beiden bei
dem Könige verklagt und von ihm schuldig befunden worden.

Rudolf war von seiner Heimat her mit den inneren Zuständen der
deutschen Städte, den Conflicten und Geschlechter-Parteiungen in ihnen
vertraut genug. Bekanntlich hatte er in Basel, wo sich die Geschlechter-
vereinigungen der Papageien (psittaci) und der Sternträger (stelliferi)
— die einen bischöflich, die anderen antibischöflich — befehdeten, die
Sternträger unterstützt und lagerte gerade mit ihnen, um sie zurückzu-
führen, vor der Stadt, als er die Nachricht von seiner Königswahl
empfing [3]). Noch im März 1286 hatte er beiden Theilen ein Friedens-
statut gegeben, worin er sie, wie die Erfurter, „gütlich" vertrug [4]), doch
erst im Jahre 1290, also zu der nämlichen Zeit wie in Erfurt, kam es
auch in Basel durch die Bemühungen des Bischofs Peter zu einer länger
wirksamen Versöhnung.

Es wurde oben die Vermuthung ausgesprochen, daß, wenn nicht
1283, vielleicht 1290 der fünffache Rathsturnus eingeführt sein dürfte,

---

1) Entwickelung der deutschen Städteverfassungen, II. S. 354 u. 355.
2) Ebenda, S. 328 ff.
3) Annal. Colmar. a. 1273. ap. Boehmer. fontes rer. Germ. II. 7.   Chron.
Colm. ibid. II. p. 48.   J. E. Kopp a. a. O. S. 17 u. 20.
4) Ochs, Geschichte von Basel. I. S. 433.   Arnold, Verfassungsgeschichte der
deutschen Freistädte. I. S. 353.

88

was dann unter der Vermittelung des Königs geschehen wäre, nachdem er Rath und Gemeinde „gütlich" mit einander vertragen. Ob den Zünften damals irgend nennenswerthe Rechte gewährt wurden, ist fraglich und im Ganzen nicht wahrscheinlich; auf jeden Fall wurde die Patricierherrschaft nicht wesentlich davon berührt.

Auffallen möchte es, daß der Autor des Chronicon S. Petri Nichts über die der Ankunft des Königs vorhergehenden inneren Unruhen berichtet; man muß aber annehmen, daß er sie bei den vielen anderen erwähnenswerthen Begebenheiten, welche die Anwesenheit des Reichsoberhauptes bezeichneten, und die ihm ungleich wichtiger dünkten, übersehen oder absichtlich übergangen hat. Wie hätte sich auch der gute Mönch träumen lassen sollen, daß die gegenseitigen Beziehungen des Senatus populusque Erfurtensis, die Zwistigkeiten der Tyrannen und Bedränger seines Klosters, der Rathsherren mit der Gemeinde, uns heut zu Tage in ihrer Art ebenso interessant sein würden als die Vermählung einer Prinzessin aus königlichem Geblüt mit einem Reichsfürsten. Er erzählt lieber von dem feierlichen Einzuge des Königs und seinem Empfange durch Clerus und Volk in der Kirche S. Mariä, seiner Thätigkeit zur Aufrechthaltung des Landfriedens, (wobei auch erwähnt wird, daß Rudolf persönlich in Erfurt zu Gericht gesessen und 29 in Ilmenau ergriffene Räuber habe hinrichten lassen) von der Ankunft des Erzbischofs am 20. December 1289, von den Fürsten und Herren, die aus allen Theilen Deutschlands am Hofe des Königs zusammenkamen, wie dieser seine Töchter dorthin zu sich eingeladen, wie er seine Verwandte, Margarethe von Habsburg [1]), mit dem Grafen Dietrich von Cleve vermählt habe, und noch manches Andere von allgemeinerem, aber nicht specifisch erfurtischem, Interesse.

Doch er möge selbst sprechen. Rudolphus Romanorum rex intravit Erfordiam in crastino S. Luciae cum maximo comitatu principum ac nobilium plurimorum et susceptus est cum maxima solemnitate in ecclesia S. Mariae ab omni clero et populo civitatis cum crucibus et reliquiis Sanctorum. Qui gloriose susceptus praecepit districte servari pacem faventibus sibi ad hoc civibus Erphordensibus, qui cum militibus ipsius regis armati exeuntes comprehenderunt in Jlmena XX et novem praedones, quos praedictus rex personaliter sedens pro tribunali in vigilia S. Thomae praecepit sententialiter extra muros Erphordiae decollari. Ipso anno dominus Gerhardus archiepiscopus Moguntinus in vigilia S. Thomae Erfordiam veniens ab universo clero ac populo civitatis honorifice est susceptus. Eodem anno dominus Rudolphus rex curiam suam Erphordiae celebravit in festo Natalis Christi proximo, ad quam vocati convenerunt de vicinis regionibus multi principes spirituales et seculares et plurimi nobiles ac barones [2]). •

---

1) Ihr Vater war der Vetter des Königs. J. E. Kopp, der Geschichten von der Wiederherstellung und dem Verfalle des h. röm. Reiches erstes und zweites Buch. König Rudolf und seine Zeit. S. 482.

2) ap. Mencken. III p. 295. Erphord. A. V. ap. Mencken. II. p. 490.

Da waren zu sehen die Prälaten von Mainz, von Salzburg, von Magdeburg, von Bamberg, von Würzburg, von Hildesheim, von Paderborn, von Naumburg, von Merseburg, von Verden, von Halberstadt, von Meißen, von Eichstädt, von Constanz, die Markgrafen von Brandenburg: Otto der Lange und Otto cum telo, Markgraf Friedrich von Meißen, der König von Böhmen, Landgraf Albrecht von Thüringen mit seinen Söhnen, der Landgraf von Hessen, der Burggraf von Nürnberg und viele andere geistliche wie weltliche Fürsten und Herren.

Am 21. Februar 1290 bestätigte der König den Bürgern zwei von Landgraf Albrecht ihnen ertheilte Privilegien[1]), beurkundete auch eine Sühne, welche sie mit den Herren von Gatersleben geschlossen, zu mehrerer Bekräftigung[2]). Besonders gefiel den Erfurtern sein energisches Auftreten gegen die Räuber in den Umlanden, welche durch das Gericht über die 29 in Ilmenau Gefangenen zwar in Schrecken gesetzt worden waren und das offene Land verlassen hatten aber doch noch von ihren Vesten und Raubhäusern aus die Bürger plagten, indem sie nach wie vor die Straßen unsicher machten und Handel und Wandel empfindlich schädigten. Da sandte Rudolf, stets von der richtigen Ansicht geleitet, daß, wenn sein Landfriede eine Wahrheit werden solle, es nicht bloß bei der Verkündigung bleiben dürfe sondern Theorie und Praxis Hand in Hand gehen müßten, mit den Bürgern seine Krieger aus und ließ 66 munitiones in diversis locis Thuringiae sitas, in quibus se recipere soliti erant iniqui homines rapinas et latrocinia exercentes, zerstören und schleifen[3]).

So gewann er leicht die Zuneigung der Bürger und befreite ganz Thüringen von einer furchtbaren Landplage. Und ihm wiederum, dem schwäbischen Könige, scheint das Leben in der gemüthlichen Thüringerstadt nicht übel behagt zu haben, wofür schon sein längeres Verweilen dort spricht.

Eines Tages, als er die Bierrufer auf der Straße Bier ausrufen hörte, trat er mit einem Bierglas ans Fenster und rief scherzweise Jenen nachahmend: „Hol ein, hol ein, ein gut Erffurthisches Bier hat er Siffrid von Butstedt uffgethan"[4]), an welche königlichen Worte die Erfurter noch in späteren Zeiten mit Stolz gedachten.

Aber wie jeder Ruhm und jede Ehre in der Regel theuer erkauft werden müssen, so kam auch den Bürgern von Erfurt die Ehre und der Ruhm, den König zu dessen allerhöchster Zufriedenheit so lange in ihren Mauern beherbergt zu haben, theuer zu stehen; das lange Einlager

---

1) Lünig, Reichsarchiv. XIV. p. 430. Böhmer, Reg. p. 248. Kopp, a. a. O. S. 456.

2) Kopp, a. a. O. S. 457.

3) Chron. S. Petri l. c. III. p. 295. Erphord. A. V. II. p. 290. Chronica Erfordensis Civitatis, ap. Mencken. II. p. 563. Vergl. J. Rothe, Chron. Thur. ap. Mencken. III. p. 1751. Anon. Erphesfordensis Historia de Landgrav. ap. Pistor. ed. Struve. l. p. 1338.

4) Erphurd. ap. Mencken. II. p. 491. Nach der Chronica Erfordensis Civitatis lauteten die Worte: Wol in, wol in; ein gut Bier dat hat her Slfrid von Bustede ufgetan. (ap. Mencken. II. p. 563.)

Rudolfs verursachte nicht bloß dem Peterskloster sondern auch und noch mehr dem Stadtsäckel ungeheure Kosten; es hinterließ für die Bürgerschaft eine schwere Schuldenlast, an der sie lange zu tragen hatte, und die Finanzoperationen, welche man zur Deckung derselben anwendete, trugen mit dazu bei, die Revolution von 1310 hervorzurufen.

Die Zeit von 1290—1309 [1]).

Als Rudolf von Habsburg 1290 die Stadt verließ, soll er nach den Rath und die Bürgerschaft zur Eintracht ermahnt und ihnen gerathen haben an geeigneten Stellen an den Häusern Ketten anzubringen, damit man dieselben bei Aufläufen vor die Gassen ziehen und so diese absperren könne [2]). Das Letztere geschah auch, die Ermahnung indeß fruchtete nicht viel, da der Rath seine aggressive Thätigkeit alsbald wieder aufnahm.

Gerhard II zeigte sich äußerst nachgiebig. Er überließ 1291 auf Bitten der Bürger ihnen seine Mühlengerechtigkeit, genehmigte auch die jährliche Abhaltung des Wassergerichts durch die 13 Mühlherren an der großen Gera unter dem Vorsitz des Schultheißen auf dem Fischmarkt vor dem Hause zur Tafel, sowie die Errichtung eines Wassermeisteramtes über alle 23 Mühlen an der Gera [3]). Ferner verpfändete er 1291, von seinen zu Rom gemachten Schulden gedrängt, die Münze, das Marktmeisteramt und die beiden Schultheißenämter, das in der Stadt und das in plurali, nebst den Judengefällen für 1000 Mark Silber auf elf Jahre an den Rath, ita videlicet quod magistri et consules dicti oppidi Erphurdensis, qui pro tempore fuerint, vel hi conceives eorum, quibus memorata quatuor officia commiserint, eadem regant taliter et conservent, quod jura nostra et ecclesiae Moguntinae exinde non minuantur aliqualiter vel laedantur.[4])

Die genannten vier Aemter wurden also für elf Jahre gänzlich dem Rath überlassen, der sie nach seinem Gefallen besetzen konnte.

Trotz aller Geneigtheit zum Nachgeben durfte jedoch der Erzbischof als Kirchenfürst keine ferneren Eingriffe des Rathes in die Rechte der Geistlichkeit gestatten, und es kam deshalb 1293 zu einem neuen Zusammenstoß.

Der Rath beschloß nämlich — für die in Folge des königlichen Besuches zerrütteten städtischen Finanzen mochte es dringend zu wünschen sein — was er in seinen früheren Conflicten stets vergeblich angestrebt,

---

1) Vergl. A. L. Michelsen: die Landgrafschaft Thüringen unter den Königen Adolf, Albrecht und Heinrich VII. in der Zeitschrift des Vereins für thüring. Geschichte und Alterthumskunde. VII. Band. 1. Heft. Jena 1867. S. 7—36. Eine sehr schätzbare Abhandlung, welche über die Zerwürfnisse Albrechts des Entarteten mit seinen Söhnen und über die Stellung der Landgrafen zu Erfurt neues Licht verbreitet.

2) Gudenus l. c. p. 70.

3) v. Falckenstein a. a. O. S. 163.

4) Urkunde XXXIV.

ein Besteuerungsrecht über die Geistlichkeit und ihre Besitzungen in der Stadt nunmehr um jeden Preis durchzusetzen. Er erklärte die alte Steuerfreiheit des Petersklosters für aufgehoben und ließ von den am Fuße des Petersberges gelegenen, dem Kloster gehörigen, kleinen Häusern Steuern einziehen. Vergeblich suchte der hochbejahrte, ehrwürdige Abt durch Vorlegung seiner Privilegien wie durch demüthige Bitten diese willkürliche Gewaltmaßregel rückgängig zu machen und seine Rechte zu wahren: die regierenden Herren blieben unerbittlich, ja sie verhöhnten ihn auf's übermüthigste; nicht nur die Häuser am Petersberge sondern auch alle Officinen und das Kloster selbst werde man bald besteuern; die Steuerfreiheit habe die längste Zeit gewährt. So mußte der Abt die Hülfe des Erzbischofs nachsuchen.

Es folgte Suspension der divina und fünfjährige Feindschaft. Dabei zeigte sich aber, bis zu welchem Grade es bereits dem Rathe gelungen war, sich zum unumschränkten Herrn der Stadt zu machen und die Geistlichkeit einzuschüchtern. Während dieselbe noch 1279 einmüthig sich dem Erzbischof angeschlossen und seinen Befehlen unweigerlich Folge geleistet hatte, ergriff jetzt der größte Theil des städtischen Clerus, der nach Verkündigung des Interdicts, wenn er nicht die Stadt verließ und so großen materiellen Schaden auf sich nahm, den schwersten persönlichen Verfolgungen und Verunglimpfungen ausgesetzt war, hauptsächlich aus Furcht vor dem Rath, wiewohl auch anderweitige Differenzen mit dem Erzbischof obwalteten, gegen diesen Partei, und appellirte von seinen Weisungen an den römischen Stuhl.

Der Chronist des Petersklosters giebt uns über diese Vorgänge beim Jahre 1293 umständliche Nachricht.

Consules Erphordenses ipsius anni, quorum nomina inferius sunt annexa, antique illud nobilitatis ius sive libertatem ecclesiae montis S. Petri, qua per multos retroactos annos in domunculis sitis in pede eiusdem montis, quae ab omni exactione aliorum libere penitus ac secure S. Petro totaliter dinoscuntur adhaerere, eadem ecclesia est gavisa, violare immo violenter praeripere sunt aggressi deque singulis domunculis sive laribus, quod vulgo ein Herbt nuncupatur, exactiones alibi solitas extorquere, quasi hoc, ut aiebant, in subsidium proficeret civitatis.

Ac domino abbate suoque conventu humillime ipsis instantibus, quatenus pro amore S. Petri eo iure et libertate, quae egregiis sacris et autenticis privilegiis confirmata, quamquam simile saepius fuerit attemptatum, hactenus tamen perdurasset, perfrui sinerent et gaudere, ipso etiam domino abbate aetatis suae gravedinem respici supplicante: consules nil his moti ad tantum sunt fecem oblivionis iusticiae devoluti ut stomachanti voce tumultuando garrirent, futurum asserentes, quod non solum domunculae supradictae verum etiam omnes officinae et ipsum monasterium cogerentur exactionibus subiacere. Incepti igitur violenti perfectores contra ipsum coeli clavigerum consurrexerunt et habitatoribus ipsorum domunculorum coram se comparere iussis ipsisque timore eorum comparentibus exactionem secundum facultatem singulorum extorserunt quosdamque renitentes aut non habentes abbatis pignoribus ad propria cum dedecore remiserunt: Heinricus de Biltersleibin et Tylo de Sachsa, Magistri Consulum, Hermannus de Altb Gotero, Magister Fori, Godefridus, qui supra Goters, Lubilin, Hartungus de Frinstede, Thelonarius, Vlricus Rabenoldi, Bertoldus de Tutilstede, Heinricus de Heilingin, Hugo de Cimmirn [1]).

Eodem anno circa festum S. Margarethae exceptis conventu S. Petri sanctique Jacobi Scotorum et capitulo S. Severi Erford. cum praepositura sua ad instantiam canonicorum S. Mariae ibidem totus clerus civitatis et aliarum praepositurarum Thuringiae ad curiam Romanam contra Mogontinum appellat, Erfordensibus civibus in tali facto non sibi invitis, unde circa festum Michaelis pro eadem causa legatos ad curiam miserunt[2]).

Einen Verbündeten gewann der Rath auch an König Adolf, welcher im Jahre 1293 mit Albrecht dem Entarteten einen Vertrag geschlossen, wodurch Thüringen nach des Landgrafen Tode nicht an deffen Söhne übergehen sondern an das Reich fallen sollte [3]). Die Erfurter fanden es für sich vortheilhaft, wenn Thüringen Reichsland wurde. Sie waren dann der Ansprüche, welche die Landgrafen als Landesfürsten und Oberrichter erhoben, mit einem Male entledigt und sahen ihren sehnlichsten Wunsch, eine freie Reichsstadt zu werden, der Verwirklichung um vieles näher gerückt. Deshalb unterstützten sie sowohl Adolf als auch seine beiden Nachfolger in ihren Bestrebungen, Thüringen an das Reich zu bringen, nach Kräften und ergriffen in dem Streite zwischen Albrecht und seinen Söhnen die Partei des Ersteren. Gerhard den II., mit dem er schon seit einiger Zeit in gespannten Verhältnissen stand, hatte Adolf 1295 noch dadurch besonders gegen sich aufgebracht, daß er sich von Albrecht dem Entarteten verschiedene thüringische Güter cediren ließ, welche mainzische Lehen waren, die er aber auch unmittelbar an das Reich zu ziehen wünschte. Sie gehörten theilweise zum mainzischen Erzmarschallamt; Albrecht hatte sie nur als mainzischer Marschall zu Lehen und konnte sie daher ohne Genehmigung des Erzbischofs mit Rechtsgültigkeit nicht abtreten. Gerhard legte auch sofort dagegen Protest ein und appellirte gegen diese Entfremdung der Kirchengüter an den Pabst [4]). Die Erfurter aber erhielten von dem Könige am 17. Januar 1295 zu Eisenach eine umfangreiche Bestätigung aller ihrer Privilegien, wie sie sich dieselbe nur wünschen konnten [5]). Es wurden ihnen bekräftigt: omnia et singula privilegia seu indulta, iura, libertates, immunitates et gratias universas, quocunque nomine censeantur, vobis concessa vel concessas a divis Imperatoribus vel regibus Romanis [6]).

---

1) Die beiden Rathsmeister und sieben Consuln, also ein Drittel des sitzenden Rathes.

2) ap. Mencken. III. p. 301. Vergl. Erphord. A. V. ap. Mencken. II. p. 493.

3) A. L. Michelsen: Die Landgrafschaft Thüringen, a. a. O. S. 9.

4) v. Falckenstein, a. a. O. S. 168.

5) A. L. Michelsen: Die Landgrafschaft Thüringen, a. a. O. S. 13.

6) v. Falckenstein, a. a. O. S. 169.

Erſt nach Adolfs Falle gelang es Albrecht von Oeſterreich 1299 auf dem Hoftage zu Fulda eine Sühne zwiſchen Erzbiſchof und Stadt zu Stande zu bringen. Rex curiam suam Fuldae praesentibus illic archiepiscopo Mogontino nonnullisque aliis tam spiritualibus quam secularibus principibus circa festum S. Jacobi celebravit, ubi etiam legati cleri seu civium Erfordensium advenientes obtentu regis ac aliorum principum gratiam eiusdem domini sui archiepiscopi Moguntini, qua iam per annos quinque caruerant, habita pecuniaria satisfactione, datis scilicet ex parte cleri CCC, ex parte vero civium MCCC marcis argenti, coëmerunt. Quam tamen summam ex parte inobedientis colligendam versa imo perversa vice hactenus obedientes gravius pendere sunt coacti[1]).

Die Buße war demnach nicht übermäßig groß, und der Rath bewies durch die Art, wie er ſie aufbrachte, ſogleich, daß in ſeinem Verhalten zur Kirche keine Aenderung eintreten würde.

Gegen das Ende der Regierung Gerhards 1303 geriethen die Juden in Erfurt in große Gefahr. Ein chriſtlicher Knabe in Weißenſee war angeblich von Juden getödtet worden, deshalb furchtbare Aufregung und Niedermetzelung der Juden in ganz Thüringen. Auch in Erfurt drohte die Wuth des Pöbels jeden Augenblick loszubrechen. Nur bedeutende Geldopfer, noch zur rechten Zeit an die magistros Consulum et reliquos meliores civitatis geleiſtet[2]), verſchafften den Bedrohten den kräftigen Schutz der Stadtregenten und wendeten das Verderben von ihren Häuptern ab.

Der Nachfolger Gerhards II., Peter Aichſpalter, der 1304 den mainzer Stuhl beſtieg, erſchien erſt 1307, als er mit König Albrecht nach Thüringen gezogen war, in Erfurt, wo er feſtlich empfangen wurde und ſich huldigen ließ, aber für diesmal nur wenige Tage verweilte[3]). Zum zweiten Mal erſchien er 1308 dort. Er kam in vigilia Inventionis S. Stephani und blieb bis nach Mariä Geburt. Seine Reſidenz nahm er im Peterskloſter[4]).

In demſelben Jahre 1308 ſah die Stadt auch den Landgrafen Friedrich in ihren Mauern. Auch gegen Adolfs Nachfolger, Albrecht von Oeſterreich, hatte Albrecht der Entartete in einer am 9. Juli 1306 zu Fulda ausgeſtellten Urkunde[5]) die Rechte des Reiches auf Thüringen anerkannt und ſich damit einverſtanden erklärt, daß ſein Land nach ſeinem Tode an das Reich komme. Aber Friedrich hatte durch die Schlacht

---

1) Chron. S. Petri ap. Mencken. III. p. 310.
2) Chron. S. Petri l. c. III. p. 312. Conf. Chron. ecclesiasticum Nicolai de Siegen: Quod idem Erfordie evenisset, nisi quod multa eorundem Judeorum pecunia apud magistros Consulum et reliquos superiores civitatis Erfordie defeusavit, iuxta id vulgare:
    Qui habet nummos, der machet ſtrach, daß da crom iſt;
    Qui vero caret nummis, was hylfet is, daß er from iſt.
(ed. Fr. X. Wegele. 2. Band der thüring. Geſchichtsquellen. Jena 1855. S. 372.)
3) Chron. S. Petri l. c. III. p. 316.
4) Chron. S. Petri l. c. III. p. 319. Nicol. de Siegen l. e. p. 376.
5) Gedruckt in den Sitzungsberichten der kaiſerlichen Akademie der Wiſſenſchaften zu Wien. Band XIV. S. 192.

bei Lucka (31. Mai 1307) die Pläne König Albrechts auf Thüringen zum Scheitern gebracht und nun 1308 in der Fastenzeit die Edlen des Landes nach Erfurt in das Petersklofter zu einer Versammlung entboten [1]), um ihre Huldigung entgegen zu nehmen und die Angelegenheiten des Landes zu ordnen.

In diesem Jahre brachte die Stadt von dem Grafen von Gleichen das Löberthor an sich [2]), deffen Besitz jenem als Burggrafen zustand. Es war dies eine der ihm noch verbliebenen Gerechtjame, woraus sich auf den früheren Umfang und die Beschaffenheit der burggräflichen Gewalt ein Rückschluß machen läßt. Auch in Cöln sehen wir, daß der Burggraf, wenigstens noch im 12. Jahrhundert, sich im Besitz eines alten zur Stadtbefestigung gehörigen Thores erhalten hat [3]); ein Recht des Burggrafenamtes, das nachher bedeutungslos geworden auch in die Hände der Bürger übergeht.

Unglücklicher Krieg Erfurts gegen Friedrich den Freudigen 1309 [4]).

Die Erfurter hatten ihre Verbindung mit dem alten, stets geld-bedürftigen Landgrafen Albrecht in jeder Weise für ihren Nutzen auszu-beuten gewußt. Schon 1293 waren seine goldenen und silbernen Kleinodien als Pfandftücke in den Händen der erfurter Juden. 1305 hatte der Rath zum Lohn für die Unterstützung, die er 1304 zur Eroberung der Kirchbergischen Schlösser bei Jena Albrecht gegen deffen Sohn Dietrich geleistet, sich die vormals orlamündischen und hohensteinischen Güter zu Ichtershausen in bester Form übertragen und den dortigen Blutbann als Lehen der Landgrafschaft von Albrecht verleihen lassen, eine Ver-leihung, welche der Markgraf Friedrich am Donnerstage der Osterwoche 1305 und sein Bruder Dietrich 1306 ihrerseits anerkannten und be-stätigten.

Es ist nun möglich, daß Friedrich, nach der Ermordung Albrechts von Oesterreich (1. Mai 1308) von diesem trotz Lucka immerhin gefähr-lichen Feinde befreit, seine 1305 ertheilte Genehmigung zu jener Ueber-tragung wieder zurückgezogen, und daß es sich bei dem zwischen ihm und der Stadt ausbrechenden Streite in erster Linie um die Güter und Rechte in Ichtershausen, die er nicht im Besitz der Erfurter laffen wollte, gehandelt habe. Darauf würde dann also vorzugsweise die Nachricht des

---

1) Chron. S. Petri l. c. III. p. 319. Michelfen: die Landgrafschaft Thüringen, a. a. O. S. 28.

2) Sagittar: Historie der Grafschaft Gleichen, S. 94.

3) Ennen und Eckertz: Quellen. I. S. 558. Z. 8 ff.

4) Chron. S. Petri ap. Mencken. III. p. 319 sq. Erphord. A. V. ap. Mencken. II. p. 498. Chron. Civilatis Erf. ap. Mencken. II. p. 561. J. Rothe: Düringische Chronif, ap. Mencken. II. p. 1774, in den Thüring. Geschichtsquellen: 3. Bd. S. 524 ff. Nicolai de Siegen Chronicon Ecclesiasticum, in den Thüring. Geschichtsquellen: 2. S. 376 ff. Gudenus l. c. p. 76 sq. Michelfen: die Landgrafschaft Thüringen, a. a. O. S. 29 ff.

Chronicon S. Petri zu beziehen sein, worin ausdrücklich advocatiae sive
iurisdictiones erwähnt werden [1]), welche die Bürger von Erfurt in der
Umgegend vom Landgrafen Albrecht und mehreren Edelen erworben
hätten. Dabei könnte es indeß auffallen, daß Friedrich jene Verleihung
nicht eher, wenigstens gleich nach dem Siege bei Lucka, zurückgenommen,
und daß er noch 1308, als er im Peterskloster die thüringischen Edelen
um sich versammelte, mit der Stadt in friedlichem Vernehmen sich be=
findet. Es liegt aber auch gar kein Grund vor zu bezweifeln, daß die
Erfurter, der Rath im Namen der Stadt und vielleicht auch einzelne
Patricier, noch andere Besitzungen und Rechte von dem alten Land=
grafen an sich gebracht hatten [2]), wozu die Einwilligung Friedrichs nicht
erlangt worden war. Aber schwerlich würde die Stadt deßhalb mit dem
mächtigen Fürsten anzubinden gewagt haben, wenn nicht der am
27. November 1308 zu Frankfurt erwählte neue König, Heinrich von
Luxemburg, sofort die Ansprüche seines Vorgängers auf Thüringen wie=
der aufgenommen und so für Erfurt die Fortsetzung der schon unter
Adolf von Nassau und Albrecht von Oesterreich mit bewußter Consequenz
befolgten Politik ermöglicht hätte. Von seiner Seite standen Schutz und
Hülfe gegen den Markgrafen, den als Landesfürsten in Thüringen die
Erfurter als ihren natürlichen Feind betrachteten, mit Sicherheit zu er=
warten. Heinrich VII. bestätigte denn auch der Stadt am 2. Februar
1309 alle ihre Rechte und Privilegien und nahm sie am 18. Juli des=
selben Jahres in seinen und des Reiches besonderen Schutz, weil sie sich
verbindlich gemacht hat, ihm in Gemeinschaft mit dem Grafen Hermann
von Orlamünde wider Friedrich, „den Sohn des Landgrafen Albrecht",
beizustehen. Friedrich sollte also gar nicht als Landgraf anerkannt wer=
den. Er indeß verrieth nicht die geringste Neigung, seine Erblande, die
er bereits gegen zwei Könige mit Erfolg vertheidigt, nun ohne Weiteres
dem dritten auszuantworten, oder den Erfurtern, die seine Hauptfeinde
waren, da der König fern blieb, sich nachgiebig zu erweisen.

Er ergriff ohne Weiteres von den betreffenden Gütern Besitz, und
die Bürger sahen die Früchte ihrer schlauen Unterhandlungskunst mit
Albrecht verloren gehen. Die von ihnen geforderten Entschädigungen
wies Friedrich als unberechtigt kurz von der Hand, Jurisdictionen und
Vogteien dürfe und könne eine Stadt überhaupt nicht besitzen, ja er

---

1) ap. Mencken. III. p. 319.

2) „Rechint man die jarzeit nach Christus gebort sso was is yn der zeit also
man zalte tusent 307 jar, also marggrave Tizmann gestorben was, do hub sich eyne
nuwe zwetracht zwuschen lantgraven Albrechte von Dorngen, der zu Erfforte
eyn vhronbener worden was, unde marggraven Frederiche, seyme sone."
(J. Rothe's Düringische Chronik. 3. Band der Thüring. Geschichtsquellen, S. 506.)
„Do (1309) hub sich eyne grose zweitracht zwuschen lantgraven Frederiche zu Dorngen
unde marggraven zu Mysen dem frediqen unde den burgern zu Erfforte, dorumb die
das die von Erfforte vil dorff unde gerichte unde voitei yn den
dorffirn umbe sich gekoufft hatten weder seinen vatir lantgraven Albrechte
weder seynen willen unde seynes bruders seligen, unde die wolde her
weder gehat habin. Duch so hetten sie dorf, gerichte unde sloß weder die irbarn
lewte yn seyme lande, die weile das her eyn lehnherre von des landes wegen obir
were, ane seynen willen unde wort unde mute do eyn wandel umbe." (Rothe,
a. a. D. S. 524.)

citirte sie vor das thüringische Landgericht nach Mittelhausen, weil sie durch ihre Machinationen gegen ihn den Landfrieden gebrochen hätten. Nach vergeblichen Unterhandlungen kam die Fehde 1309 zum offenen Ausbruch. Die Vasallen des Landgrafen fingen an die Straßen nach Erfurt zu sperren und schnitten allen Verkehr ab. Die Bürger dagegen überfielen um Mariä Reinigung das Castell von Andisleben, wohin ihre Dränger sich zurückzuziehen pflegten, und zerstörten es von Grund aus [1]). Schon 1308 hatten Mühlhausen und Nordhausen, welche sich dem Landgrafen Friedrich gegenüber in der gleichen Lage wie Erfurt befanden, sich eng verbündet [2]) und viele Söldner angenommen. Ganz Thüringen erfüllte sich mit Raub und Brand. Nachdem die erwarteten Hülfstruppen der Verbündeten eingetroffen, wird unter Begleitung des Clerus ein großer Zug gegen die Burg (munitionem) Vistede unternommen, die nach fünftägiger Belagerung sich ergeben muß. Wären sie damals rasch weiter vorgedrungen, meint der Chronist S. Petri, so würden sie viele castra des Landgrafen erobert und vielleicht einen entscheidenden Sieg davongetragen haben, so aber kehrten sie, die günstige Zeit nicht benutzend und mit dem gewonnenen Resultat, der Zerstörung der Burg, zufrieden, oder ihren Kräften für ausgedehntere Unternehmungen mißtrauend, nach Erfurt zurück. Dort sah es bald gar übel aus. Der Charakter der geistlichen Stadt war völlig verändert, sie glich einem offenen Feldlager. Das wilde Kriegsvolk verübte nicht nur bei den in die Umlande unternommenen Streifzügen die furchtbarsten Greuel sondern hauste auch in der Stadt, als sei es in Feindes Land, wie es ihm gefiel, hielt die Sonn- und Feiertage nicht, profanirte Kirchen und Kapellen und bedrängte den Clerus. Da konnte denn auch der göttliche Zorn nicht ausbleiben. Gegen Himmelfahrt wurde der Stadthauptmann Ludwig von Guttern bei dem Versuche das Schloß Mühlberg zu überrumpeln mit 70 Reisigen (armigeri) schimpflich gefangen, alles Heergeräth fiel in die Hände des Landgrafen.

Aber auch nach diesem Unglück, welches sie doch hätte warnen sollen, ließen die Bürger nicht ab, Unrecht zu thun. Namentlich plagten sie hart die Klöster und die Geistlichkeit, erpreßten von ihnen gewaltthätig Kriegssteuern und belegten die dem Dienste der Religion geweihten Gebäude mit Soldaten. Sogar die Nonnen von Neuwerk erhielten ihre Einquartierung. Es sei recht und billig, daß die, für deren Sicherheit der Soldat sein Blut verspritze, auch für seinen Unterhalt sorgten. Dabei stand die Geistlichkeit unter strenger Controlle. Die Mönche des Petersklosters durften die Stadt nicht verlassen, nicht einmal zu ihren vor der Stadt gelegenen Mühlen ließ man sie hinaus.

Bei einem neuen Verheerungszuge in das Gebiet des Landgrafen wurden die Erfurter von den Truppen desselben bei Zimmern angegriffen, gänzlich besiegt und viele Mannschaft gefangen. Dieser Schlag

---

1) Chron. S. Petri l. c. Rothe l. c. p. 525.

2) B. Chr. Grasshofii Commentatio de Originibus atque Antiquitatibus S. R. I. Liberae Civitatis Mvlhvsae Thvringorum. Leipzig. 1749. p. 138. Vergl. Chron. S. Petri ap. Mencken. III. p. 319.

beugte sie so, daß ihr früherer Uebermuth sich urplötzlich in Kleinmuth verwandelte, und sie nicht mehr im offenen Felde Widerstand zu leisten wagten.

Nun zog Friedrich der Freudige selbst mit mächtigem Heere heran, zuerst vor Weimar, dessen Grafen er zur Unterwerfung zwingt. Sodann um Johanni rückt er gegen Erfurt und schlägt sein Lager westlich der Stadt bei der Villa Hochheim, nicht weit von den Mauern auf. Sofort wird die Vorstadt Brühl angegriffen und bedrängt, er läßt Feuer hineinwerfen, verbrennt die Häuser und verwüstet die Gärten. Die Bürger schanzen und befestigen sich nach Kräften, alle Einwohner, sogar die Juden, müssen auf die Mauern zur Vertheidigung und zum Wachdienst. Um Mariä Geburt machen sie einen Ausfall und drängen die Feinde mit Verlusten zurück. Der Markgraf blockirte jetzt die Stadt von Weitem, schnitt alle Zufuhr ab, so daß große Theuerung entstand, ließ die Weinberge ringsum zerstören und die bleiernen Röhren, durch welche der Petersberg mit Wasser versehen wurde, ausgraben. Vierzehn Tage blieb er noch vor der Stadt, dann wandte er sich in das Fuldaische, um den ihm gleichfalls feindlichen Fürstabt zu züchtigen. Die Erfurter erhielten dadurch für eine Weile Luft, sie wendeten sich um Hülfe an Kaiser und Reich, an den Landgrafen Johann von Hessen, dem Heinrich VII. schon durch eine am 26. August 1309 zu Speier ausgestellte Urkunde [1]) den Oberbefehl über die königlichen Truppen in Thüringen übertragen hatte, an die bundesgenössischen Städte; ihre eigene Kraft war vollständig erschöpft. Die 1310 geschlossene Sühne hatte nicht langen Bestand [2]), 1311 erschien Friedrich von Neuem um die Stadt zu blockiren und fügte ihr ungeheuren Schaden zu. Der Landgraf von Hessen kam ihr zwar zu Hülfe, trat jedoch, von den erfurter Zuständen wenig erbaut, schon nach einigen Tagen den Rückweg an. Auf erneute dringende Bitten kam er indeß noch einmal mit dem Burggrafen Friedrich IV. von Nürnberg (cum quodam nobili de Nurenberg [3]), den der König geschickt hatte; beide wüsteten im feindlichen Gebiete und zerstörten die Villa Sumeringen 1312. Dann zog der Landgraf von Hessen ab, und nach einiger Zeit folgte ihm auch der Burggraf, ohne daß sie den Erfurtern auf die Dauer hätten wesentlichen Nutzen leisten können.

Aufstand der Gemeinde gegen die Patricier. Ursprung der potestas tribunicia der Vierherren.

In dieser Zeit der Bedrängniß durch den äußern Feind sollte das Unwetter, welches schon lange die Patricierherrschaft bedrohte, zu ihrem Verderben sich entladen.

---

1) Bei Böhmer, Regesta Imperii 1246—1313.
2) Michelsen: Die Landgrafschaft Thüringen, a. a. O. S. 31 u. 32. Der definitive Friede wurde erst 1315 geschlossen. Mit König Heinrich hatte Friedrich sich schon 1310 ausgesöhnt und am 19. December dieses Jahres von seinen Abgeordneten zu Prag, dem Sitze des Reichsvicars Johann, die Belehnung erhalten.
3) Chron. S. Petri l. c.

98

Orta [1]) est etiam dissensio in civitate, communitate divites variis murmurationibus lacessente, per quod ad tantam infamiam sunt deducti, ut quicunque volebant eorum vicinitates infestabant in tantum ut tres vel quatuor usque ad fossatum civitatis devenisse in equis saepius viderentur quoslibet ad valvas usque persequentes, ut in eis scriptum impletum videatur: Quomodo persequeretur unus mille et duo fugarent decem milia et item fugient nemine persequente.

Sequenti anno (1310), cum consules futuri secundum consuetudinem essent promulgandi, communitas congregata tam veteres consules quam promulgatos exterruit et coëgit, ut quae ipsi dictaverant publice legerentur et ipsae literae sigillo civitatis in futurorum certitudinem munirentur, quae tamen ipsimet postea penitus infregerunt, quorum quaedam hic insero:

Scilicet ut omni anno quatuor de communitate eligerentur, qui in praetorio ante aestuarium sedentes advenientium causas discerent et consulibus inserentes citius facerent diffiniri. Item ne unquam pro quacumque exactione in proprio domo tollatur vadimonium violenter [2]). Post haec Erfordenses, communitate quasi cogente, pacem a marchione expetunt, quam tandem data magna pecunia meruerunt. Molhusenses Nothusensesque idem facere sunt coacti.

Dieser Bericht des Chronicon S. Petri läßt uns die Grundzüge der Bewegung der Jahre 1309 und 1310 unschwer erkennen.

Obgleich König Rudolf trotz seines strengen Verfahrens gegen die Rathspartei sonst die Aristokratie zu stützen bemüht gewesen, obgleich dieselbe äußerlich so mächtig wie früher fortbestand, sich auch ohne Zweifel in ruhigeren Zeiten noch weit länger erhalten hätte, konnte sie jetzt in der Unglückszeit dem heftigeren Andrängen der Demokratie nicht widerstehen. Die Stellung der Gemeinde zu den Patriciern war eine andere geworden. Der Wohlstand, die Ueppigkeit und damit zugleich die Ansprüche der gemeinen Bürger hatten sich gemehrt, Neid und Eifersucht auf das Patriciat sich eingestellt. Warum sollten sie denn den an Zahl weit geringeren Patriciern, denen sie an Reichthum gleich kamen, an Ehren und Rechten noch ferner nachstehen? Die Erinnerung an ihren niedrigeren Ursprung, an ihre frühere gedrücktere Stellung hatte sich

---

1) Chron. S. Petri ap. Mencken. III. p. 319 sq. Nicolai de Siegen Chronicon. Thüring. Geschichtsquellen, II. S. 377 u. 378. Joh. Rothe, Dür. Chronik. Thür. Geschichtsquellen, S. 529 u. 530. Vergl. v. Falckenstein, S. 178 ff. Fr. W. Barthold: Geschichte der deutschen Städte, III. S. 188. Roth v. Schreckenstein: Das Patriciat in den deutschen Städten, S. 243 ff.

2) Der Erphordianus, der die vorstehende Erzählung des Chronicon S. Petri im Uebrigen wörtlich wiedergiebt, hat hinter vadimonium violenter noch folgenden Zusatz: isto etiam tempore fuerunt trucidati, equitati enm calcaribus ab amicitis (den Gefreundeten, so hießen die Patricier) civitatis, capti, detenti et oculis eruti ab eisdem, prout singulis annis legitur ante homagium civium Erfurtensium. Tunc proconsules fuerunt Hugo Longus et Ludevicus de Bittersleben. (ap Mencken. II. p. 498.)

allmälig verloren, ein klares Bewußtsein ihrer gestiegenen Bedeutung sich ausgebildet.

Man bedurfte für den Krieg ihres Armes und ihres Geldes. Die Patricier konnten ihn doch nicht allein ausfechten, und die städtischen Finanzen befanden sich seit Rudolfs Anwesenheit im schlechtesten Zustande; der Krieg aber verschlang ungeheure Summen [1]). Wäre er glücklich verlaufen, so hätte er die Aristokratie mit neuem Glanze umgeben und befestigt, so aber brachte das andauernde Mißgeschick, die Belagerung, die Theuerung, die wiederholten Niederlagen die Unzufriedenheit der niederen Volksklassen rasch zum Ausbruch. Mit ganz anderen Augen betrachtete man jetzt die Herren des Rathes wie die jüngeren Mitglieder der edlen Geschlechter als früherhin. Hatte man sonst sich ehrerbietig geneigt, wenn sie in ihrer Amtstracht zu Rathe gingen, hatte man sonst ihnen zugejauchzt, wenn sie im ritterlichen Schmucke auszogen aus ihren festen Burghäusern durch die Straßen der Stadt zum Turnier oder zu kurzer Fehde, so betrachtete man sie jetzt mit Haß und Unwillen, kein freudiger Zuruf begrüßte sie, Hohn- und Spottreden erschallten aus der Menge, wo sie sich blicken ließen. Hatten sie nicht den Krieg verursacht, vor dessen schlimmen Folgen sie nun die Stadt und gemeine Bürgerschaft nicht zu schützen vermochten?! Waren sie nicht im Felde überall geschlagen worden?! Durfte sich doch kein Erfurter mehr aus den Mauern wagen. Lagen nicht Handel und Gewerbe völlig darnieder, war nicht die Steuerlast fast unerschwinglich geworden?!

Trotz dessen sah sich die Gemeinde nach wie vor auf schweigenden Gehorsam angewiesen, „diweil die von den Geschlechtern vndt befreundten alles Stad Regiment vndt gewalt in ihren Händen hatten vndt alles Recht nach ihren Köpfen lenkten vndt zogen, wie sie wollten" [2]). Handwerker und gemeine Bürger beklagten sich „sie würden nicht vor Bürger sondern vor Knechte gehalten. Die Einkünfte der Stadt würden nicht zu derselben Nutzen sondern zur Pracht und Schwelgerey der Junkern verwendet. Der Bürgerschaft liesse man von denen Angelegenheiten des gemeinen Wesens nichts wissen, außer nur wann sie Geld erlegen oder vor dem Feinde ihr Leben aufopfern sollten" [3]). Dabei fehlte es nicht an Ausschreitungen patricischen Uebermuthes. Erzählte man sich doch, daß Leute aus der Gemeinde von jungen Patriciern ganz ohne Ursache mißhandelt, niedergeworfen, geschlagen, ja mit Sporen geritten worden seien. Diese Anschauung spiegelt sich besonders in den späteren Stadtchroniken, vor allen auch bei Friese in dem Abschnitte, den er überschreibt: „Des Pöbels Lerm in Erffurth."

„Der Pöbel in der Stadt Erffurth war sehr schwührig wieder die Junckern, deren einige kein Geschoß gaben oder die Beuthen, so mit

---

1) So hatte z. B. die Stadt 1309 sich gegen Heinrich VII. verpflichtet dem Hauptmann, welchen der König aus seinen Getreuen ihnen senden würde, 2000 Pfund erfurter Pfennige zu bezahlen. Michelsen: Die Landgrafschaft Thüringen, a. a. O. S. 30.

2) Handschriftliche Chronik von Erfurt im Besitz des Herrn Stadtrath Herrmann, S. 39.

3) v Falckenstein, S. 179.

großen Unkosten der Stadt eingebracht wurden, vor sich behielten, andere, die da Güther unter dem Marggraffen hatten, demselben seine Gebühr nicht thaten, welches die Stadt entgelten mußte, theils hielten sie es mit der Stadt Feinden, gäben auch Meintz nicht was ihm gebührete, die Processe vor dem Rathe würden nicht bald abgethan, mancher Herr oder Gemeiner, der mit einem andern in uneinigkeit stünde, würde von gemeiner Stadt begleithet und ihr hierdurch Unglimpf zugezogen, dem Sandrock würde nicht gesteuret, die Soldaten zu Privat-Geschäfften gebrauchet, unnöthige Schreiber auf dem Rahthause gehalten, denen Herren des Raths die langen leide Mäntel vorgehalten, insonderheit die Fehde mit Marggraff Friedrichen nicht vertragen, daß also die Bürger nicht sicher reißen könten, die Soldaten würden ihnen in die Häußer geleget, die Rathsfreunde und Patricii handelten sehr übermüthig mit ihnen, hätten sie niedergeworffen, mit Sporen geritten. So hätte auch Herr Dietzel Vitzthum einen armen Hüthers Gesellen bey den Haaren die Straße hinauff bis vor einen Klingenschmieds Laden geschleppet, da er ein Schwerdtmeßer genommen und ihn gestochen, daß er da gelegen. Die Armen würden in der Juncker Höfen in Stöcke geleget, gelähmet, die Hände abgehauen, die Augen ausgestochen und könten gar nicht zu ihrem rechte kommen oder müsten es erkauffen, benahmentlich war auch Herr Jacob Meßerschmied in dem Jahre, da er von Handwerks wegen im Rahte gewesen, item Herr Götze von Jüngersleben, Herr Ruprecht von Eckardtsberge, Herr Conrad von Sömmern bey S. Görg und Herr Heinrich von Blaßenberg niedergeworffen und geschlagen, Heinrich Lieberlix aber gar mit Sporen geritten worden.

Aus diesen uhrsachen jagten die Bürger einander *mit* Degen und Meßern bis an die Stadtgraben"[1].

Die Haupturfache zur Unzufriedenheit war jedenfalls die unglückliche Fehde mit dem Markgrafen, auf die anderen wird nicht allzuviel Gewicht zu legen sein. Daß wie auf Seiten der Plebejer, so auch auf Seiten der Patricier einzelne Gewaltthätigkeiten vorgekommen sein werden, ist nicht zu bezweifeln und bei der Beschaffenheit der menschlichen Natur nicht zu verwundern. Aber diese Ausschreitungen Einzelner, die späterhin vielfach übertrieben wurden, bewirkten nicht den Untergang der Patricierherrschaft. Der Fall der Aristokratien in den Städten des deutschen Mittelalters, wie in den Staaten des Alterthums, ist ja eine ganz allgemeine Erscheinung, die Folge eines mit Nothwendigkeit verlaufenden historischen Processes, der deshalb auch allgemeinere, tiefer liegende Ursachen haben muß. Diese wirklichen Ursachen, welche in der Veränderung der socialen Stellung der verschiedenen Bestandtheile der Bevölkerung ihre Wurzel haben, sind von den äußeren Anlässen zu demokratischen Bewegungen wohl zu scheiden. Die gewaltige Veränderung in der socialen Stellung der gemeinen Bürgerschaft ist es, welche nothwendig die politische Revolution nach sich zieht.

Waren früher von den Vorkämpfern der städtischen Aristokratie die angebliche Härte und Ungerechtigkeit der Stadtherren angeklagt worden,

---

1) Friese, a. a. O. S. 97a.

so wurden, nachdem die Demokratie sich kühner erhoben, die Geschlechter mit gleicher Münze bezahlt; es fehlte der großentheils aus der Unfreiheit, aus strengerer hofrechtlicher Abhängigkeit hervorgegangenen geringeren Bürgerschaft, der „Gemeinde" (communitas), die jetzt gegen den Stadtadel auftrat, nicht an ähnlichen Beschuldigungen gegen ihre bevorrechteten Mitbürger. Primo divitiae, deinde imperii cupido crevit.

In den Sagen und Ueberlieferungen des Alterthums sind es meist Acte brutaler Gewalt und geschlechtlicher Ausschweifungen: geschändete Frauen, entehrte Jünglinge, die als Veranlassung oder als Vorwand zu demokratischen Umwälzungen dienen müssen. Man denke an die Geschichte von Athen, Korinth, Argos, Rom. In den deutschen Städten des Mittelalters, wo solche Frevelthaten fehlen, ist es in der Regel der Geldpunct, der in den Vordergrund geschoben wird, und um den es sich zunächst zu handeln scheint, obwohl die eigentlichen Motive dieselben wie im Alterthume sind.

Die niedere Bevölkerung, die gemeine Bürgerschaft, durch den schnell gestiegenen Reichthum übermüthig gemacht und ihres inferioren Ursprungs vergessend, forderte Theilnahme an der Regierung, weil sie mit den Steuern benachtheiligt, mit zu schweren Lasten bedrückt werde, Behauptungen, welche ihr gemehrter Reichthum und ihre Ueppigkeit oft thatsächlich Lügen straften. Oder die Plebejer verlangten wohl geradezu auch für sich die Ehren und Vortheile des Regiments, weil sie eben so viel zahlten und leisteten als die Patricier und nach dem revolutionären Princip der größeren Kopfzahl. Manchmal boten dann unglückliche Ereignisse, welche mit oder ohne Verschulden der Patricier die Stadt betroffen hatten, oder irgend welche dem großen Haufen mißliebige Maßregel den gewünschten äußeren Anlaß, um mit den neuen, in der Veränderung der socialen Stellung wurzelnden Ansprüchen hervorzutreten, die Verfassung des Gemeinwesens zu demokratisiren und der Menge entscheidenden Einfluß auf die Leitung der Stadtangelegenheiten zu verschaffen [1].

In Erfurt bildete also im Jahre 1309 die unglückliche Fehde mit dem Markgrafen die Hauptquelle der Unzufriedenheit. Der andere den Patriciern manchmal gemachte Vorwurf, den Roth v. Schreckenstein [2] für die Hauptbeschuldigung hält, die sie getroffen, daß sie nämlich keine Steuern gezahlt hätten, konnte gerade in Erfurt am wenigsten erhoben werden, obwohl er auch in Friese's Chronik vorgebracht wird. Aber selbst hier heißt es, was wohl zu bemerken ist, nur, daß „einige" der „Junkern" kein Geschoß gegeben hätten. Wir haben oben gesehen, daß durch Rathsedict von 1271, was der Erzbischof 1274 bestätigte, sogar die erzbischöflichen Beamten, die Vornehmsten der Patricier, genöthigt wurden, alle städtischen Leistungen, servitia debita et consueta de omnibus bonis suis tamquam alii nostri cives, zu übernehmen.

1) Das hallische Patriciat, S. 9 u. 10.

2) Das Patriciat in den deutschen Städten, S. 243 ff. Vergl. auch F. W. Barthold: Geschichte der deutschen Städte. III. S. 188.

102

Wenn es demnach, wie die Chronisten angeben, wirklich wahr ist, daß „einige" Junker 1309 kein Geschoß entrichteten, so muß dies seine besondere Bewandtniß und Ursache gehabt haben. Vielleicht genossen diejenigen, welche der Stadt ununterbrochene persönliche Kriegsdienste leisteten, dafür eine Befreiung von den außerordentlichen Kriegssteuern, was man nur in der Ordnung finden kann. Ebenso scheinen einige Patricier, welche der Stadt große Summen leihweise vorgestreckt hatten, dafür von den laufenden Steuern befreit worden zu sein. Das ist einer von den 17 Beschwerdepuncten, welche die Gemeinde 1310 den Räthen vorlegt, und deren Abstellung sie verlangt. Auch dazu sah sich der Rath allerdings während der Kriegsnoth gezwungen, die Gemeinde höher als sonst zu besteuern: daher Murren, Klagen und Auflehnung.

Endlich verbanden sich die Leute von der Gemeinde und die Handwerker um mit gewaffneter Hand der Aristokratie entgegenzutreten und ihre Macht zu brechen. Natürlich sprachen sie dies nicht offen als Zweck ihres Bundes aus, welcher vielmehr angeblich geschlossen wurde „Gott zur Ehre und dann, daß ihr Herr der Erzbischof bey seinem Rechte verbleiben möchte, darnach der Stadt Erffurth zu Ehren und Nutz, und daß Reiche und Arme bei Gnade und Recht möchten bleiben."

Nachdem schon manche Widersetzlichkeiten, Reibungen und Aufläufe, wenn einzelne Patricier verhöhnt wurden, die herrschende Erbitterung bethätigt, den herannahenden Sturm angekündigt hatten, geriethen beide Parteien in der Stadt in heftigem Kampfe an einander, sie jagten sich „mit Degen und Messern bis an die Stadtgraben." Wenngleich dabei die Patricier nicht gänzlich unterlagen, so hielt doch der Rath, in sorgfältiger Erwägung der Gesammtlage der Stadt, eine friedliche Beilegung der inneren Zwietracht für dringend geboten und zeigte sich zu Concessionen bereit. Die von der Gemeinde hatten wahrscheinlich schon früher, als sie ihren Bund schlossen, nach den vier Stadtvierteln vier Männer aus ihrer Mitte gewählt, ihnen Gehorsam gelobt und sie mit der Wahrnehmung ihrer Angelegenheiten betraut[1]). Ebenso hatten die Handwerker, jede Zunft aus ihrer Mitte zwei, Zunftgenossen zu Vorstehern, „Vormündern", der Handwerker erwählt.

Der Rath genehmigte jetzt diese Wahlen und erklärte sich mit der permanenten Fortdauer der neuen Beamtungen einverstanden. Jene vier Männer aus der Gemeinde sollten die in der Gemeinde selbst vorkommenden Zwistigkeiten zum Austrag bringen und dem Rathe darüber Bericht erstatten. Man gedachte damit, wie es scheint, eine Art Zwischenbehörde zwischen dem Rath und der Gemeinde, eine vom Rath abhängige Aufsichtsbehörde über die Gemeinde, zu errichten.

Friese erzählt diese Vorgänge in seinem Capitel:

„Vom Anfange derer Vier Herrn und der vier Rahtsmeister zu Erffurth.

---

1) Nach einer der im Besitz von R. Herrmann befindlichen Stadt-Chroniken soll es schon 1305 oder 1306 geschehen sein.

Da verbunden sich die Handwercker mit den Gelübten und Eyden zu denen Heyligen Gott zur Ehre, und dann daß ihr Herr der Ertzbischof bey seinem rechte verbleiben möchte, darnach der Stadt Erffurth zu Ehren und Nutz, und daß Reiche und Arme bey Gnade und Recht möchten bleiben, zu welchem löblichen Vornehmen der Höchste auch seinen Seegen und Nachdruck gab, wie es der Augenschein erwiesen. Denn als dieser redlichen Leuthe Meinung kund wurde, hat sich der regierende Raht nicht mißfallen lassen sondern hieß sie vier nutzbahre und verständige Männer aus ihrer Mitte erwehlen, die ihre Sachen der Billigkeit nach beylegen möchten, damit der Raht wegen gemeiner Stadtangelegenheiten nicht verhindert würde ¹).“

Sie erwählten darauf „an S. Barbarae Tage vier Personen, die ihre bürgerlichen Streitigkeiten richten und schlichten und das nöthige davon dem Rahte berichten sollen. Umb S. Thomä Tag erwehleten sie Vormünder, die ihren Handwerken und Zünfften vorstehen, sie regieren und des gemeinen Nutzens halber den Vieren mitrathen und ihnen helffen solten. Am S. Stephans Tage haben sie ihnen gehuldiget, als sie vorher dem Rahte zu thun pflogen.“

Das war der bescheidene Ursprung der später so mächtigen Bierherren, die, vergleichbar den römischen Tribunen, anfänglich nur Beamte der Gemeinde, also nur eines Theiles der Einwohner, Vertreter der geringeren Bürgerschaft, allmälig, eben weil sie auf diese, d. h. auf die größere Masse der Bevölkerung, sich stützen konnten, die mächtigsten Beamten der Gesammtbürgerschaft, die wahren Regenten der Republik wurden. Gegen sie traten die patricischen Rathsmeister, deren Zahl man, damit sie nicht geringer sei als die der plebejischen Magistratur, von zwei auf vier erhöhte, bald in den Hintergrund.

Allein die vom Stadtadel gemachte Concession, die bloße Zusicherung, daß man mit der Wahl der Quatuorviri aus der Gemeinde einverstanden sei, genügte nicht, die aufgeregte Menge zu befriedigen. Als dem Gebrauch gemäß am Dreikönigstage 1310 der neue Rath sein Amt antreten sollte, versammelte sich die Gemeinde tumultuarisch vor dem Rathhause. Man drang in die Curie ein und legte dem Rath eine Schrift zur Genehmigung vor, welche in 17 Puncten die Wünsche und Beschwerden der Gemeinde enthielt. Der wichtigste darunter war der, daß die vier von der Gemeinde erwählten Männer, die Vierherren, jeder Zeit Zutritt zum Rathe haben sollten, um ihre Angelegenheiten der Gemeinde vortragen zu können.

Die Consuln mußten sich bequemen die petition of right unverzüglich anzunehmen und sofort ihre Einwilligung zu dem Verlangten zu erklären. Ja man zwang sowohl den alten als den neuen Rath, die Schrift öffentlich abzulesen, welche dann in vierfacher Ausfertigung (für jeden der Vierherren ein Exemplar, daher die Vierbriefe genannt) mit dem Stadtsiegel versehen der Gemeinde wieder zugestellt wurde.

---

1) S. 95 a. ff.

104

„Da man nach alter Gewohnheit umb h. drey König Tag einen Rahtsmeifter wehlen wolte, kahmen die Gemeinen aufs Rahthauß, zwungen den alten und neuen Raht ihren Brieff von den 17 Puncten öffentlich abzulefen und fie ihrer Bitte zu gewehren. Da denn der alte Raht am 9. Januar denen Gemeinden einen brieff gab, welchen man wegen der erwehlter Perfonen die vier brieffe nennet, worinnen er befennet, daß die 17 Bitten dem Rahte wohl gefallen, darumb er diefe Bitten ewiglich zu bleiben beftättiget; fo folten auch diejenigen, fo darzu geholffen und gerathen hätten, nimmer von Ihme oder einigen Bürgern Ungunft und Zorn leiden, und wenn fie noch mehr was der Stadt nut und rühmlich wäre erdenten fönten und dem Rahte offenbahren würden, derfelbe es auch vor dienlich befinden würde, folte es alles feinen Fortgang haben, würde es aber der Raht nicht vor bequehm halten, fo folte es ohne jemandes Befchwehrnüß abgethan werden. Es folten auch die Viere und die erwehlten Regierer und Vormünder der Handwerker ohne Gefahr dürffen zufammen gehen ohne Anzeigung deffen Uhrfache, es folten aber die Viere verpflichtet feyn allen Unwillen derer Handwerker, fo man auf den Raht habe, demfelben anzuzeigen. Alfo wurde die neue Ordnung, daß alle Jahr vier Perfonen, nehmlich drei von denen Gemeinden oder Biereigen in denen Vierteln der Stadt und einer von denen Handwertern, von ihnen felbft erwehlet werden folten, endlich über die 5 Jahre neben den 5 Rähten auch 20 folcher Herren als Ober-Vormünder derer Gemeinden aufgerichtet, und die Vierherren folten an die Dede oder Säule, fo vor der Rahts Stuben ftehet, fiten ¹), daß fie der Bürger Zünfft- und Handwerks-Sachen entweder felbft fchlichten oder ihre Noth dem Rathe vorbringen muften.

Bei diefer poteftate Tribunitia wurde es in der Stadt beffer. Die Viere bearbeitheten fich fehr, daß die Stadt aus den Schulden kommen möchte, darin fie der Krieg geftürtzet"²).

Der Wortlaut der Vierbriefe ift uns erhalten und fchon bei v. Falckenftein ³) gedruckt. Die von der Gemeinde fagen darin:

„Wir Meifter der Handwerke und zumal die Gemeine der Stadt zu Erffurt bitten euch erbarn Leute, die Rähte der Stadt, fleißiglichen mit flehlicher Bitte:

1) Daß ihr uns Friede und Gemach von des Marggrafen wegen und von alle derowegen, die am beften find, verordnet, wann der vorgenannte Herr Marggraffe die geliehene Schuld noch Sache befchuldiget, alfo von fageme an des vorgemelten Marggrafen Briefe allzuwol wiffentlich ift mit alfo gethanen Unterfchied, daß des vorgenannten Frieden Ordnungen die Stadt an ihrem Leumund nicht befchädige, fondern, ob ir diefen vorgenannten Frieden noch Ehr der Stadt nicht geordenen fönter, fo bitten wir darnach 2) daß ihr einem itzlichen unfern Bürger nach Macht feines Gutes ein Pferd oder Roß heiffet halten mehr oder weniger nach der Marck-Zahl feines guts, bis fo lange daß ein folcher Krieg ein Ende

---

1) Davon wurden fie auch eine Zeit lang die Decenherren genannt.
2) Friefe, S. 98.
3) S. 180 ff.

105

nehme. Darnach so bitten wir 3) wann Tag und Teidung mit vorgenannten Margrafen vorscheiden wird, so vernehmet von ihme, wer die seynd, die solch Gut in ihrer Gewehr inne haben, darum ihr dieser Stadt argen Willen wisset, und lasset dieselbigen, die das Gut in ihrer Gewehr haben, ob sie es vor dem Reddelin wiedder dem Rechten besitzen, von ihrer eigen Macht und von ihrem eigen Gute mit demselbigen Marggraffen kriegen, also lange als sie wollen, und ir solt von der Stadt wegen nichts nicht hülfflich seyn darzu. Auch bitten wir 4) ob jemand unser Bürger icht ein Gut unseres Herren von Meintze wider dem rechten inne hat oder besitzt und kommet das vor euch, daß ir den dazu zwinget, daß er unserm vorgenannten Herrn von Meintze von seinem liegenden Gute das wieder thue, darum die Stadt hernach mannigfaltig beschädiget wurde. Auch bitten wir 5) geschehe daß wir mit Wagen noch gute auf unsere Feinde ausgingen und was man auf den Wagen eren brächte, daß man das auf einen gemeinen Marckt sure und verkauffe und gäntzlichen an der Stadt Nutzen wende und allererst den Furleuten davon lohne, die den Raub führen. Darüber bitten wir 6) daß ihr den stinkenden Kauff, die da bey Namen sandt rocken heisset, vor das mehr verbietet, davon leider die bößen und die meisten Schade und Schande erwachsen seyn der Stadt. Darnach bitten wir 7) daß ihr verbietet, daß ve keiner unser Bürger der Stadt Feind nicht fördere mit Wercken oder in einiger Weiße, das Förderungen geheißen möchte, und wer dawider thäte, den bitten wir von unser Bürger Recht und Sammung zu verweißen. Auch bitten wir euch 8) wann unsere Herren die fünf Räthe um keine Sache zu entscheiden gesandt werden, was die aber die mehre mennige unter ihnen berichten, daß das von zwei oder dreien darnach nicht geändert oder gewandelt werde, davon viel Schaden und Schande kommen möchte unter solchen beden. 9) bitten wir all unser Herren, die zu den fünf Räthen gehören, daß ihr das neu Gebot, das neulich von euch funden ist, also die mitteile, die man als dicke jemand gestirbet dem Rathe bringet, wollet lassen ablegen, ob ihr möget, um unsert willen. Auch bitten wir euch 10) daß ihr nicht gestattet, daß Jmand wider seinen guten Willen in seiner Herberge icht genommen werde. Auch bitten wir 11) daß ihr niemand um die Stadt geleitet um keiner Sachen ohne der Bürger Wissen und Willen, es wäre dann ein gemeiner Nutz der Stadt Erffurt oder dem ganzen Lande zu Döhringen; an solche Stück und Geschefften, als dick das noth thut, möget ihr die Herren, die Fürsten, die Grafen, die Freyherren, die Edeln, die Voigte oder andere Herren, were die sein, oder ihr Gesinde oder ander sunderliche Person wohl geleiten, wann euch das behaglich ist, ungefraget die Bürger darum. Auch bitten wir 12) ob ir einer unser Mitbürger sich gegen euch ledig und frey hätten gekaufft von dem Geschosse um Geld, das sie euch geliehen hätten, und ob auch dieselbigen über solche Freyheit der Stadt Jnsiegel und Brieffe hätten, daß ihr dieselbigen durch euer und unsern Willen fleißiglichen bitten wollet, daß sie euch solche Briefe wieder geben, also daß sie ihr Geld auf genannte Tage Zeit, die ihr ihnen benennet, wieder geben, und sollen binnen der alle Recht und Gewohnheit der Stadt pflegen. Auch bitten wir 13) ist das jemand unser Mitbürger sein Geschoß versessen hätte und das nicht geben

wollte, daß ihr die darzu stellet, daß sie all der Stadt Recht thun als
wir. Auch bitten wir 14) um die Kohr der vier Personen unter uns, als ihr uns selber geheißen habt, daß wir
nieder brengen desto gemächlicher und desto zeitlicher
mancher Hant Sachen, zweyunge, die do seint under uns,
und die eure Geschäfftnisse nichten hindern, und daß dieselben Personen, die von uns gekohren werden, zu welcher
Stunde und zu welcher Zeit sie zu euch kommen um eine
redliche Sache zu entscheiden, daß ihr sie zuhant hört one
allerley Hinderniffe. Auch bitten wir 15) ob se einer unser Bürger gesand würde zu Teydingen von der Stadt wegen und neme der
wissentlich Gabe von beyden Theilen, das der unser Bürger nimmer soll
sein noch Herre. Auch bitten wir 16) ob icht einer unser Bürger an
seinen eigen Geschäfftniß überselt ohne Laube des Rates mit ihme neme
der Stat Gesinde, was Schaden davon gesellet, daß er den Schaden
selber trage und lege an seinem eigen Gute an der Stat Hülffe. Darnach bitten wir freundlich 17) daß ihr durch unsert willen euren Unter-
schreibern Krebsen und seine Söne von eurem Dienst weisset."

Man sieht, von politischer Bedeutung und Tragweite ist eigentlich nur die 14te Bitte, nach welcher die Viermänner, als die Vertreter der
Gemeinde, das Recht erhalten, daß sie jederzeit vom Rathe gehört
werden müssen. Anscheinend wurde auch dadurch die Rathsverfassung
nicht alterirt, die bestehende Ordnung des aristokratischen Regiments
nicht geändert. Die Rathsherrnwürde blieb ja zunächst wie früher nur
den Patriciern zugänglich, die patricischen Rathsmeister und Beamten
lenkten wie früher die Geschäfte. Aber dennoch müssen die Vierbriefe als
die magna charta und als der Anfang der Demokratie in Erfurt angesehen werden.

Ihre Ausfertigung nach den vorangegangenen Kämpfen und in Folge
der Drohungen der Gemeinde legt schon an und für sich davon Zeugniß
ab, daß die Gemeinde die größere Macht gewonnen hat, daß der Schwerpunct der Regierung fortan in der Gemeinde zu suchen sein wird. Das
Patriciat hat im Kampfe den Kürzeren gezogen, das Gefühl seiner Ueber-
legenheit und höheren Stellung verloren: diese Thatsache wird durch die
Vierbriefe besiegelt und zur Anerkennung gebracht.

Ferner wurden aber auch, wie schon bemerkt, die plebejischen Quatuorviri, denen das Recht jederzeit in den Rathssitzungen erscheinen zu
dürfen hatte eingeräumt werden müssen, mit Hülfe dieses Rechtes, was
sich bald in eine Controle des Rathes verwandelte, und weil sie als die
Beamten und Vertrauensmänner der Gemeinde deren ganze Macht, der
ja die Patricier sich hatten beugen müssen, stets im Rückhalt hatten, die
einflußreichsten und factisch mächtigsten Personen in der Stadt.

Die patricischen Rathsherren mußten es deshalb vortheilhaft finden,
mit ihnen sich in gutes Vernehmen zu setzen, sie so sehr als möglich
in das Interesse der Rathskörperschaft zu ziehen. Sie wurden deshalb
regelmäßig zu allen Rathssitzungen eingeladen und ganz in den Rath
aufgenommen, obwohl sie darin stets ihre Sonderstellung behielten und
nicht zu den Rathsherren gerechnet wurden. So fand die ausschließliche

Herrschaft des Patriciats in Erfurt 1310 ihr Ende. Ein Reactions-versuch, zu dem 12 Jahre nach der Revolution 86 Patricier sich verbanden, der vor Allem die Beseitigung der Viermänner bezweckte, scheiterte gänzlich und hatte nur die Befestigung der plebejischen Behörde und die weitere Herabdrückung der auch an Zahl geschwächten Aristokratie zur Folge [1]. Nicht lange dauert es, so erscheinen „die Vierherren" als die eigentlichen Vorsitzenden des Rathes, als die eigentlichen Regenten der Stadt, denen Consuln und Gemeinde Huldigung zu leisten haben.

„Die Hülde, so denen neuen Vierherren von denen fünff Räthen und der Gemeinde ward geleistet, lautete also: Als wir treuen gelobet haben unsern Herren den Vieren und den Handwerken der Gemeine der Stadt Erffurth zu Ehren und zu Nuß, das wollen wir stets und ganz halten, dieweil wir leben, daß uns Gott helffe und alle heyligen" [2].

Zur Zeit der Rathsordnung von 1452 besteht der Rath nur noch zu einem Drittel aus Patriciern [3]), und zwei Rathsmeister sind aus der Gemeinde [4]).

Wie aber im Einzelnen nach 1310 bis zum Schlusse des Mittelalters die Weiterentwickelung der Verfassung Erfurts vor sich ging, wie sich nach und nach eine neue, eine Amts-Aristokratie in der Stadt ausbildete, die an Abgeschlossenheit der alten Geburtsaristokratie nur wenig nachgab, wie dagegen im tollen Jahre 1509 die niedere Bevölkerung wiederum revoltirte, das gedenken wir in einer besonderen Schrift ausführlich zur Darstellung zu bringen.

Für jetzt kam es uns darauf an, die Zeit der alten Aristokratie in ihren politischen Bestrebungen kennen zu lernen und ihren Kampf mit dem Stadtherrn sowie die Entstehung und Ausbildung ihrer Rathsverfassung bis zu dem Puncte, wo die demokratischen Elemente die Oberhand gewinnen, möglichst genau zu verfolgen und zu erläutern.

---

1) Handschriftliche Chronik von Erfurt, im Besitze des Herrn Stadtrath Herrmann, S. 41 ff.

2) Friese, S. 98.

3) Michelsen: die Rathsverfassung von Erfurt, S. 30.

4) Ebenda, S. 25.

41 Urkunden zur Verfassungsgeschichte Erfurts im 13. Jahrhundert.

I.

1203. Erzbischof Sifrid II. (1200 — 1225) klagt in einem Schreiben an die Stifter S. Mariae und S. Severi in Erfurt über die Untreue der Bürger Erfurts, die allmälig alle erzbischöflichen Rechte an sich gerissen hätten, so daß ihm nichts von Rechten und Ehren mehr übrig geblieben sei [1]).

Sifridus dei gratia sancte Maguntine sedis archiepiscopus di-1203 lectis in Christo decanis totisque conuentibus s. Marie et s. Seueri in Erfordia salutem et sinceram in domino caritatem.

Ad memoriam vobis reducimus qualiter sicut nostis nos ciues Erfordenses semper hactenus omni dilectione preuenerimus et honore, toto eorum beneuolentiam captantes affectu, sub spe tali quod ipsi secundum quod dignum fuisset iura nostra nobis et honorem ecclesie Maguntine libentius et inviolabilius conseruarent.

Illi autem gratie ingrati malum nobis pro bono et odium pro dilectione reddentes paulatim subtrahere nobis et diminuere iura nostra coeperunt, ita de die in diem suam malleiam intendendo quod nihil penitus iuris nobis aut honoris ex ipsorum proterua violentia iam remansit.

Nolentes igitur ignominiam huius sub dissimulatione ulterius preterire, deum, qui in nullis aduersitatibus nos hactenus dereliquit, propitiatorem inuocabimus et parate nobis semper deuotionis vestre compassionem et auxilium requiremus, qui ex nostra humiliatione humiliationem et oppressione oppressionem euadere non potestis, conquerentes eum acriter et dolenter vestre uniuersitati ac affectuosissime deprecantes quatinus in hac parte doloribus nostris pie compatiamini, miserantes nostris temporibus tam proterue priuari honore et dignitate hactenus obtenta matrem vestram ecclesiam Maguntinam propter nos et ipsam, tempore oportuno ad aliud quodlibet processuri dum a vobis id duxerimus requirendum.

Datum Mulhusen VI Id. Decembr. pontificatus nostri anno tercio.

---

1) Aus H. Beyers handschriftlicher Urkundensammlung zur Geschichte Erfurts. Das Siegel des Originals ist verloren gegangen.

II.

1212. Lambertus, Graf von Gleichen und Vogt von Erfurt, Theodericus Vicedominus, deffen Bruder Theodericus, der Cämmerer,
und 23 namentlich aufgeführte Bürger, quibus dispensatio
eiusdem Erffordensis civitatis credita est, befunden, daß
die Bürger von Erfurt dem Kloster Pforta als Erfaß für ein
demselben gehöriges der Georgskirche benachbartes Hospital,
welches einige der genannten Optimaten zur Zeit des Erzbischofs
Lupold zerstört, und deffen Capelle fie beraubt hatten, eine
Curie an der Muerichsbrücke übergeben haben ¹).

1212   In nomine sancte et indiuidue trinitatis.

Lambertus diuina fauente clementia comes de Glichen et aduocatus Erfordensis et Theodericus vicedominus de Apolde germanus-
que eius Theodericus camerarius et Burgenses, quibus dispensatio
reipublicae eiusdem Erffordensis ciuitatis credita est, quorum hec sunt
nomina: Gyselerus cognomento vicedominus, Hildebrandus gener eius, Rauenoldus Lowere, Hartungus Moz, Siboldus Hoppener,
Hartlieuus Genseuuz, Sachso, Nezol, Alboldus Braxator, Reinoldus,
Hartmannus de Gutingen, Theodericus frater eius, Heinricus magister fori, Conradus Biterolphus, Conradus de Plossigh, Hermannus
Monetarius, Heinricus Compastere, Eberhardus Mechelic, Bertholdus
Sconezagel, Bertholdus de lapidea via, Euernandus Iuuenis, Siboldus domine Guten filius, Conradus filius Wernheri cum uniuersis
conciuibus suis notum facimus uniuersis Christi fidelibus modernis
et futuris: quod causa, quae vertebatur inter burgenses Erffordensis ciuitatis Moguntinae dioecesis et monasterium Portense Numburgensis
dioecesis super domo hospitali ecclesie S. Georgii contigua, quam
tempore Lupoldi archiepiscopi quidam de prefatis ciuibus incon-
sulte diruerant ac utensilia capellae eiusdem hospitalis scilicet cali-
cem et missalem casulam et albam cum stola et alio apparatu altaris
ad praefatum monasterium pertinentia illicite alienauerant, hoc ordine et fine consopita est.

Mediantibus namque Iudicibus videlicet domino Theoderico ve-
uerabili episcopo et domino Conrado abbate et Heinrico praeposito
Mersburgensi, quibus dominus papa Innocentius III. eandem causam
commisit audiendam et fine canonico decidendam, memorati burgenses ab eisdem iudicibus benigne premoniti ut de commisso re-
sipiscerent absque litis contestatione diuino nutu ultro communicato
consilio curiam quandam cum edificiis et attinentiis suis sitam in
aquilonari·parte pontis, qui dicitur Liuerichsbrücken, adherentem
basilice Sancti Nicolai a filio Beringeri de Meldingen, Heinrico, eiusdem ciuitatis schulteto, pro XXVI marcis emerunt, presente uxore
sua Iutta et germano fratre ipsius Ludewico ceterisque heredibus

---

1) Lünig, Reichsarchiv: Partis specialis IV. continuat. 2. Theil, Leipzig 1714.
S. 426 u. 427. Fehlerhaft auch bei v. Falkenstein: Historia critica, S. 72 u. 73.
Beffer bei G. Sagittar, Historia der Graffchaft Gleichen. Frankfurt 1732. S. 46.

111

suis consentientibus, et hanc curiam cum omnibus edificiis et attinentiis suis Portensi monasterio liberam et absolutam ab omni iurisdictione seu exactione ciuitatis pro recompensatione damni quod fecerant in supradicta domus destructione contra dederunt. Portenses vero uniuersis ciuibus pro munimine eiusdem contractus ius ciuile id est dimidiam marcam exhibuerunt, quam in monimentum praeteriti facti ad communem utilitatem muri ciuitatis destinandam decreuerunt aliisque officialibus nihilo minus xenia largiti sunt.

Ut autem haec firma in perpetuum et inconuulsa permaneant, sigillo et testium subscriptione roboramus paginam hanc inde conscriptam, quorum haec sunt nomina: Wicelo abbas de monte sancti Petri, Conradus praepositus maioris ecclesie, Gerwicus praepositus de sancto Severo, Lutterus decanus maioris ecclesie, Giselbertus cantor, Ludewicus scholasticus, Wicelo decanus de sancto Severo, Fridericus custos maioris ecclesie.

Actum dominice incarnationis anno MCCXII. Indictione XV.

III.

1917. Lambertus, Graf von Gleichen, Thidericus, Vicedominus, Friedrich, der Schultheiß, die Richter und uniuersi Burgenses bezeugen, daß der Abt Everhard de Valle s. Georgii sowohl mit ihrer Genehmigung als auch mit Erlaubniß eorum, qui in nostra ciuitate consiliarii vocantur, eine Curie in der Stadt Erfurt erkauft habe [1]).

In nomine patris et filii et spiritus sancti.   1217

Lambertus comes de Glichen, Thidericus, vicedominus de Appolde, Fridericus scultetus, iudices et uniuersi burgenses de Erfordia omnibus, ad quos hoc scriptum peruenerit, salutem in perpetuum. Honestis ac prouidis ordinacionibus scriptorum testimonia caute ac salubriter adhibentur, que seriem processus earum tanta humanitate retinent et humane noticie representant ut nihil in eis hominum malignitas aut obliuionis surrepens obscuritas valeat inmutare:

Notum igitur fieri voluimus omnibus etatis presentis fidelibus et future quod Euerhardus venerabilis abbas de valle s. Georgii de conventus sui consilio et nostro consensu et auxilio et eorum, qui in nostra ciuitate consiliarii vocantur, omni iuris ordine firmiter obseruato curiam unam ad usus ecclesie sue apud nos emit a quodam Bertoldo Sueuo sitam in ea parte ciuitatis quod dicitur in Brulo.

Ut autem sue caritati nostra diligencia in aliquo subueniret et ut maior fides facto suo posset imposterum adhiberi, presentem cartulam ex nostra ordinacione conscriptam sigillorum nostrorum impressionibus curauimus roborare.

---

1) Ap. Mencken. Scriptores. I. p. 533. Bei C. Sagittar, Historia der Grafschaft Gleichen, S. 47.

112

Testes autem, qui eidem facto intererunt sunt hii: Ulricus de Tullestete, Siboldus Gute filius, Conradus de Porta, Theodericus de paruo foro, Henricus magister fori, Hartmannus de Guttingen, Gotschalcus diues, Hermannus monetarius senior fruto, Tidericus de Guttingin, Ebirhardus Gemechlich, Tidericus domine Bertradis, Hildebrandus, gener vicedomini, Hartleib Gensefusz, Conradus de lapidea via, Vrowinus de Wechmare, Keinoldus, Bertoldus de Porta, Gerhard Bitterolf, Guntherus Stuckelere, Gotschalcus Longus, Vlricus Quadrans Ebernundus iuvenis, Vrowinus Kerlingere et alii quam plures. Datum Erfordie IV kal. Septembr. anno dominice incarnacionis MCC septimo decimo.

IV.

c. 1218. Des Probſtes Conrad von S. Marien Ordination, unter welchen Bedingungen der Münzmeiſter Hermann das von ihm ohne Genehmigung des Capitels gekaufte ſtiftiſche Backhaus behalten ſoll [1]).

1218   Conradus, dei gratia prepositus b. Marie ecclesie Erphordensis, omnibus hanc paginam inspecturis salutem in domino. Ut contractus, qui a presentibus fiunt, robur optineant perpetue firmitatis, oportet, ut scripture testimonio roborentur.

Notum sit igitur presentibus ac futuris quod cum Hermannus magister monete in Erphordia quoddam pistrinum nostre ecclesie attinens emisset capitulo inconsulto et ei super hoc mota fuisset questio coram nobis a dominis ecclesie antedicte: eadem causa fuit per compositionem amicabilem sic sopita ut idem Hermannus illud pistrinum nomine ecclesie possideret et inde singulis annis in festo b. Martini II. solidos ecclesie solueret pro annua pensione et post eum sui heredes illud haberent pro eadem pensione eodem termino persoluenda; ita tamen ut idem pistrinum nullo unquam tempore in usum alium mutaretur sed semper pistrinum permanens attineret molendino nostro ei contiguo et vicino; et si iam dictum Hermannum vel suos successores vendere contigerit illud pistrinum primo loco emendum ecclesie hoc offerrent.

Ne igitur hec nostra ordinatio a posteris ignorata depereat vel tractu temporis a memoria recedat, presentem paginam sigilli nostri et sigilli burgensium appensione duximus roborandam.

---

1) Aus Beyers Urkundenſammlung. Am Original befinden ſich das Siegel des Capitels und das älteſte, erſte, Siegel der Stadt. Die Urkunde fällt in die Jahre 1199 — 1228, innerhalb welcher der Probſt Conrad ſonſt vorkommt. Der Cantor Giſilbertus wird genannt von 1216 — 1228. In der vorhergehenden Urkunde von 1217 kommen ebenfalls Ulricus de Tullstede und Heuricus magister fori vor. Der unter den Zeugen erwähnte Vicedominus Giſilberus findet ſich ſonſt bis zum Jahre 1225.

113

Testes huius rei sunt: Guntherus decanus, Gisilbertus cantor, Fridericus custos, Bertholdus s. Benedicti plebanus, Conradus cellerarius, Cunradus de Kale, Albero, archipresbyter eiusdem ecclesie, canonici. Hii vero laici: Ulricus de Tullestede, Gisilherus Vicedominus et eius gener, Gotscalcus diues, Heinricus de latere, Herborto; Ditericus villicus prepositi, Heinricus magister fori.

V. ·

1225. Erzbischof Sigfrid II. bezeugt, daß Heinrich genannt de Nichte in Gegenwart des erzbischöflichen Scultetus in Bruli der Kirche S. Mariae genannt ad novum opus 2 Hufen für 20 Mark verkauft und seiner Schwester gewisse Zinsen überwiesen hat [1].

In nomine domini amen. Sifridus dei gracia sancte Maguntine sedis archiepiscopus omnibus Christi fidelibus salutem in perpetuum. Honori ecclesiarum nostrarum et commodis consulere sicut ex commisso nobis tenemur regimine presulatus: ita ex affectu ardentissime caritatis ad illarum subsidium et prouectum accensi propensius inclinamur.

Hinc est quod notum esse cupimus tam presentibus quam futuris quod Henricus agnominatus de Nichte duos mansos tempore peregrinacionis sue vendidit pro XX marcis et tradidit ecclesie sancte Marie, que appellatur ad nouum opus, in Erphort libere ac pacifice possidendos. Preterea affectione carnali circa sororem suam ibidem deo dicatam in religione et habitu monachali non inconuenienter motus successionem hereditariam vniuersam et bonorum suorum censum liberum in ortis et in fabrica et in vna domo sitis apud tuguria et in vinea prope Hochheim deliberato consilio et parentum et amicorum suorum consensu unanimi accedente, nostro sculleto in Bruli presente et multis astantibus, assignauit ecclesie prefate, ita tamen ut cum de hac luce migrauerit pleno iure pertineant ad ecclesiam antefatam, si prolem legitimam non habuerit. Ecclesia etiam ipsi Henrico tamquam mater filio si necesse habuerit prouidebit.

Quod ut ratum et inconuulsum permaneat scriptum istud sigillo nostro fecimus roborari.

Testes sunt: Lutolfus scolasticus Maguntinus. Wilhelmus sancti Mauritij in Maguntia et Cunradus sancti Augustini in Erphordia prepositi. Otto plebanus de sancto Vito. Dietmarus de sancto Wigberto. Laici: Comes Lampertus. Theodericus vicedominus de Apoll. Fridericus de Meinwardisburc. Otto de Walesleiben. Cunradus de valua. Henricus forensis. Albertus et Guntherus fratres. Ditericus diues. Gotscalcus longus et alii quamplures.

Acta sunt hec anno incarnacionis dominice MCCXXV. Pontificatus nostri anno XXIIII. X kal. Aug.

---

1) Aus dem Original im Staatsarchiv zu Magdeburg. Das angehängt gewesene Siegel des Erzbischofs ist nicht mehr vorhanden.

8

VI.

1.

1234. Kaifer Friedrich II. beſtätigt den Bürgern von Erfurt auf ewige Zeiten: omnes bonos usus et approbatas consuetudines nec non et antiqua iura quibus dicti ciues hactenus rationabiliter et libere usi sunt [1]).

1234   Fridericus, dei gratia Romanorum imperator semper augustus Ierusalem et Sicilie rex, per presens scriptum notum facimus vniuersis imperii fidelibus tam presentibus quam futuris quod fidelis nostri ciues Erfordienses maiestati nostre humiliter supplicarunt ut eos sub protectione nostra recipientes bonos usus et approbatas cohsuetudines et antiqua iura, quibus hactenus usi sunt, sibi et heredibus suis confirmare de nostra gratia dignaremur.

N o s   i g i t u r   supplicationes eorum benigniter admittentes et attendentes puram fidem et deuotionem sinceram, quam ad nos et imperium indefesse habuerunt semper et habere non cessant, predictam ciuitatem Erfordie et ciues ipsius cum omnibus bonis suis sub speciali protectione ac defensione nostre recipimus maiestatis et o m n e s   b o n o s   u s u s   e t   a p p r o b a t a s   c o n s u e t u d i n e s   n e c n o n   e t   a n t i q u a   i u r a ,   q u i b u s   d i c t i   c i u e s   h a c t e n u s   r a t i o n a b i l i t e r   e t   l i b e r e   u s i   s u n t ,   i n   p r e d i c t a   c i u i t a t e   e i s d e m   c i u i b u s   E r f o r d i e n s i b u s   e t   e o r u m   h e r e d i b u s   d e n o s t r a   g r a t i a   i n   p e r p e t u u m   c o n f i r m a m u s ,   mandantes et iniungentes firmiter uniuersis quatenus nullus sit qui eosdem *ciues* fideles nostros vel ipsorum heredes super predictis contra huius protectionis et confirmationis nostre tenorem temere molestare seu perturbare presumat.   Quod qui presumpserit indignationem nostri culminis se nouerit incursurum.

Ad huius autem protectionis et confirmationis nostre memoriam et robur perpetuo valiturum presens scriptum fieri iussimus celsitudinis nostre sigillo munitum.

Datum apud Reate.   Anno dominice incarnationis millesimo ducentesimo tricesimo quarto, mense Iulii, septima indictione.

2.

1234. König Heinrich, Sohn Friedrichs II., beſtätigt den Bürgern von Erfurt ihre früheren Rechte und Freiheiten [2]).

Henricus dei gratia Romanorum rex et semper augustus. Sicut spectat ad culmen regie maiestatis rebelles et contumaces quoslibet

---

 · 1) Nach J. L. Huillard-Bréholles: Historia diplomatica Friderici II. Tom. IV. Paris. 1854. S. 478 u. 479.

In Folge eines eigenthümlichen Verſehens iſt oben S. 47 ein kaiſerliches Privilegium für Erfurt vom Jahre 1224 erwähnt. Ein ſolches giebt es nicht, und das erſte Privilegium Friedrichs II. für Erfurt, welches wir beſitzen, iſt das vorſtehende von 1234.   Die Darſtellung auf S. 47 iſt alſo hiernach zu berichtigen.

2) Erfurter Copiale im Staatsarchiv zu Magdeburg, Nr. CL. S. 50 a.

pro excessibus et enormitatibus suis a iure suisque iusticiis repellere: ita decet deuotos et reformatos gratie sue iuri pariter et honori ac suis iusticiis restituere et eosdem ampliori gratia preuenire.

Huc siquidem ratione notum esse volumus tam presentibus quam futuris quod cum uniuersitas ciuium et hominum de Erfordia exclusa fuisset a gratia nostra et pro querimonia dilecti principis nostri Sifridi venerabilis archiepiscopi Maguntini proscriptionis nostre vinculo innodata et ex hoc viderentur debilitari iura et priuilegia ciuitatis ipsius: reformati gratie nostre et a proscriptionis eiusdem sentencia absoluti supplicarunt nobis humiliter et deuote ut iuribus suisque iusticiis quas progenitoribus nostris diuinis imperatoribus et regibus retroactis temporibus habuerint ciues et homines ipsos et ciuitatem ipsorum de nostre maiestatis gratia faceremus gaudere.

Nos igitur ipsorum supplicationibus inclinati omnia iura, iusticias et libertates pariter et honores quibus hactenus sunt gauisi ex largicione vel concessione imperatorum seu regum ipsis ciuibus innouamus et auctoritate regia confirmamus, immo etiam, quantum potest esse, intendimus adaugere, mandantes et sub obtentu gratie nostre districte inhibentes ne quis in posterum occasione proscriptionis predicte ipsos vel ciuitatem ipsorum inpetere vel grauare presumat. Si quis autem hoc attemptare presumpserit, indignacionem nostram se nouerit incursurum.

Ut igitur hec gratia ipsis facta debitam et perpetuam obtineat firmitatem presentem paginam inde conscriptam sigilli nostri appensione fecimus communiri.

Testes huius rei sunt: Theodericus Treuirensis, Heinricus Coloniensis, archiepiscopi, Heinricus dux de Limburg, Heinricus comes Senensis, Egino comes de Vriburg, Heinricus de Niphen, Eberhardus et Otto fratres de Eberstein, Gerlacus de Butingen, Fridericus de Richersceide, Wernherus de Bonlandia, imperialis aule dapifer, Ulricus de Mincenberc eiusdem aule camerarius, Gerhardus de Sinceche, Iohannes de Gymenik, Eberhardus de Monte et alii quam plures.

Actum apud Boppardiam anno gratie MCCXXXIV. IV. idus Septembres.

3.

1234. König Heinrich, Sohn Friedrichs II., hebt die über Erfurt verhängte Acht wieder auf [1]), nachdem die Bürger dem Erzbischof Genugthuung geleistet.

Henricus, dei gratia Romanorum rex et semper augustus, uniuersis imperii fidelibus tam presentibus quam futuris hanc literam inspecturis gratiam suam et omne bonum. Cum spiritualis et materialis gladius se ad inuicem adiuuare debeant ut quo ferit unus mine alterius timeantur, consequens est ut eorum altero sententialiter

---

1) Bei Lünig Reichsarchiv, XIV. S. 417.

116

resoluto alterius etiam ipsorum nexus aquiescant penitus et resoluantur.

Hac siquidem racione per presens scriptum notum esse cupimus uniuersis quod cum familiaris princeps noster Sifridus venerabilis Maguntinensis archiepiscopus sententiam excommunicacionis quam tulerat in ciuitatem et homines de Erfordia recepta satisfactione debita relaxasset: nos ad commonitionem ipsius sententium proscripcionis quam culpis eorum exigentibus tuleramus aliquando in eosdem dictante sentencia relaxamus, uniuersitatem ciuium et hominum eiusdem ciuitatis restituentes in integrum nostre gratie et reformantes de benignitate nostre regie serenitatis, et ad peticionem prenotati archiepiscopi ciuitatem Erfordensem, ciues et homines ciuitatis eiusdem cum rebus et personis sub specialem nostram et imperii recipimus protectionem, mandantes et sub interminacione gratie nostre firmissime precipientes ut nulla persona humilis vel alta predictos ciues et homines Erfordenses occasione proscriptionis predicte in rebus presumat ledere vel personis sed ipsos eque sicut nostros volumus et precipimus honorari.

Quodsi quis, quod absit, ipsis offensam offerre presumpserit vel grauamen, a nostra gratia se nouerit alienum.

Ad huius vero euidenciam rei presentem eis dedimus literam sigillo nostre celsitudinis roboratam.

Testes huius rei sunt: comes Egeno de Vrach, Heinricus de Niffen, fratres de Eberstein, Gerlacus de Buetingen, Eberhardus de Hertingesberge, Henricus de Kauensburc, camerarius, Bertoldus marscalcus de Rasche et alii quam plures.

Datum anno domini MCC tricesimo quarto, IV. idus Septembres, indictione VII.

VII.

1889. Ditericus, der Vicedominus, Henricus, der Villicus von Meldingen, Ludovicus, der Cämmerer, totumque consilium ciuitatis Erfordensis beurkunden einen lebenslänglichen Pachtcontract des Bürgers Conrad Kerlinger mit dem Capitel B. Mariae über ein diesem Capitel zugehöriges Haus im Brühl[1]).

1239   Nos D(itericus), vicedominus de Appolde, H(enricus), villicus de Meldingin, L(udouicus), camerarius, **totumque consilium ciuitatis Erfordensis** recognoscimus et protestamur quod Cunradus dictus Kerlingerus conciuis noster in nostra constitutus presentia recognouit se a capitulo et canonicis s. Marie in Erfordia curiam in plurali sitam, quam venerabilis dominus noster archiepiscopus Maguntinus

---

1) Aus Beyer's Urkundensammlung. Das Original, welches sich im Privatbesitz in Erfurt befindet, trägt an einem ausgeschnittenen Pergamentstreifen das städtische Siegel in der ältesten Form.

pro ordinatione testamenti bone memorie domini Sifridi patrui sui prefate ecclesie contulit, recepisse hac conditione adiecta quod eandem
possideat tantum temporibus vite sue post mortem vero ipsius curia
cum omni utilitate et edificiorum emendatione libere ad ecclesiam
reuertatur. Insuper singulis annis marcam argenti ante natiuitatem
s. Marie nomine census ecclesie prefate persoluat tantum presentibus fratribus distribuendam. Preterea fuit adiectum quod prefatam
curiam tantum in persona propria debeat inhabitare vel alicui pre-
nominate ecclesie canonico vel alteri clerico pro capituli consilio et
consensu inhabitandam locare. Si vero (locata erit) per industriam vel
laborem dicti Cunradi: (census) pro sua ordinatione et voluntate in die
sui anniuersarii tantum fratribus presentibus distribuetur.

Ne vero super huius curie locatione in posterum dubitatio valeat suboriri vel questio nocitura: tam ad capituli quam sepedicti
Cunradi instantiam presentem litteram conscribi fecimus et sigilli
ciuitatis munimine roborari.

Acta sunt hec anno gratie MCCXXXIX. VIII kal. Augusti.

VIII.

1239. **Edict des Landgrafen Heinrich über den Zinsfuß der Coloni
der Kirche S. Marine zu Erfurt. Gegeben zu Mittelhausen in
placito provinciali [1]).**

Henricus, dei gracia Thuringie lantgrauius, Saxonie comes palatinus vniuersis colonis sancte Marie in Erfordia per Thuringiam
constitutis gratiam suam et omne bonum.

Cum ex fama publica et veterum recenti memoria plane constet
talentales denarios in usu fuisse et eosdem pro censu generaliter
fuisse solutos: ecclesia sancte Marie Erfordensis per declinacionem
monete senciens enormiter se grauari coram iudicibus a sede apo-
stolica delegatis optinuit sibi a colonis pro estimacione antique monete debere persolui, postmodo executoribus impetratis, qui eos ad
id per censuram ecclesiasticam compulerunt, sicut in instrumentis
apostolicis expressius continetur. Nos vero dicte ecclesie et prefatis colonis quorum sumus aduocati ut tenemur prouidere volentes
canonicorum predicte ecclesie accedente consensu pensata statuimus equitate: ut in denariis nunc currentibus, quorum
XXX solidi pro marca puri argenti cambiuntur, pro suis
censibus sint contenti. Si autem monetam contingit declinare
pro singulis septem solidis ferto argenti soluatur eisdem.

Volumus autem hoc statutum nostrum ab utraque parte sine
contradictione qualibet obseruari, ita eciam ut si que sententie ex-
communicationis vel suspensionis diuinorum propter colonorum per-

---

1) Aus dem Original im Staatsarchiv zu Magdeburg. An der Urkunde
hängt an verschossenen rothen und gelben Fäden ein kleines Siegelfragment.

118

tinaciam nunc sint late sine difficultate qualibet secundum iuris ordinem reuocentur.

Testes huius rei sunt: Comes Ditericus de Hoinstein, comes Ditericus de Bercha, Cristianus et Heinricus comites de Kirickberc, Heinricus de Heldrungin, Ditericus de Vitpeche, Ditericus vicedominus et Bertoldus filius de Appolde, Heinricus pincerna de Appolde, Ludewicus camerarius et Heinricus villicus, fratres de Meldingen, Hartungus de Erfa, Heinricus camerarius de Vanre, Heinricus scriptor, Heinricus et Bertoldus fratres de Libinstete, Ludewicus de Husin, Hermannus Belliz, Gero villicus de Afpe et alii quam plures.

In huius rei testimonium presentem literam conscribi fecimus et sigilli nostri munimine roborari. Datum Mittelhusen in placito prouinciali. Anno incarnacionis dominice MCCXXXIX. VII. idus Nouembris.

IX.

1241. Die Judices ac universi clues Erphordenses bekunden das nachgewiesene Besitzrecht der Wittwe Wigands Gertrud an einem Hause am Fuße des Petersberges ¹).

1241   Nos iudices ac uniuersi ciues Erphordenses presenti scripto patere volumus uniuersis quod constitutis in nostra presentia domino Ludewico camerario et domino Heinrico fratribus de Meldingen ex una et Gertrude relicta Wigandi ex parte altera in causa quae super iure hereditario domus site in pede montis s. Petri inter eos vertebatur, eadem Gertrudis coram nobis secundum ius et consuetudinem nostre ciuitatis sufficienter probauit suam intentionem ius hereditarium dicte domus obtinendi preuia ratione.

Testes sunt: Ulricus dictus Quadrans, Dithericus vicedomini, Ebero, Heinricus Albus, Cunradus de Welspeche, Sifridus dictus Osmunt, Heinricus dictus Osmunt, Heinricus filius Huchonis, Conradus Altrimus, Guntherus Fribotho, Beringerus de Munere *) et alii quam plures.

Acta sunt hec MCCXLI. II. idus Augusti in vigilia Wicberti.

Verum quia facta hominum processu temporis a memoria hominum labuntur, nisi illa scripto commendentur: hanc cartam conscribi fecimus et nostre ciuitatis sigilli munimine roborari.

---

1) Aus Beyer's Urkundensammlung. Das Original, dem das früher angehängt gewesene Siegel fehlt, befindet sich im Priutbesitz in Erfurt.

*) Muure, Murere oder Meldingeu?

X.

1250. Pabst Innocenz IV. nimmt die Bürger von Erfurt mit allen ihren dermaligen Gütern und Besitzthümern in seinen und des h. Petrus besonderen Schutz [1].

Innocencius episcopus, seruus seruorum dei, dilectis filiis con- 1250
silio et vniuersitati Erfordensi Maguntine diocesis salutem et apo-
stolicam benedictionem.

Puritas fidei, quam sicut accepimus circa Romanam ecclesiam
preteritis temporibus inconcusse seruastis, assistendo laudabili bone
memorie archiepiscopo Maguntino et venerabili fratri nostro succes-
sori eiusdem in negocio ecclesie memorate, nos reddit corde solli-
citos ut in hiis que digne possumus vos optato gaudio foueamus.

Hinc est quod nos vestris precibus inclinati personas vestras
cum omnibus bonis que in presenciarum racionabiliter possidetis sub
beati Petri et nostra protectione suscipimus, districtius inhibentes ne
quis vos in deuocione sedis apostolice persistentes super eisdem
bonis temere impedire vel molestare presumat. Nulli ergo omnino
hominum liceat hanc paginam nostre protectionis et inhibitionis infringere vel ei ausu temerario contraire. Si quis autem hoc attemptare presumpserit: indignacionem omnipotentis dei et beatorum
Petri et Pauli apostolorum eius se nouerit incursurum.

Datum Lugduni, V. kal. May.

XI.

**Innocenz IV. bewilligt den Bürgern von Erfurt, daß sie, so
lange der zur Zeit geführte Krieg fortdauere, weder durch den
Papst selbst noch durch päbstliche Legaten vor ein auswärtiges
Gericht gezogen werden sollen [2].**

Innocencius episcopus, seruus seruorum dei, dilectis filiis consilio et uniuersitati Erfordensi Maguntine diocesis salutem et aposto-
licam benedictionem.

Intenta feruenter sicut accepimus ad hoc vestra sinceritas esse
dinoscitur ut gratia in conspectu dei et sedis apostolice habeatur
prout ex eo manifeste presumitur quod libertas ecclesie per vestri
fauoris auxilium in illis partibus laudabiliter promouetur. Cum itaque vos non timentes dampna rerum seu personarum dispendia bone
memorie archiepiscopo Maguntino et venerabili fratri nostro succes-
sori eiusdem in negocio ecclesie diligentius astiteritis, propter quod
sicut asseritis multorum odia incurristis: nos propter huiusmodi clara
merita vestris precibus annuentes presencium vobis auctoritate concedimus ut presenti guerra durante per literas eiusdem sedis aut

---

1) Bei v. Falckenstein, S. 90 u. 91.
2) Erfurter Copiale im Staatsarchiv zu Magdeburg, Nr. CL. S. 61 b.

120

legatorum ipsius, ni plenam de indulgencia huiusmodi fecerint mencionem, extra Erfordiam in causam trahi ab aliquo non possitis, quamdiu parati fueritis infra illam de vobis conquerentibus coram ordinario vestro seu aliquo competenti iudice iusticie plenitudinem exhibere.

Nulli ergo omnino hominum liceat hanc paginam nostre concessionis infringere vel ei ausu temerario contraire. Si quis autem hoc attemptare presumpserit: indignacionem omnipotentis dei et beatorum Petri et Pauli apostolorum eius se nouerit incursurum.

Datum Lugduni, V. kal. May, pontificatus nostri anno septimo.

XII.

1251. Zweiundzwanzig Consiliarii ciuitatis Erfordensis bezeugen zu Erfurt in consilio, daß Hedwig, die Wittwe Franco's, dem Hofpital S. Martin ein Haus geschenkt habe [1].

1251   Quoniam omnia que sunt in tempore cum tempore alterantur et tandem intereunt ex temporibus vetustate cautum est ea que fiunt scriptis auctenticis commendari.

||| Quapropter nos consiliarii ciuitatis Erfordensis presenti litera protestamur et uniuersis cupimus esse. notum quod domina Hedewigis, relicta Franconis ciuis Erfordensis, pio zelo ducta domum unam construxit intra septa hospitalis sancti Martini de nostro pleno beneplacito et consensu sub hac forma: quod ipsa eandem domum quamdiu vixerit inhabitare debeat pacifice et quiete et aliquas feminas non suspectas colligere que sibi cohabitent et interdum aliquos familiares et bonos amicos hospicio recipere et quod debeat sibi portula fieri iuxta valuam per quam sibi et suis ingressus pateat et egressus. Hac etiam forma adiecta quod ipsa domus quam construxit simpliciter et sine omni heredum suorum contradictione hospitali propria debeat remanere et preterea ortus siue pomerium apud valuam Cramphonis situm, quod ipsa cum marito suo contulit hospitali, nunquam vendi vel alienari debeat ab eodem sed in usus infirmorum et pauperum perpetuo inseruire.

Testes huius rei sunt domini subscripti: A. decanus, Theodericus scholasticus, H. cantor, Theodericus de omnibus sanctis prepositus, Hermannus de Sulze, canonicus sancte Marie, H. sancti Pauli et Wilhelmus dicti hospitalis plebanus et **nos ciues de consilio**: Gotscalcus longus, Reinbotus albus, Burchardus Quadrans, Ditericus quietus, Hartungus Fruto, Siboldus Bendal, Bertoldus Richmari,

---

1) Aus dem Original im Staatsarchiv zu Magdeburg. An der Urkunde hängen ein Theil des von R. Hermann (Mittheilungen des Vereins für die Geschichte u. Alterthumskunde von Erfurt 1. Heft. Erfurt 1865, S. 89) beschriebenen (und auf Tafel VII. des genannten Heftes abgebildeten), zweiten großen Stadtsiegels sowie das noch ziemlich wohl erhaltene Siegel des Hospitals.

121

Bertoldus de Wechmar, Sifridus de Hallis, Otto de Alich, Hart-
mundus de Alich, Gunterus Alboldi, Theodericus Vicedominus, Gunterus Vicedominus, Bertoldus de lapidea via, Bertoldus de Gut-
terin, Heinricus de Rorbeche, Giselherus Saxo, Cunradus frater eius,
Heinricus albus, Cunradus Quadrans, Reinhardus de Bulze et alii
quam plures.

Ne autem de premissis possit dubitacio suboriri vel aliqua questio nocitura presentem literam dedimus prefate domine Hedewigi
sigillis capituli sancte Marie et ciuitatis Erfordensis fideliter communitam.

Datum Erfordie in consilio, anno gracie MCC quinquagesimo
primo XIV kal. Augusti.

XIII.

**1256. Berthold, der Vicedominus, Günther von Alstette, der
Schultheiß, Hugo, der Sohn Gotschalks des Langen, Schultheiß in plurali, Friedrich von Iserstett, der Vogt, und 12
Consules ciuitatis Erphordensis befunden, daß sie ex commisso domini nostri Gerhardi archiepiscopi Moguntini
et ex parte nostra nec non vniuersitatis Erphordensis
an Hugo und Günther Albold eine Gasse in Erfurt verkauft
haben** [1])**.**

Nos Bertholdus, vicedominus, Guntherus de Alstette, scultc- 1256
tus, Hugo, filius Gotscalci longi, scultetus in plurali et Fridericus
de Iserstett, aduocatus, et nos consules ciuitatis Erphordensis: Fridericus Bitterolf, Henricus dictus Vranio, Ioannes de
Northusen, Otto de Rode, Gotscalcus Klinger, Albertus vicedomini,
Gotdewicus de Northusen, Henricus de Kauwe, Gotscalcus paruus
Ewernandi Biruorii, Bertholdus Widegonis, Conradus Rodestet et
Hartungus Veit Reinhardi publice protestamur et inno-
tescere volumus tam presentibus quam futuris quod nos ex
commisso domini nostri Gerhardi, archiepiscopi Moguntini, et ex parte nostra nec non uniuersitatis Erphordensis plateam inter domum Gotscalci longi et domum
Guntheri dicti Albold sitam, quam ciuitati Erphordensi minus utilem
vidimus, prefatis Hugoni et Gunthero Albold et heredibus eorundem in perpetuum pro iusto restauro quod proinde
nobis dederunt, scilicet decem marcas argenti cum quibus emimus
ciuitati Erphordensi bona magis utilia scilicet cameras pellificum ex
altero latere videlicet super cameras sartorum sibi inherentes quarum annuus prouentus ciuitati Erphordensi in perpetuum pertinebit,
vendidimus et dedimus.

Nosque Bertholdus, vicedominus, et Hugo scultetus in plurali
concessimus ex parte venerabilis domini nostri archiepiscopi Mogun-

---

1) Nach einer Copie im geheimen Staatsarchiv zu Weimar.

132

tini eo iure quod frey dicitur in vulgari ad annuum censum duorum denariorum, quos soluent annis singulis apud ecclesiam s. Seueri super mensam domini nostri archiepiscopi Moguntini de area platee predicte.

Ne igitur super area platee illius in posterum prefato Hugoni et Gunthero et eorum heredibus, qui eam debent ad usus quos sibi viderint expedire in perpetuum obtinere, oriatur questio: presentem literam damus eis mei Bertholdi vicedomini et mei Guntheri de Alstette sculteti nec non etiam ciuitatis Erphordensis sigillorum appensione munitam.

Datum Erphordie quinta decima calendas May, anno gratie millesimo ducentesimo quinquagesimo sexto.

XIV.

1261. Wolfram, der Schultheiß, und die Schöffen von Frankfurt instruiren die von Erfurt auf deren Ansuchen über einen Erbschaftsfall [1].

1261   Wolfram, scultetus, et scabini ciuitatis Franckenfordensis omnibus has literas audituris.

Facta fuit ad nos consultacio, quid iuris vel consuetudinis haberetur apud nos super casu infrascripto qui talis est.

Henricus et Getrudis uxor eius, habentes filium Conradum nomine, transtulerunt filium in Erfordiam et cum argento suo, quod elaborauerant in remotis partibus et secum duxerant, quandam ibi curiam tytulo proprietatis emerunt. Inhabitantibus siquidem ipsis eandem curiam Heinricus ipse post aliquot annos decessit. Uxor sua, Gertrudis, sedit et sedet adhuc hodie in possessione curie sue. Filius eius Conradus predictus irrequisita matre sua tandem duxit uxorem cui iuxta terre consuetudinem donauit, sicut dingen vulgariter appellatur, omnia que tunc habebat vel esset in posterum habiturus. Nunquam fuit nactus possessionem curie matris sue, tantum habuit exspectationem solam in curia, ut post mortem matris hereditario iure succederet ad curiam supradictam. Postea ipse Conradus genuit prolem et mortuus est. Demum proles eciam clausit diem supremum. Relicta itaque sua extunc alteri viro nupsit. Modo Gertrudis illa, que cum viro suo Heinrico prefato curiam per suam pecuniam comparauit et nunquam extra suam possessionem dimiserat vel Conrado suo filio vel ipsius proli, vult ipsam vendere, sed relicta filii interdicit, asserens eam sibi competere post mortem Gertrudis eo quod, quando Conradus, maritus suus, filius eiusdem Gertrudis, sibi donauit, sicut vulgo dicitur dingen, omnia que tunc habebat vel esset in posterum habiturus, donauit eciam sibi omne illud ius quod sibi in ipsa curia competebat.

---

1) Aus dem Original im Staatsarchiv zu Magdeburg. An der Urkunde hängen 6 ziemlich gut erhaltene Siegel der frankfurter Schöffen.

Nos igitur discusso negocio, diario et testamento inspectis, quod si res est ita sicut superius continetur, dicimus: Ista relicta Conradi secundum ius et consuetudinem habitam ex antiquo apud nos et hactenus obseruatam nihil penitus habet iuris aut expectationis in curia supradicta, quare et quia nec Conradus vir eius nec proles sua dum viuerent ullo unquam tempore nacti fuerant possessionem curie sepedicte.

Datum apud Frankenuord anno domini MCCLXI. kal. Aprilis.

XV.

1261. Die beiden magistri consulum und 12 consiliarii Erfordenses bekunden den Gebrauch, daß ein Verkauf von Dingen, in deren Besitz der Verkäufer persönlich nicht gesetzt ist, auch ohne Consens der Erben geschehen könne und rechtskräftig sei [1].

Nos Gotscalcus Kerlingerus, Albertus vicedomini, magistri consulum, Gotscalcus Lupus senior, Guntherus vicedomini, Sifridus Osmunt, Eberhardus Bizkorn, Cunradus Hoyche, Henricus Liutwin, Henricus de Herverisleybin, Gotscalcus de Smidestete, Henricus Franco, Berwicus Rodestoch, Iohannes de Northusen, Hartmodus Biterolfi, consiliarii Erfordenses, presentibus literis protestamur et uniuersis cupimus esse notum: quod dominus Eberhardus de Weichmar, conciuis noster, anno gratie MCCLXI secunda feria proxima post diem Epyphanie Erfordie in domo quondam Helwici Snelmundi coram nobis publice recognouit quod in domo sua sita Erfordie ante gradus, que olim Ludewici Hugonis fuerat, ipse personaliter nunquam possessionem vel dominium habuisset sed quod eam manu fideli Guntherus Alboldi conciuis noster in sua potestate et dominio tenuisset, quod etiam idem Guntherus ibidem coram nobis publice recognouit. Insuper idem Eberhardus ibidem coram nobis similiter recognouit quod predictam curiam decano et capitulo s. Marie in Erfordia simpliciter vendidisset. Nos etiam ex parte ipsius capituli interrogati an habere posset huiusmodi venditio firmitatem, etiam si heredes predicti Eberhardi huic venditioni consensum beniuolum non preberent vel illi expresse contradicerent, respondimus unanimiter quod hec consuetudo Erfordie esset habita ab antiquo et etiam approbata, quod si quis ciuis Erfordensis aliquas mobiles vel immobiles res haberet quarum possessionem et dominium personaliter non apprehendisset: illas vendere vel alienare quocunque alio modo posset, heredum suorum dissensu vel contradictione qualibet non obstante.

---

1) Aus dem Original im städtischen Archive zu Erfurt. An der Urkunde befindet sich das große Stadtsiegel.

124

In maiorem autem noticiam et certitudinem premissorum presentem literam dedimus decano et capitulo supradictis sigillo ciuitatis nostre fideliter communitam.

Datum anno incarnationis domini prenotato.

XVI.

1261. Dietrich, Landgraf von Thüringen, erneuert und bestätigt den Bürgern von Erfurt auf ihre Bitten die Freiheiten und Rechte ihrer Stadt, welche sie von seinen Vorfahren, den Fürsten Thüringens, erhalten haben. Niemand soll sie vor das placitum provinciale oder landgräfliche Richter laden, wenn ihm nicht zuvor vor erfurtischem Gericht sein Recht verweigert worden [1]**.**

Nos Theodericus, dei gratia Thuringie lantgravius, Saxonie comes palatinus, omnibus presentem literam inspecturis cupimus esse notum: quod precibus ciuium Erfordensium inclinati libertates et iura ciuitatis Erfordensis, que ab antiquo a nostris predecessoribus Thuringie principibus habere consueuerit, innouauimus et confirmamus omni diligencia et affectu.

Hec scilicet: quod nullus aliquem ciuium Erfordensium in nullo prouinciali placito vel alio quocunque iudicio in nostro districtu debeat conuenire, ni prius ei fuerit in Erfordia coram eorum iudicibus iusticia denegata. In cuius rei euidentiam et certitudinem ampliorem presentem literam eis duximus conferendam sigilli nostri robore communitam.

Acta sunt hec anno domini MCCLXI. nonis Martiis.

XVII.

1.

1264. Erzbischof Werner genehmigt die Aufhebung der Innung der Bäcker und Fleischer zu Erfurt unter der Bedingung, daß er für die iura und seruitia der Innung, die ihm dadurch verloren gehen, anderweitig entschädigt werde, und daß die Bäcker und Fleischer, welche durch seinen Schultheiß mit der Weme genannten Strafe zu belegen sind, von dieser Strafe nicht befreit werden sollen. Die consules dürfen jährlich 2 Bäcker und 2 Fleischer ernennen, die als vereidigte Brod- und Fleisch-Beschauer fungiren und etwaige Uebertretungen zur Anzeige zu bringen haben [2]**.**

1264   Wernerus, dei gratia Moguntine sedis archiepiscopus, sacri Romani imperii per Germaniam archicancellarius, consulibus ac uniuersis ciuibus Erphordensibus dilectis fidelibus suis salutem et omne bonum.

---

1) Aus einem erfurter Copiale im Staatsarchiv zu Magdeburg. CL. S. 64 b.

2) Nach v. Falckenstein, S. 103.

Commendantes vestram prouidentiam super eo quod ad honorem nostrum tam utilitatem et commoditatem pauperum quam diuitum ciuitatis nostre sic estis solliciti iuxta vestra deuota precamina de conniuentia et consensu capituli nostri vobis testimonio presentium indulgemus ut soluta societate curnificum et pistorum ciuium nostrorum apud vos, quae Innunge vulgariter vocatur, liceat cuilibet tam extraneo quam incolae panem suum et carnes libere in ciuitate vendere in foro, dummodo debitum nobis theloneum inde soluat et stet iuri deinceps coram nostro sculteto sicut alii ciues nostri, eo quod de iuribus et seruitiis pridem nobis debitis a societate predicta nos, successores nostros et nostram ecclesiam Maguntinam congrue seruatis indemnes, de vestra pecunia redimendo nobis obligatos iam diu et quasi omnino deperditos aliter duodecim marcarum redditus infra muros Erphordie et sedecim maldra siliginis Erphordensis mensure annis singulis nobis et successoribus nostris dandos nunquam etiam de cetero per nos ipsos vel per successorem nostrum aliquem obligandos aut ullo modo alienandos a mensa pontificis Moguntini, sicut cum capitulo nostro constanter et inuiolabiliter compromisimus obseruandum a nostris posteris uniuersis.

Ad cauendum etiam lites et altercationes futuras, quae inter ciues et carnifices et pistores aliquando oriantur, ille pistor aut carnifex vel de eius familia qualiscunque, qui in mactatione carnium seu pistatione panis adeo grauiter excesserit aut peccarit, quod pro suis culpis poena tali, que Vheme vulgariter appellatur, merito sit plectendus, nulla satisfactione precum vel pretii aliquatenus eximatur sed simpliciter subiaceat ultioni, que coram sculteto per sententiam dictata fuerit contra ipsum. Presertim cum vos constanter asseratis, quod in facto huiusmodi lucrum vel commodum non queratis speciale sed reipublice commodum ac ciuitatis honorem.

Ut autem de excessibus tam carnificum quam pistorum plenius perquiratur, placet nobis, quod duo viri inter pistores et duo inter carnifices fide digni per consules, qui pro tempore anni illius fuerint, eligantur, qui iurati et panem et carnes perspiciant, et, ubi delictum inuenerint, publicent et occupent.

Nos Sigfridus prepositus, Ludouicus decanus et capitulum Moguntinense consensimus in hoc factum, sigillum nostrum cum sigillo domini nostri archiepiscopi presentibus his appendentes ut perpetuis temporibus irrefragabiliter obseruetur sicut per ordinem est conscriptum.

Actum Moguntie anno domini millesimo ducentesimo sexagesimo quarto, nono kalendas Iunii.

2.

1264. Revers der Consules über denselben Gegenstand. Sie bedanken sich, daß der Erzbischof die Aufhebung der Innung der Bäcker und Fleischer genehmigt hat, erwähnen die Einkünfte, die sie dem Erzbischof zu seiner Schadloshaltung für die durch Aufhebung der Innung ihm verloren gehenden Rechte und Dienstleistungen übergeben (12 Mark jährlicher Einkünfte und jährlich 16 Malter Weizen) und verpflichten sich, daß die Bäcker und Fleischer, die wegen ihrer Vergehungen vor dem Schultheiß des Erzbischofs mit der Veme genannten Strafe belegt werden, dieser Strafe nicht entledigt werden sollen [1].

Venerabilibus dominis suis domino Wernero, dei gratia sancte Maguntine sedis archiepiscopo, sacri imperii per Germaniam archicancellario, et eius capitulo Moguntinensi consules et uniuersi ciues Erphordenses debite fidelitatis obsequium semper promptum.

Vestre gratie non immerito inclinamur et preter remunerationem diuinam, quam exinde poteritis non immerito exspectare, perpetuis seruitiis cupimus promereri: quod ad commodum tam pauperum quam diuitum ciuium vestrorum Erphordensium ac utilitatem terre indulgere curastis ut soluta societate carnificum et pistorum Erphordensium, quae Innunge vulgariter appellatur, liceat cuiuis tam extraneo quam incole panem suum et carnes libere in ciuitati Erphordensi vendere in foro, dummodo vobis debitum theloneum exinde soluat et in omnibus stet iuri coram sculteto vestro, sicut alii ciues solent.

Preterea indemnitati vestre et ecclesie Moguntine matris nostre prospicere cupientes presentibus dominis Bertholdo, vicedomino, Henrico, pincerna de Appolda, et Gotfredo, procuratore allodii vestri, pecunia nostra redemimus vobis obligatos iamdiu et quasi omnino deperditos aliter duodecim marcarum redditus infra muros Erphordie et sedecim maldra siliginis Erphordensis mensure annis singulis vobis et successoribus vestris dandos et de vestro beneplacito et mandato nos obligamus, ut pistor ille aut carnifex vel de eius familia qualiscunque, qui in mactatione carnium seu pistatione panis adeo grauiter excesserit aut peccarit quod pro suis meritis ei poena, quae Veme in vulgari dicitur, sit merito infligenda, ab illa nulla satisfactione alia, prece aut pretio eximatur sed simpliciter eam coram vestro sculteto subeat, prout sententia dictauerit in eundem, sicut et nos constanter asserimus quod in facto huiusmodi lucrum vel commodum non querimus speciale.

Ut autem de excessibus tam carnificum quam pistorum plenius perquiratur de vestra licentia ordinamus, ut duo viri inter pistores et duos inter carnifices fide digni per consules, qui pro tempore anni illius fuerint, eligantur, ut ipsi iurati panem et carnes inspiciant, et ubi delictum inuenerint publicent et accusent.

Datum anno domini millesimo ducentesimo sexagesimo quarto. IX. calend. Iunii.

---

1) Bei v. Falkenstein, S. 104.

3.

1264. Bertoldus, der Vicedominus, und Heinrich, der Mundschenk von Apolda, bekunden, daß die Bürger von Erfurt die Innung der Bäcker und Fleischer haben auflösen lassen und dafür dem Erzbischof zu seiner Schadloshaltung eine jährliche Rente von 12 Mark und 16 Malter Weizen mit ihrem Gelde erkauft haben [1]).

Nos Bertoldus, vicedominus, Heinricus, pincerna de Apolde, ad quos presens scriptum peruenit scire cupimus et extendi: quod ciues Erfordenses ad commodum tam pauperum quam diuitum ac utilitatem terre soluere curauerunt societatem carnificum et pistorum Erfordensium, que innunge vulgariter appellatur, ita ut liceat cuilibet tam extraneo quam incolae panem suum et carnes libere in ciuitate Erphordensi vendere in foro, dummodo domino nostro episcopo Maguntino debitum theloneum inde soluat et in omnibus stet iuri coram sculteto domini nostri episcopi, sicut alii ciues solent, et ut indempnitati sepedicti domini nostri et ecclesie Moguntine matris sue prospicerent cum pecunia sua redemerunt domino nostro episcopo iam diu obligatos et quasi deperditos duodecim marcarum redditus infra muros Erfordenses et sedecim maldra siliginis Erfordensis mensure annis singulis sepedicto domino nostro et suis successoribus persoluendos, et ad maiorem euidentiam nostri testimonii presens scriptum sigillis nostris fecimus consignari.

Datum Erfordie, anno domini MCCLXIIII. IX kal. Iunii.

XVIII.

1265. Der Abt Andreas und der Convent des Petersklosters sehen sich genöthigt, den magistris consulum und den anderen consules von Erfurt die Einkünfte von 8 dem Kloster gehörigen Brodbänken auf dem Wenigenmarkt, welche durch Anlegung eines städtischen Brodhauses werthlos geworden sind, zu verkaufen und die Brodbänke den Consuln abzutreten [2]).

Nos Andreas, dei gracia abbas, totusque conuentus monasterii sanctorum Petri et Pauli apostolorum in Erfordia tenore presentium protestamur et constare cupimus uniuersis literas has visuris: quod, cum occasione noue domus panum iuxta cameras mercatorum per consules Erfordenses firmiter edificate et ad usus ciuitatis multos redditus persoluentis scamna nostra sita in paruo foro adeo viluissent ut a pistoribus vacua derelicta et in edificiis penitus destructa inutilia nobis forent, indempnitati nostri monasterii consulentes de unanimi consilio et consensu vendidimus magistris consulum Gothscalco Kerlingero et Theoderico vicedomino et aliis consulibus Erfordensibus in octo scamnis nostris redditus duorum talentorum pro decem marcis argenti in emptionem aliorum reddituum utiliter

---

1) Bei v. Falckenstein, S. 104 u. 105.

2) Erfurter Copiale im Staatsarchiv zu Magdeburg, Nr. CL. S. 71 b.

128

conuertendis, que scamna cum omni iure quo ea possedimus resignauimus communiter consulibus supradictis, et ne hoc factum
nostrum possit in posterum irritum reuocari has nostras literas dedimus eis super eo sigillis nostris signatas et testium suprascripto-
rum (nominibus) firmiter roboratas.

Testes huius sunt: Hermannus prior, Helwicus subprior, Witelo
cantor, Wernherus cellerarius, H. camerarius, Irnfridus cenarius,
Thymo subcellarius et totus conuentus.

Acta sunt hec anno gratie MCCLXV.

XIX.

**1266. Conrad, der Probst, und der Convent der Kirche zu Jchterss
haußen verkaufen ebenfalls 3 dem Kloster gehörige Brodbänke
auf dem Wenigenmarkt an die Consules [1]).**

1266   Nos Cunradus, prepositus, .. Abatissa totusque conuentus sanctimonialium ecclesie in Vechtericheshusen tenore presentium protestamur et innolescere cupimus uniuersis literas has visuris: quod, cum
occasione noue domus·panum iuxta cameras mercatorum per consules Erfordenses firmiter edificate et ad usus ciuitatis multos redditus persoluentis scamna nostra sita in paruo foro adeo viluissent
ut a pistoribus vacua derelicta et in edificiis penitus destructa inutilia nobis essent, indempnitati nostre ecclesie consulentes de unanimi consilio et consensu vendidimus magistris consulum Gothscalco
Kerlingero et Theoderico vicedomino et aliis consulibus Erfordeu-
sibus nomine uniuersitatis in tribus scamnis et uno quartali *nostris*
redditus trium fertonum et dimidii pro octo marcis argenti in emptionem aliorum reddituum utiliter conuertendis, que scamna cum omni
iure quo ea possedimus resignauimus communiter consulibus supradictis.

Et ne hoc factum nostrum possit in posterum irritum reuocari,
has literas nostras dedimus eis super eo sigillorum nostrorum munimine roboratas.

Acta sunt hec anno domini MCCLXVI.

XX.

**1266. Erzbischof Werner erklärt, daß er nach Beilegung des Zwie-
spalts, der zwischen ihm und den Bürgern über die Juden ob-
gewaltet, den Bürgern seine Gnade wieder zugewandt, daß er
ihnen die dluina wieder gebe, und daß die Juden dieselben
Rechte und Freiheiten genießen sollten, die sie bis dahin nach
den Privilegien seiner Vorfahren genossen hätten [2]).**

Wernerus dei gratia sancte Moguntine sedis archiepiscopus.

Recognoscimus tenore presentium lucide protestantes: quod
super causis quibuslibet Iudeorum et vestris habitis usque modo vos
et Iudei ipsi estis nostre gracie plenarie reformati.

---

1) Erfurter Copiale im Staatsarchiv zu Magdeburg, Nr. CL. S. 71 b.
2) Ebendas. Bei v. Faldenstein, S. 107.

Diuina vobis propter Judeos eosdem inhibita liberaliter presentibus relaxantes, ut de nostris beneficiis capere valeatis gaudium exoptatum, volumus etiam eosdem Iudeos eo iure, libertate pariter et honore perfrui et gaudere ad illum terminum quo nostris ac predecessorum nostrorum literis sunt muniti.

Datum apud Ellenboc anno domini MCCLXVI xiiij kal. Januarii.

XXI.

1267. Beringer und Ludwig, die Söhne weiland Ludwigs, Kämmerers von Meldingen, verkaufen dem Kloster der weißen Frauen in Erfurt 8 Hufen Landes und eine Curie in Aßmannsdorf und versprechen 10 rectoribus consilii ciuitatis Erfordensis Gewähr zu leisten [1]).

Ad futurorum et modernorum noticiam peruenire cupimus et 1267 extendi: quod nos Beringerus et Ludowicus, filii felicis memorie domini Ludowici camerarii de Meldingen, vendidimus pro centum et quinquaginta tribus marcis octo mansos nostros proprios sitos in Azemunnisdorf et unam curiam ad bona eadem pertinentem collegio sanctimonialium dominarum albarum in Erfordia residentium iure proprietatis tenendos, sicut ab antecessoribus nostris ad nos et heredes nostros ab antiquis temporibus libere deuenerunt pleno consensu nostro et heredum nostrorum fauorabiliter accedente. Quam summam pecunie de bonis ipsis acceptam in recompensationem et restaurum bonorum venditorum in bona nostra sita in Udestete, que ad nobilem dominum nostrum comitem Guntherum de Swarczburg et eius filios et heredes emimus, rationabiliter et perfecte dinoscimus conuertisse, promittentes ipsis dominabus et earum conseruatoribus et tutoribus et rectoribus consilii ciuitatis Erfordensis anno illo regentibus videlicet: Gothscalco Kerlingero, Thiderico Vicedomini iuniori, Gunthero Aleboldi, Alberto Vicedomino, Hugoni longo, filio Gothscalci longi sculteto in plurali, Sigehardo de Lubelin, Rudolfo et Gothefrido fratribus de Northusen, Ottoni de Hallis et Thiderico, filio Hartungi Stratonis, ciuibus Erfordensibus perfectam et rationabilem warandiam faciendam et firmiter obseruandam.

Dominus quoque Bertoldus de Ischerstete, cuius filiam ego Beringerus de Meldingen duxisse dinoscor, nobis fideliter conpromisit ne predictum collegium felicium dominarum ab inpeditione et contradictione filie sue, mee contectalis, et eorum heredibus, si quos per me genuerit, in posterum aliquatenus inpulsetur grauaminibus, obuentionibus vel turbetur. Pro me autem Ludowico fratre Beringeri

---

1) Aus Beyer's Urkundensammlung. Am Original (es befindet sich in Privatbesitz in Erfurt) hingen an gelben und rothen Seidenfäden 6 Siegel, von denen aber jetzt nur noch 4 vorhanden sind: 1) das Helmsiegel des Grafen Günther von Schwarzburg, 2) das Siegel des Kämmerers Beringer von Meldingen, 3) das Siegel Bertolds von Ischerstet und 4) das zweite große Siegel der Stadt Erfurt.

prefati de Meldingen et uxore mea et nostris heredibus promisit Henricus de Meinwarsburg gener meus ut nos et ipse dominabus sepedictis et earum tutoribus iustam cautionem, que warandia vulgariter appellatur, sine cuiuslibet fraudis interposito faciamus et indempnes omnimodis conseruemus, ut nulla inpeticio ad bona eadem repetenda per nos et nostros heredes in posterum subsequatur, quia de omnium heredum ad proprietatem istam pertinentium libera voluntate et voluntaria permissione ista venditio fuit facta.

Ne autem semper hac congrua emptione dubium in posterum oriatur seu aliqua questio nocitura per exortam obliuionis caliginem que mater est litium in posterum eueniat: in maiorem rei certitudinem et incorruptibilem firmitatem dedimus nos Beringerus et Ludowicus, fratres de Meldingen presentem literam conscriptam et sigillo nostro munitam, quia uno sigillo usque adhuc contenti sumus, non tamen in huius facti preiudicium vel grauamen, et ad hoc in warandie certitudinem et contra inpeticionis calcaneum et timorem ego Bertoldus de Ischerstete, gener Beringeri de Meldingen, sigillo meo hanc literam roboravi. Ego quoque Henricus de Meinwarsburg, quia proprium sigillum non habeo nec habui usque modo, petiui presentem literam contra inpetitionis formidinem quamlibet a filia mea et eius heredibus casualiter imminentem sigillo ciuium Erfordensium communiri. Filius etiam domini Bertoldi de Ischerstete cum testimonio et appensione sigilli patris sui domini Bertoldi sepedicti de his bonis tutores collegii memorati et ipsum collegium warandare promisit.

Ad maiorem huius rei noticiam et memoriam sempiternam procurauimus ipsis presentem literam sigillis venerabilis domini comitis Guntheri de Swarzburg, domini Bertoldi, vicedomini, domini Henrici, pincerne de Appolde, et ciuium Erfordensium firmiter consignatam. Testes huius rei sunt: consilii anni illius rectores videlicet: Guntherus Aleboldi, Albertus Vicedominus, Fridericus Bitterolfus, Henricus Rozbeche, Herthwicus de Northusen, Bertoldus de Guttern, Albertus ante (sic) filius Lutbegeri ante pontem, Rudegerus de Rode, Sigehardus de Lubelin, Ludewicus de Billersleiben, Hermannus Bizcorn, Tinno Legatus, Siboldus Bendelo, Sifridus de Northusen et alii quamplures ciues Erfordenses. Datum anno domini MCCLXII in die b. Margarete virginis.

XXII.

1262. Theodericus, der Probst, und der Convent der Kirche S. Augustini in Erfurt bekunden, daß sie ihre Einkünfte von den Buden auf der Kaufmannsbrücke und von einem Hause auf dem Wenigenmarkt an die magistri consilii und die anderen Consules in der Art verkauft haben, daß ihnen der Betrag jener Einkünfte von dem Camerarius der Consules ausgezahlt werde [1].

1268 In nomine sancte et indiuidue trinitatis amen.

---

1) Erfurter Copiale des Staatsarchivs zu Magdeburg, GL. S. 73 a.

181

Quoniam apices literarum noticiam rei gestae maxime perpetuant et conseruant de consilio sane prudencie est induetum, quod facta recordatione digna redigantur in scriptum.

Quapropter nos Theodericus, prepositus, totusque conuentus ecclesie sancti Augustini in Erfordia recognoscimus et omnibus literam hanc visuris cupimus esse notum: quod pensionem vnius marce et dimidie lotone minus que de apotecis in ponte mercatorum in Erfordia sitis et pensionem vnius fertonis que de domo quondam in paruo foro sita ecclesie nostre annis singulis soluebatur vniuersitati Erfordensi ad instanciam Hugonis Longi, Henrici de Kewe magistrorum consilii et aliorum consulum Erfordensium vendidimus sub hac forma quod pensionem, quam antea percepimus, a camerario consulum ciuitatis, qui pro tempore fuerint, deinceps in denariis Erfordensibus datis annuatim percipere debeamus in festo purificationis vnam, medietatem et in festo beati Iohannis Baptiste ulteram. Et si camerarius monitus a nobis per quatuordecim dies post illos terminos neglexerit vel quocunque modo distulerit illam dare: quod extunc nos de ipsis apothecis censum percipere debeamus eo iure integraliter et honore quo ipsam antea dinoscimus percepisse. Si autem alias pensiones duxerimus comparandas, consules qui pro tempore fuerint, pro pensione vnius marce sedecim nobis marcas dabunt. Si autem non exegerimus ipsam summam quandocunque si consules illam nobis soluerint, contractus huius emptionis et vendicionis esse debet simpliciter consummatus.

In cuius rei noticiam et memoriam sempiternam presentem literam vniuersitati Erfordensi tradidimus nostris sigillis fideliter communitam.

Datum anno gratie MCCLXVIII.

XXIII.

1.

1269. Der Burggraf-Vogt Heinrich von Gleichenstein tritt den Brüdern des Predigerordens eine Straße ab [1]).

Heinricus dei gratia comes de Glychenstein tenore presentium constare cupimus uniuersis quod plateam inter fratres predicatores et curiam Cunradi, quondam Reinbotonis albi domum, sitam Erffordie, quae duplici iure: scilicet aduoratie et iure quod dicitur vrf ad nos spectabat, predictis fratribus ordinis predicatorum et eorum domui pure et simpliciter contulimus propter deum.

Ad maiorem huius donationis firmitatem et certitudinem presentes literas conscribi fecimus sigilli nostri munimine roboratas. Nouercari enim solet rerum notitiae processus temporum, nisi a testibus vel a scripto recipiant fundamentum.

Acta sunt hec anno domini MCC sexagesimo nono IX. Februarii.

---

1) Nach Sagittar, Historie der Grafschaft Gleichen, S. 64.

9 *

132

2.

1269. Der Vicedominus Berthold überläßt die Rechte, die er an der vorerwähnten Straße besitzt, ebenfalls dem Predigerorden [1]).

Nos Bertoldus, vicedominus de Apolde, tenore presentium recognosco publice et protestor, quod ego de bona et mera voluntate quicquid iuris habeo in platea inter fratres predicatores et curiam Conradi Reynebolten albi Erffordie sita dictis fratribus ordinis predicatorum dedi iure perpetuo propter deum et dictorum fratrum reuerenciam et amorem. In huius rei noticiam et certitudinem ampliorem presens litera est conscripta et sigilli nostri munimine roborata.

Acta sunt hec anno domini MCC sexagesimo nono.

XXIV.

1271. Günther Vicedominus, der Ritter, und Günther Alboldi, die Consulnmeister und die 12 anderen Consules decretiren, daß hinfort Jeder, der ein städtisches Amt bekleidet, wie die übrigen Bürger zu den öffentlichen Lasten beizutragen habe [2]).

71   Nos Guntherus Vicedominus, miles, Guntherus Alboldi, magistri consulum, et alii consules Erfordenses videlicet: Fridericus Bitterolfus, Albertus ante pontem, Sifridus de Northusen, Hermannus Bizcorn, Thymo Legati, Lodewicus de Bittersleibin, Theodericus Schomzagel, Siboldus Bendelo, Sigehardus de Lubelin, Giselherus Vicedominus, Gotscalcus de Smidestete et Conradus Hotermannus recognoscimus, protestamur et omnibus literas has visuris cupimus esse notum quod pro utilitate reipublice et honore ciuium statuimus et volumus a nostris quibuslibet ciuibus inuiolabiliter obseruari: quod quicunque officium aliquod voluerit comparare deinceps in futurum idem ad operas ciuitatis facere debeat seruicia debita et consueta de omnibus bonis suis tamquam alii nostri ciues, illa pecunia duntaxat accepta quam pro tali officio dinoscitur donauisse.

Debet eciam idem ab excubiis et nocturnis vigiliis esse simpliciter absolutus et alicui respondere in iudicio non tenetur, quemadmodum alii officiati hactenus facere consueuerunt.

Ut autem huiusmodi statutum incorruptibiliter obseruetur, presentem literam dedimus super eo sigillo ciuitatis Erfordensis fideliter roboratam.

Datum anno gracie MCCLXX primo, X. kalendas Iulii.

---

1) Copialbuch des erfurter Predigerklosters im Staatsarchiv zu Magdeburg. 158, S. 1.

2) Nach dem Original im Staatsarchiv zu Magdeburg. An der Urkunde hängt wohlerhalten das zweite (jüngere) große Stadtsiegel.

133

XXV.

1274. Erzbischof Werner giebt seine Einwilligung dazu, daß die bischöflichen Officiati von den Dienstleistungen der anderen Bürger nicht mehr frei sein sollen [1]).

Wernerus, dei gratia sancte Moguntine sedis archiepiscopus.   1

Licet officiati nostri Erfordenses ex prerogatiua et gratia speciali sedis Moguntine de quibuslibet seruitiis ad operas ciuitatis beati Martini et nostre Erfordensis prestandis sint usque ad hec tempora exempti, quia tamen munimina ac alia urgentia negocia et agenda de propriis laboribus et expensis prout requirit passim necessitas non sufficitis procurare: volumus et permittimus quod officiati nostri Erfordenses, qui vestri conciues existunt, ad operas ciuitatis Erfordensis facere debeant seruitia debita et consueta de omnibus bonis suis tamquam alii vestri ciues, dummodo exactiones speciales et seruitia specialia non imponatis eisdem. Debent etiam pro eorum excessibus ulcioni et emende sicut alii secundum ciuitatis consuetudinem subiacere usque ad illos annos super quibus habetis nostros et capituli nostri literas vobis traditas et concessas, illa etiam pecunia duntaxat accepta, pro qua iidem officiati nostra officia comparauerunt. Insuper debent esse medio tempore ab excubiis et nocturnis vigiliis simpliciter absoluti.

Testes huius rei sunt: Symon, ecclesie decanus, Walterus decanus sancti Stephani Moguntini, Emericho prepositus Durlonensis, Fridericus burgrauius de Hoinstein, Phillippus marscalcus de Vrowinstein, Billungus de Ingelnheim et Gallus de Delchiheim. Damus quoque vobis presentes literas in certitudinem super eo sigilli nostri munimine roboratas.

Anno domini MCCLXXIV. Idus Octobris.

XXVI.

1274. Hertwig von Northausen und Sighard von Lubelin, die Consulnmeister, und die 12 übrigen Consuln vergleichen den Pleban von S. Benedict mit den in seiner Pfarrei wohnenden Juden hinsichtlich der Abgaben, welche die Juden an den Pleban zu entrichten haben [2]).

In nomine sancte et indiuidue trinitatis amen.

Ad precauendum litigia, que rerum cupiditas mater litium generat incessanter, ex subtili prouidentia homines consueuerunt facta recordatione digna pariter et relatu scriptis autenticis perhennare.

Quapropter nos Hertwicus de Northusen et Sigehardus de Lubelin, magistri consulum, et alii consules Erfordenses videlicet:

---

1) Erfurter Copiale CL. im Staatsarchiv zu Magdeburg, S. 54 b.

2) Aus dem Original im Staatsarchiv zu Magdeburg. An der Urkunde hängt das zweite große Stadtsiegel.

134

Theodericus Vicedomini, Fridericus Biterolfus, Conradus Lupus,
Ekehardus Hotermannus, Iohannes de Northusen, Hildebrandus Kerlinger, Theodericus de Arena, Guntherus Vicedomini, Rudolfus
Raspo, Rudolfus de Northusen, Bruno et Theodericus de Gutteren
recognoscimus et omnibus has litteras inspecturis cupimus esse notum: quod controuersia, que inter dominum Conradum de Rode ca-
nonicum ecclesie s. Seueri, plebanum s. Benedicti in Erfordia, ex
una et Judeos in ipsa parrochia s. Benedicti residentes ex parte
altera vertebatur, de consilio arbitrorum scilicet Hugonis Longi,
Guntheri Alboldi, et Bertoldi Sprungilonis, nostrorum conciuium ex
utraque parte communiter electorum, est amicabiliter explanata pariter et sopita videlicet isto modo quod iidem Judei ipsi domino
Conrado plebano parrochie supradicte sex talenta denariorum Erfordensium monete omni occasione postposita in festo b. Martini quamdiu ibi plebanus existit singulis annis soluere teneantur hoc adiecto
quod prefatus plebanus nec eos nec ullam eorum familiam grauabit.

Est etiam de consilio predictorum adiectum, quod si aliquem
iudeum in antea ab aliquo christianorum conparare aut conducere
contigerit curiam siue domum: idem Judeus exclusa communitate extunc cum plebano prefato amicabiliter complanabit. Si autem
casu aliquo obstante inter eos concordia accedere non posset: tunc
inter plebanum sepedictum et Judeum duo clerici, quos
idem plebanus ad hoc elegerit, et magistri consulum, qui pro
tempore fuerint, medium ordinabunt.

In huius rei certitudinem et incorruptibilem firmitatem dedimus
presentem literam super eo sigillo ciuitatis Erfordensis fideliter
roboratam.

Acta sunt hec anno domini MCCLXXIV.

XXVII.

1272. Albrecht, Graf von Gleichen, thut kund, daß, weil seine
Vorfahren bis zu seiner Zeit als die Herren von Erfurt
der Stadt Gunst und Gnade erwiesen, auch er und seine Erben
ihr gleiche Gunst und Gnade zuwenden wollten. Demgemäß verheißt er ihr gegen ihre Feinde und Angreifer Beistand zu leisten,
ausgenommen gegen den Kaiser, den Erzbischof von Mainz und
seinen Oheim Albrecht von Gleichenstein. Irrungen zwischen
ihm und der Stadt sollen künftig durch Schiedsrichter, von denen
2 der Graf und 2 die Consuln ernennen, ausgeglichen werden[1]).

1277   Nos Albertus, dei gratia comes de Glichen, recognoscimus et
omnibus literas has visuris cupimus esse notum: quod, quia pro-
genitores nostri Erfordensis ciuitatis usque ad hec
tempora domini exstiterunt; consules ciues et uniuersitatem
Erfordensem prosequentes ampliore gratia et fauore, nos et nostri

---

1) Copiale Cl. des Staatsarchivs zu Magdeburg, S. 74. Bei Sagittar,
Historie der Grafschaft Gleichen, S. 66.

heredes, ipsos consimili gratia et fauore prosequi totis nostris conatibus cupientes, promittimus quod eisdem contra eorum quoslibet temerarios innasores astabimus perpetuo consilio et auxilio bona fide, imperatore reuerendo, domino nostro, archiepiscopo Maguntino et patruo nostro dilecto, comite Alberto de Glichenstein, duntaxat exceptis.

Si vero inter nos et ipsam ciuitatem Erfordensem deinceps ullo unquam tempore in futurum dissensio fieret seu ruptura: duo viri a· nobis et duo viri a consulibus Erfordensibus, qui pro tempore fuerint, communiter electi huiusmodi rupturam discutient et decident secundum iusticiam vel amorem.

Testes huius rei sunt: Giselerus de Tullestete senior, H. camerarius de Vanre senior, Ludewicus de Lapide, Fridericus de Meinwartesburg, milites, magister Albertus de Tunna, Ditmarus de Buseleiben, Hugo longus, Gothscalcus Kerlinger, Albertus et Henricus Vicedomini, ciues Erfordenses, et alii quam plures. In huius rei certitudinem et incorruptibilem firmitatem presentem literam dedimus super eo sigillo nostro fideliter roboratam.

Datum anno gratie MCCLXXVII. In dominica quinta in festo beati Michahelis.

XXVIII.

1279. Gotſchalk Kerlinger und Rudolf Raspo, die Conſulnmeiſter, und die übrigen 12 Conſuln decretiren mit Beirath aller qui ad Erfordenſe consilium eliguntur: 1) Wenn künftig abgetretene Conſuln wegen irgend einer während ihrer Amtsführung erledigten Angelegenheit angeklagt werden, ſo ſoll der ſitzende Rath ſich der Sache annehmen. 2) Der Sancrockenkorph genannte Kauf darf künftighin nicht mehr durch Unterkäufer betrieben werden. 3) Die Conſuln wollen und ſollen Niemandem mehr in der Stadt Erfurt Geleit geben, es ſei denn mit Genehmigung ſeines Gläubigers, ausgenommen dem Landgrafen, ſeinen Räthen und Dienern und den Egecutoren des neuen Friedens ¹).

In nomine sancte et indiuidue trinitatis amen.

Cum ea que fiunt in tempore simul labantur cum temporis vetustate, ad precauendum litigia, que rerum cupiditas mater litium generat necessanter, ex subtili prouidentia homines consueuerunt facta recordacione digna pariter et relatu scriptis autenticis perhennare.

Quapropter nos: Gotscalcus Kerlingerus et Rudolfus Raspo, magistri consulum, et alii consules Erfordenses videlicet: Theodericus Vicedominus, Fridericus Bitterolfi, Ekehardus Hotermannus, Giselherus Vicedominus, Thilo de Sachsa, Hildebrandus Kerlingerus, Sifridus Swanringus, Theodericus de Arena, Theodericus de Gu-

---

1) Nach dem Original im Staatsarchiv zu Magdeburg. An der Urkunde hängt das zweite (jüngere) große Stadtſiegel. Der h. Martin iſt gut erhalten; nur kleine Stücke des Randes ſind abgebröckelt.

136

teren, Golfridus de Northusen, Ekebertus de Varila et Hermannus de Alich, multa deliberacione prehabita et prudentum virorum, omnium videlicet qui ad Erfordense consilium eliguntur, consilio requisito, statuimus et volumus inuiolabiliter obseruari:

1) Quod si causa siue casus emerserit deinceps in futurum et consules super illa fuerint incusati et si de necessitate pro causa tali prestandum fuerit iuramentum: magistri consulum vel alter eorum cum uno de suis collegis, si unus magistrorum migrauerit ab hac vita, vel, si ambo de hoc medio sunt sublati, alii duo quos consules, qui tunc preerunt ciuitati, duxerint nominandos, facient huiusmodi iuramentum quorum tempore talis casus dinoscitur accidisse. Consules eciam qui tunc pro tempore fuerint illam causam fouebunt totis suis conatibus et defendent tamquam eorum temporibus accidisset. Prefati quoque iuramentum aliquod non prestabunt, nisi consulibus qui tunc fuerint visum fuerit expedire.

2) Ceterum sancimus quod empcio illa que Sancrokenkorph wulgariter nominatur non debet deinceps agitari per nuncios illos qui vnderkoifer dicuntur, et qui talium nunciorum empcionem illam deinceps procurauit, ille eliminabitur ab Erfordense ciuitate nunquam de cetero resumendus. Et quicunque talem empcionem facere voluerint: illam sine predictis nunciis agitabunt et in personis ipsis procurabunt.

3) Demum decreuimus irremissibiliter obseruandum quod nos vel consules qui ullo unquam tempore in futurum fuerint constituti nullum volumus conducere intra Erfordensem ciuitatem nisi de sui creditoris consensu, domino lantgrauio et suis consiliariis ac familia, viginti tantum, et quatuor executoribus noue pacis duntaxat exceptis pariter et exclusis.

Ut autem huiusmodi statuta incorruptibiliter obseruentur presentem literam dedimus super eo sigillo ciuitatis Erfordensis fideliter roboratam.

Datum anno domini millesimo ducentesimo septuagesimo octavo, indictione sexta.

XXIX.

1281. Eckhard Hotermann und Rudolf Raspo, die Consulnmeister, und die 12 anderen Consuln verfügen, daß künftig kein Bürger von Erfurt unbewegliche Güter in der Stadt und im Weichbild an Cleriker, Kirchen oder geistliche Stiftungen verkaufen, verschenken oder testamentlich vermachen dürfe [1].

281   Nos Eckardus Hotermannus et Rudolfus Raspo, magistri consulum, et alii consules Erphordenses videlicet: Theodericus Vicedomini, Sigehardus de Lubelin, Sigfridus de Mulhusen, Bertoldus Sprungelo,

---

1) Bei v. Falckenstein, S. 114.

Hildebrandus et Walterus Kerlingeri, Theodericus de Hallis, Henricus et Bertholdus de Gotha, Sigfridus de Kesselborn, Henricus de Bittersleben et Eckardus Bruniuise recognoscimus tenore presentium publice protestantes: quod ob reuerentiam pariter et honorem reuerendi patris domini nostri archiepiscopi Moguntini et Moguntine ecclesie, matris nostre nec non propter communem utilitatem oppidi Erphordensis statuimus et volumus inuiolabiliter et perpetuo obseruari, quod nullus ciuis Erphordensis vel hospes deinceps in futurum sua bona immobilia sita intra ciuitatem Erphordensem vel extra in loco, qui Wichbilde dicitur in vulgari, siue hereditaria siue fribona vel feudalia fuerint, siue illa bona exstant in vineis pomariis, domibus, mansis, curiis, areis vel in agris seu quocunque nomine censeantur, ecclesiis vel ecclesiasticis personis, siue religiosi fuerint siue clerici seculares, vendere vel legare debeat vel donare.

Si vero aliquis religionem voluerit subintrare domino militando vel aliquis dare vel legare pro suorum remedio peccatorum bona sua immobilia supradicta, que de iure vendere poterit: personis secularibus vendat ea et pecuniam paratam siue in denariis fuerit vel argento dare poterit et legare cuilibet quando volet.

Si quis vero excesserit in omnibus supradictis et vendiderit bona sua seu legarit contra statutum superius nominatum: omnia illa bona ad ciuitatis operas conuertentur.

Et hec omnia prelibata fidei et honori successorum nostrorum committimus inuiolabiliter obseruanda.

Acta sunt hec anno domini millesimo ducentesimo LXXXI. pridie calendas Iunii.

XXX.

1.

1282. Erzbischof Werner bekundet, daß er, nachdem die Bürger von Erfurt für die begangenen Eingriffe in seine Rechte und die ihm zugefügten Unbilden Genugthuung geleistet und Besserung versprochen, ihnen seine Gnade wieder zugewendet habe [1].

Wernerus, dei gratia sancte Moguntine sedis archiepiscopus sacri imperii per Germaniam archicancellarius, magistris, consulibus et ciuibus Erfordensibus uniuersis dilectis fidelibus suis salutem et omne bonum. 1282

Licet nobis in stabulacione equorum nostrorum facta in nostra episcopali curia Erfordensi grauem contumeliam irrogaueritis et contemptum aliasque nobis et ecclesie Moguntine in bonis et iuribus nostris quibusdam iniuriose hactenus exstiteritis et molesti: quia

---

1) Copiale des Staatsarchivs zu Magdeburg, CL. S. 54 b. Bei v. Faldenstein, S. 116 u. 117.

tamen satisfactione super eo nobis prestita promisistis dimittere nobis
absque impedimento quolibet iuro nostra in nostris officiis videlicet
magistratus fori, monete et villicacionis in nostra ciuitate Erfordensi
nobisque restituere apotecas siue domos illas sitas Erfordie ante
gradus, in quibus pannus lineus vendi solet, omnem indignacionem pariter et runcorem, quem contra vos concepi-
mus propter iniurias suprascriptas, ex corde remitti-
mus liberaliter et sincere, vosque restituimus nostre
gracie et fauori, volentes vestre promocioni intendere, ut tenemur, in omnibus, que ad vestrum bonum, honorem et commodum
ciuitatis Erfordensis nouerimus pertinere.

Datum aput Seligenstat, anno domini millesimo ducentesimo
octogesimo secundo. XII kalendas Aprilis.

2.

**1282. Compositio, wodurch der Streit zwischen Werner und den
Bürgern von Erfurt beigelegt wird [1]).**

Hec est forma compositionis ordinate inter dominum Wernherum archiepiscopum Maguntinum et ciues Erfordenses super articulis
de quibus inter eos discordia habebutur.

Primo iidem ciues recognoscunt et recognoscent ipsi domino archiepiscopo et ecclesie Maguntine omnia iura sua in eo iure quod vri
vulgariter appellatur, ita sane quod dominus archiepiscopus et ecclesia
ipsa illud habeant secundum quod habuerunt seu habere debuerunt ab
antiquo, et quod nihil eis deperire vel diminui debeat in iure eodem
per quemcunque contractum emptionis, venditionis, obligationis, donationis vel alium alienationis modum.

Item officium magistri fori, monete, iudicia tam sculteti ciuitatis Erfordensis quam villici in plurali permanebunt et stabunt in
eo honore et iure secundum quod steterunt et stare debuerunt ab
antiquo.

Item quod officiati et iudices domini archiepiscopi in ciuitate
predicta permanebunt in eo iure et honore, quo fuerunt et esse debuerunt ab antiquo.

Item ciues nulla statuta facient sine consensu domini archiepiscopi per que ledantur iura et honor
ipsius archiepiscopi et cleri sui, et si que talia facta
sunt irrita, invalida sint et cassata. Preterea ipsi ciues
dimittent integra et illesa domino archiepiscopo predicta et omnia
alia iura quocunque nomine censeantur.

Dominus etiam archiepiscopus viceuersa recognoscet et dimittet
dictis ciuibus honores et iura eorum omnia, quae habuerunt et habere debuerunt ab antiquo.

---

1) Copiale CL. F. 55 a. und CLIII. A. Nr. 5. im Staatsarchiv zu Magdeburg. Fehlerhaft bei v. Falckenstein, S. 115 u. 116.

Item de forma emende cleri. Super his etiam articulis compositio intervenit, videlicet:
Super eiectione Ruperti monetarii.

Item super eo quod duo equi spoliati ante ciuitatem Erfordensem a iudicibus nostris occupati et interdicti absque licentia eorundem iudicum a consulibus violenter accepti spoliatoribus restituti fuerunt.

Item super eo quod N., officiatus Bertholdi, vicedomini de Apolden, a iudicio fuit eiectus.

Item super eo quod aduocatus de Tundorf et Bertholdus Cloz castrensis in Tundorf verberati fuerunt a filio Bertholdi, vicedomini de Apolden, genero Hugonis Longi, ita videlicet quod dominus archiepiscopus remisit offensam sibi in hac parte illatam.

Ex huiusmodi autem ordinatione predicta discordia et omnis rancoris et dissensionis materia, quae ex ipsa discordia inter dominum archiepiscopum, ciues predictos et alios quoscunque tam clericos quam laicos per eandem discordiam comprehensos a die, quo mota fuit, usque ad hec tempora concreuerat, eradicata sunt penitus et sopita, itaque dicti ciues et omnes tam clerici quam laici in discordia huiusmodi comprehensi restituti sunt pure et simpliciter ipsius domini archiepiscopi gratie et fauori.

In cuius rei testimonium sigillum Gotschalci dicti Kerlinger ciuis Erfordensis procuratoris ciuium Erfordensium, quo inquam sigillo Henricus Vicedominus et Rudolphus dictus Raspo comprocuratores dicti Gotschalci sunt contenti, presentibus est appensum.

XXXI.

1283. Albrecht, Graf von Gleichenstein, verkauft seine Bogtei zu Erfurt mit dem Bogtsdinge an die Consuln von Erfurt für 210 Mark Silbers [1].

Nos Albertus, dei gratia comes de Glichenstein, recognoscimus et omnibus literas has visuris volumus esse notum: quod aduocatiam nostram Erfordensem cum eo iure, quod vollesdinc wulgariter appellatur, et cum omni iure, utilitate, libertate pariter et honore habitis ex antiquo, vendidimus Volrado de Gotha, Henrico de Bittersleiben, Rudolfo de Northusen, Theoderico de Hallis, Waltero Kerlingero, Cunrado de Frankenheim, Hartungo de Frinstete et Hermanno de Eilbrechtisgehouen nec non uniuersis consulibus et ciuibus Erfordensibus pro ducentis et decem marcis purissimi et examinati argenti nobis integraliter persolutis et ipsis eam aduocatiam in feodo concessimus pacifice possidenda, pleno consensu omnium heredum et coheredum nostrorum fauorabiliter accedente, tali condicione annexa quod, quandocunque nos vel heredes

1283

---

1) Nach Sagittar, Historie der Graffschaft Gleichen, S. 68.

140

nostri voluerimus et nobis placuerit, liberam habebimus opcionem
ipsam aduocatiam erga ciues prediclos diuisim vel coniunctim pro
tanta pecunia pro quanta ipsis vendidimus reemendi. Et nullis aliis
vendere vel locare debemus pro maiori pecunie quantitate vel causa
amicicie aliqualiter. Ceterum quandocumque nos vel nostri heredes
dictam aduocatiam reemerimus usque ad viginti marcas examinati
argenti: dicti ciues Erfordenses ipsam aduocatiam pro illis viginti
marcis per annum subsequentem sine difficultate qualibet obtine-
bunt, et tunc ad nos et nostros heredes libere reuertetur.

Testes huius rei sunt: Bertoldus, vicedominus de Apolde, Henricus de Gizheim, Ditmarus de Buseleiben, Gotscalcus Kerlingerus
et quam plures alii fide digni. Damus presentem literam in certitudinem super eo nostri sigilli munimine firmiter roboratam.
Anno domini MCCXXXIII. XII kal. Augusti.

XXXII.

1288. Sigfrid von Mulhusen und Sigfrid von Keselborn, die Consulnmeister, und die 21 zur Zeit regierenden Consuln bekunden,
daß die Beamten Erzbischof Werners, durch die von dessen
Nachfolger Heinrich II. ernannten Beamten aus ihren Aemtern
verdrängt, sich an sie, die Consuln, gewandt und ihre Entscheidung nachgesucht hätten. Sie hätten darauf ihre potiores
conclues zum pomoerium S. Augustini zu einer Versammlung berufen und diese sich einmüthig zu Gunsten der Beamten
Werners ausgesprochen [1]).

1288   Anno domini millesimo CCLXXXVIII nobis Sifrido de Mul-
husen et Sifrido de Keselborn magistris consulum,
Gothscalco de Smidestete, Cunrado Kerlingero, Ottone
de Hallis, Cunrado Brunonis, Theoderico de Lubelin,
Rudolfo de Northusen iuniore, Richmaro Ulrico Rabenoldi, Hartungo de Frinstete, Alexandro de Smire,
Reinhardo de Gotha, Wasmudo de Sumerde, Alberto
de Frankenhusen, Alberto de Sunneborn, Theoderico
Reinhardi, Cunrado de Jene, Syfrido de Buchstete,
Henrico de Remede, Gunthero de Osthusen, Bertoldo
Cuphersleger, Ludewico de Winrichesleiben et Henrico de Driuordia*) existentibus:
     quidam nostri conciues, quibus recolende memorie domi-
nus Wernerus, archiepiscopus Maguntinus, una cum suo capitulo
officia sua in Erford ad certum terminum unanimiter locauerant, ut
per suas et capituli literas patentes poterant et poterunt declarare
tempore opportuno, quae quidem officia successor prefati domini
Werneri, scilicet beate memorie dominus Heinricus archiepiscopus,

---

1) Aus dem Original im Staatsarchiv zu Magdeburg. An der Urkunde hängt
an einem Papierstreifen ein Fragment des Stadtsiegels.

*) Zu ergänzen ist: pro tempore consulibus.

141

de facto cum de iure nequiret ipsis abiudicauerat, conquerentes quod Raspo et quidam alii huiusmodi officia ipsis iniuriose
ablata, capitulo Maguntino tunc dolente, sibi in ipsorum preiudicium vendicabant, nos sepissime monuerunt sub debito iuramenti quo ad procurandum ius tam pauperibus quam diuitibus racione consilii astringimur, ut visis tam ipsorum quam nouo-
rum officiatorum literis discuteremus, qui ipsorum
in ipsis officiis pocius ius haberent.

Nos igitur, dolentes nec immerito quod ciues officia aliis
suis conciuibus vi ablata sibi vendicauerant malam viam infringendi
alias ciuitatis literas inducentes, vocauimus pociores nostros
conciues ad pomerium sancti Augustini scilicet infra-
scriptos: **Gothscalcum Kerlingerum**, Tylonem de Saxa, Ekehardum
Hotermannum, Ekebertum de Varila, Gothscalcum Eberhardi, Henricum
de Biltersleiben, Cunradum de Frankenhusen, Albertum de Meinwartis-
burg, Herboldum de Wimaria, Albertum de Muchelde, Lutolfum de
Ilmene, H. de Sumeringen, Al. de Berlestete, Cunradum de San-
stete, Ludewicum de Osthusen, Bertoldum Surtorem, Cunradum de
Meldingen, Reinbotonem Rutolfi, Hermannum de Cruzeburg, Hermannum **Fabrum**,

* **Heinricum** de Biltersleiben, Rudolfum de Northusen, magistros, Hildebrandum Kerlingeri, Theodericum de Hallis, Theodericum
Stift, Gothscalcum Paruum, Guntherum de Nuenburg, Cunradum de
Nuseze, H. de Sumeringen, Henricum de Alberchtesleiben, Cunradum de Lutersburn, Theodericum de Madela, Henricum de Marc-
beche, Theodericum de Rochusen, Henricum de Tifental, Walterum
de Oscecz, Henricum Welpen, Henricum de Eisleiben, Tyrolfum,
Albertum Frenkelinum, Cunradum de Berca, Cunradum de Tullestete,
Cunradum Scuzlere,

* **Sygehardum** de Lubelin, Walterum Kerlingerum, magistros,
Theodericum Vicedominum, Henricum de Gotha, Cunradum de
Herffeldia, Ludewicum de Biltersleiben, Cunradum de Lacu, Syfri-
dum Swanringum, Gerhardum de Tutelstete, Ulricum de Swerstete,
Guntherum de Smire, Fridericum de Gruzen, Theodericum de Lan-
delstete, Bertoldum de Arnstete, Hugonem de Cymeren, Hartun-
gum de Sunneborn, Herimannum Megeren, Phanzonem, Henricum de
Mulhusen, Iohannem de Arnstete, Henricum de Biscouisleiben,
Iacobum de Erbipoli, Hertwicum de Lapide, Cunradum de Wizense,
Henricum de Wechmar, Burkardum de Phertigesleiben, Guntherum
Brant, Ulricum de Lichtenfels, Theodericum de Gotha,

* **Bertoldum** Sprungeln, Bertoldum de Biltersleiben, Mezelo-
nem, Richerum, Frowinum, Henricum Muldenbrecher, Theodericum
de Smire, Cunradum de Cruceburg, *Henricum Vicedominum, Henricum de Hernirsleiben, Theodericum Hotermannum, Hermannum de
Madela, Theodericum de Arena seniorem, Henricum de Cymeren

---

* Die Buchstaben: H, S, B und H find roth.

iuniorem, Theodericum de Muro, Theodericum Vicedominum iuniorem, Theodericum de Varila, Theodericum de Gutern, Hartungum Hotermannum, Albertum Gemechelich, Heuricum Cesarem, Henricum de Egere, Theodericum de Hayn, Henricum Haydorn, Illum de Capeladorf minorem, Theodericum de Tyfental, Illum de Swanse, Henricum de Elksleiben, Reinhardum de Ollendorf, Epponem de Smidestete, Cunradum Molendinarium, Theodericum de Rochum seniorem, Bertoldum de Elkesleiben, Tylonem Hotermannum, Ekonem Thimonis, Cunradum de Hochheim, Trenkerum, Gothefridum, Henricum de Smidestete, Gerbolonem Filzerum, Fridericum de Sunstete, Theodericum de Cymeren, Heynonem de Osleiben, Henricum fratrem Iacobi, Gikerlingum, Gothfridum de Babenberg, Theodericum de Varila, Hurtungum de Stalberc, Hertwicum de Northusen, Ludewicum de Honkirchen, Rupertum, Cunradum Arnoldi, Apeleyum, Henningum de Northusen, G. de Bachere, Henricum de Eiche, Hermannum de Melzela, Illum de Plaune, Postecam, Hermannum de Tennestete, W. de Hopfgarten, Hermannum de Tutelstete, Tylemannum de Saxa, Cunradum de Mekela, Theodericum Osmunt, Bertoldum de Howenden, Hermannum Wilegonis, Hermannum de Trebere, Bertoldum de Horslat, Drizecmannum, Henricum de Bechstete, Bertoldum de Muure, Cunradum de Golthbach, Theodericum de Rochhusen, Gerhardum de Tutelstete, Gebenonem de Varila, Hermannum de Coburg, Guntherum de Frinstete, C. Sartorem, Cunradum de Cruzeburg, Ticelonem Carnificem, Rudewicum, C. Comitem, Martinum Slotere (Slotitre), Martinum Cingillatorem, Hildebrandum de Gotha, Frowinum, Wipertum, W. de Smalicalden, Illum de Wenershusen, Henricum de Heiligen, Illum de Benewitz, Henricum de Alich, Duringbertum, Bertoldum Vnsorten, Fridericum de Bichelingen, Albertum de Mulbusen, Illum de Slatheim, Ekehardum Lekescorp, Henricum Monachum, Henricum Fabrum, Rudolfum Kerlingerum, Gothscalcum fratrem suum, Theodericum Murere, Hugonem longum et fratrem suum Golefridum, Henricum de Hallis, Cunradum Kelkerum, Guntherum de Gotha, Vilcerum de Smidestete, Illum de Palude, Cunradum de Phertegesleiben, Ernestum de Hernirsleiben, Ekehardum Snarz, H. Megeberc, Volradum de Sarborn, G. de Wechmar; Hermannum militem, Theodericum de Bisconisleiben, Gerhardum de Meynwartesberg, Guntherum de Golthbach et fratrem suum, Gothfridum de Northusen, Ebirnandum Bizcorn, Ottonem de Rode, Bertoldum Ruz, Giselerum Vicedominum, Illum de Rode, Henricum de Latere, Bertoldum de Tutelstete, Wilegonem Fabrum, Theodericum Pullum, Theodericum de Smidestete, filium illius de Babenberc, Illum de Hirspeleiben, Heinricum de Aphelstete, Theodericum de Rorbeche, Wilegonem de Azemannesdorf, Ulricum de Arnstete, Henricum et Ditmarum de Arnstete, Meinhardum de Rorbeche cum fratribus suis, Cesarem de Rudoluistat, Theodericum de Noua ciuitate, Henricum de Hekirsen, Colnerum, Wiknandum de Smalicalden, Bertoldum Elrici, Illum de Esceneber, Rizardum Giselberti et quam plures alios ciues Erfordenses sub debito iuramenti quo ad ciuitatem et Maguntine ecclesie astringimur. (sic!)

Requisiuimus quorum officiatorum, dato quod utrique haberent literas, litere essent validiores et pocius obseruande.

Qui uniuersi et singuli asserebant' et iudicabant literas domini Wernheri archiepiscopi et sui capituli sigillis munitas esse firmioris roboris quam literas sigillo domini Henrici dumtaxat munitas, quas quidem si ipse Raspo et ceteri officiati sui socii haberent dubitatur, cum ipsas quamquam requisiti a nobis vellent nullatenus exhibere.

Quia igitur in insperatum sepissime incidit periculum qui futuris casibus non occurrerit, precauere volentes stragem et dissensionem toti ciuitati nocituram que inter officiatos hinc et inde propter eadem officia potuissent forsitan euenisse, eciam putantes nos specialem reuorenciam Maguntino capitulo exhibere quod ipsorum literas cum prohibere potuimus infringi non permisimus, demum eciam propter utilitatem ecclesie Maguntine: Rasponem et alios nouos officiatos cum tunc nullam auctoritatem qua sibi officia usurparent vellent exhibere pro officiatis habere nolentes ipsa officia commisimus personis communibus, qui omnes prouentus officiorum debent usque ad futurum pontificem conseruare cessuros eidem domino futuro pontifici si voluerit vel cui illos decreuerit assignare.

Ceterum eciam prefati nostri conciues' uniuersi et singuli una nobiscum de motu proprio data fide compromiserunt ut quicunque ex nobis vel ex ipsis ullo unquam tempore in Erfordia officium aliquod conuenerit debet sufferre ouera ciuitatis sicut et alii ciues Erfordenses contribuendo, ungelt dando, dextrarios et equos tenendo, quandocunque fuit opportunum, preterquam de illa pecunie summa quam ipsum uno anno quolibet scilicet contingit dare pro officio quod conuenit, aliis iuribus et libertatibus officiatorum omnibus sibi saluis.

In premissorum igitur memoriam dedimus hanc literam sigillo opidi Erfordensis fideliter roboratam.

XXXIII.

1289. Thilo von Sachsa und Heinrich von Biltersleben, die Consulmeister, 12 namentlich genannte Consuln ceterique consules bekunden einen Erbvergleich zwischen Theoderich von Varila, dem Dechant Conrad, Rüdiger seinem Bruder und Jutta ihrer Mutter [1]).

In nomine domini amen.

Nos Thilo de Suchsa, Heinricus de Biltersleiben, magistri consulum, et alii consules Erfordenses videlicet: Gotschalcus Forensis, Hermannus de Alich, Godefridus de Northusen, Hermannus de Kezzelburn, Gotschalcus de Lubelin, Theodericus dictus Muren, Herboldus de Winar, Ebernandus dictus Bizkorn, Bertoldus de Tutilstete, Heinricus de Sibeleiben, Burkardus de Colede, Heinricus dictus Osmunt ceterique consules recognoscimus et presentibus pro-

---

1) Aus Beyers erfurter Urkundensammlung.

testamur: quod, cum olim Theodericus de Varila ex parte domine Iutthe uxoris sue cum domino Cunrado, decano ecclesie s. Seueri, et Rudegero fratre ipsius ac'domina Iuttha matre eorundem dissentirent aliquantulum super portione hereditaria ex morte patris ipsorum quemlibet contingente, ad concordiam reducti sunt probis viris mediantibus in hunc modum: quod predicti Theodericus et uxor sua Iuttha ac heredes ipsorum centum marcis argenti, quas iam adepti sunt, debent manere contenti, et predictus dominus decanus medietatem magne curie et cubile patris sui inter cameras et unam marcam annue pensionis, que soluenda est de duabus curiis in platea s. Iohannis, contra ecclesiam liberam habeat facultatem secundum suum beneplacitum disponendi de hiis que salutem anime sue respiciunt et ad suas exequias necessaria videbuntur, nec coheredum suorum quisquam debet eundem super hoc aliqualiter impedire, etiam si voluerit dare, vendere vel legare, dummodo non legetur ecclesiis vel personis ecclesiasticis seu vendatur.

Eodem vero decano viam uniuerse carnis ingresso medietas magne curie et supradictum cubile cedet suis coheredibus secundum consuetudinem ciuitatis. Ceterum Rudegero fratri ipsius decani cessit altera medietas magne curie cum tribus marcis argenti annue pensionis, que soluende sunt de curia quondam Cesaris, de quibus etiam tribus marcis eidem Rudegero libera erit facultas posse vendere vel legare et pro sua disponere voluntate, dummodo ipse Rudegerus has tres marcas annui census non leget ecclesiis vel personis ecclesiasticis siue vendat, nec coheredes sui ipsum impedient super eo, sic tamen quod si ipse sine herede decesserit, ad coheredes ipsius predicte magne curie medietas reuertatur. De alia vero curia, que quondam fuit Saxonis, et de sexdecim solidis annue pensionis, quorum tres solidi ad ecclesiam s. Mathie annis singulis sunt soluendi, post mortem domine Iutthe, matris ipsorum, unusquisque coheredum accipiet debitam sibi partem, de qua nullus quicquam alienabit in preiudicium coheredum. Preterea quicquid de aliis bonis vel de rebus mobilibus vel immobilibus ab eodem domino decano ac Rudegero fratre ipsius emendo, vendendo vel alias disponendo iam factum est seu in posterum duxerint faciendum: de hiis pro sua voluntate disponendi liberam habeant facultatem, ita quod predictus Theodericus aut predicta domina Iuttha uxor eiusdem vel heredes eorum nec debent nec possunt ipsos super hoc aliqualenus impedire. Et ut totius suspicionis tollatur occasio: omnia bona oblenta seu postmodum oblinenda, que sub fidei datione ad manus dederunt extraneas, libere possunt in propriam recipere potestatem, securi de hoc quod sepedictus Theodericus et Iuttha uxor ipsius ac heredes eorundem nullum ipsis impedimentum prestabunt nec mouebunt aliquid questionis, nisi forte aliquid eis dare voluerint spontanea voluntate.

Ut autem huiusmodi dissensio de bonis paternis totaliter sit sopita in horum omnium certitudinem pleniorem presentes literas dedimus sigillo ciuitatis fideliter communitas.

Actum et datum anno domini MCCLXXX nono, kalend. Aprilis.

XXXIV.

1291. Gerhard II. verpfändet den Consulnmeistern Heinrich von Gotha und Walter Kerlinger und den Consuln von Erfurt für 1000 Mark Silbers, deren er zur Bezahlung seiner Schulden in Rom bedarf, die Münze, das Marktmeisteramt, die beiden Schultheißenämter und die Judengefälle auf 11 Jahre [1].

Nos Gerhardus, dei gratia sancte Moguntine sedis archiepisco-1291 pus, sacri imperii per Germaniam archicancellarius, recognoscimus presentibus literis publice profitendo quod, cum dilecti fideles nostri Henricus de Gotha et Waltherus Kerlinger, magistri, consules et ciues Erphordenses nobis pro exoneratione debitorum nostrorum in Romana curia contractorum in mille marcis puri argenti liberaliter eorum gratia permiserint subuenire sexcentis scilicet marcis in festo b. Walpurgis et residuis quadringentis marcis in festo b. Martini proxime nunc venturis soluendis: nos, dignum ducentes ut iidem fideles nostri pro tante deuotionis insigniis beneficentie nostre gratiam sentiant vice versa, ut letari possint se per merita ad premia peruenisse, memoratis fidelibus nostris magistris, consulibus et ciuibus Erfordensibus uniuersis monetae, magistratus fori, ciuitatis et in plurali scultetorum officia nostri oppidi Erphordensis predicti cum emolumento quod de Judeis nostris ibidem nobis et successoribus nostris vel ecclesie Moguntine deriuari deberet ex nunc et a festo b. Martini venturi nunc proximo ad annos undecim continuos de scitu, consilio et unanimi consensu nostri capituli Moguntini vice et nomine nostro et successorum nostrorum seu ecclesie Moguntine, si de nobis humani aliquid acciderit, habenda et obtinenda concedimus et locamus cum suis iuribus et pertinentiis uniuersis, ita videlicet quod magistri et consules dicti oppidi Erphordensis, qui pro tempore fuerint, vel hi conciues eorum quibus memorata quatuor officia commiserint eadem regant taliter et conseruent quod iura nostra et ecclesie Moguntine exinde non minuantur aliqualiter vel ledantur, exclusa tamen penitus omni vara. Finitis ante predictis undecim annis prefata quatuor officia cum Judeis Erphordensibus ad nos et ecclesiam Moguntinam libere reuertentur presenti instrumento et quibuscunque aliis super locatione et concessione ipsorum officiorum et Judeorum ipsis fidelibus nostris datis ex tunc mortuis et extinctis ac nullum robur habituris.

In cuius rei testimonium et certitudinem firmiorem presentes ipsis damus literas sigilli nostri appensione munitas, promittentes nihilominus et ad hoc nos presentibus obligantes quod ante primum solutionis terminum supra scriptum ipsis fidelibus nostris literas sub hoc tenore confectas procurabimus et dabimus tam nostri quam capituli nostre ecclesie Moguntine munimine roboratas.

---

1) Nach v. Falckenstein, S. 164.

146

Datum et actum Erphordie XV kalendarum Aprilis, anno domini millesimo ducentesimo nonagesimo primo, pontificatus vero nostri anno secundo.

XXXV.

1297. Heinrich Vicedomini und Heinrich von Bilteröleben, die Conſulumeiſter, 16 namentlich genannte Conſuln et ceteri consules Erfordenses befunden einen Vergleich, wonach die Familie des Theodericus von Meynwarsburg zu Gunſten des Nonnenkloſters zum Neuen Werk auf jedes Recht an den Gütern zu Wilderode Verzicht leiſtet [1].

1297
Nos Heinricus, Vicedomini et Heinricus de Biltersleiben, magistri consulum, Tilo de Sachsa, Gotscalcus de Lubelin, Gotefridus de Northusen, Gotscalcus Ebirhardi, Hermannus de Alich, Bertoldus de Tutilstete, Theodericus Murerus, Alexander de Smire, Wachsmudus de Sumerde, Hermannus Smacer, Ebirnandus Bizcorn, Reimboto de Brambach, Bertoldus de Tutilstete, Hartungus de Driuordia, Albertus de Ylnene, Bertoldus de Mulhusen et ceteri consules Erfordenses recognoscimus publice protestando: quod, cum discreti viri dominus Hermannus de Vanre, canonicus ecclesie s. Marie Erfordensis, dominus Hermannus plebanus in Tuntdorf, Hildebrandus Kerlingere et Conradus de Wizzense, conciues nostri, inter honorabilem virum dominum Hermannum prepositum et suum conuentum Noui operis Ottonem de Hallis et omnes ipsis adherentes ex una parte ac dominam Hedewigim relictam Theoderici de Meynwarsburg et suos pueros ex parte altera de earundem partium consensu compositionem amicabilem ordinassent: eadem Hedewigis, Himiltrudis, filia sua, Heinricus, Fridericus, Theodericus et Conradus, filii sui, in nostra constituti presentia renunciauerunt omni actioni et iuri, quod ipsis in bonis tam in villa quam in campis Wildenrode sitis conpetebat vel conpetere videbatur, ac ipsa bona coram nobis domino preposito, suo conuentui et Ottoni de Hallis memoratis cum omnibus suis attinentiis libere resignarunt, protestantes insuper quod renunciauerunt omni iurisdictioni et literis in quibus ipsis in dictis bonis posset aliqualiter suffragari, fideliter promittentes eos et omnes ipsis adherentes in bonis memoratis nunquam de cetero infestare aliqualiter vel turbare sed in omnibus quibus possent sine dolo quolibet promouere, petentes nihilominus ut nos super eo literas conscribi faceremus et sigillo Erfordensis ciuitatis muniremus.

Ne igitur super hoc dubium vel questio nocitura valeat in posterum suboriri: has litteras super prefatis conscriptas sigillo ciuitatis pro testimonio dedimus roboratas.

Anno domini MCCXCVII indictione X. VI kalendas Septembres.

---

1) Aus dem Original im ſtädtiſchen Archive zu Erfurt. In den Acten der Verwaltung sub tit.: Acta betreffend die Wilderoaer Fundation. Das angehängt geweſene Siegel iſt verloren.

Gebauer - Schwetſchke'ſche Buchdruckerei in Halle.

www.ingramcontent.com/pod-product-compliance
Lightning Source LLC
Chambersburg PA
CBHW031456160426
43195CB00010BB/1002